Revue Gabonaise d'Histoire et Archéologie

NUMÉRO 5

Publication annuelle

ISSN: 2303-9132

Réalisation du logo de la revue :
Dr Martial Matoumba

Conception de la couverture et montage de la revue :
Dr Martial Matoumba,

Relecture et correction (orthographique, grammaticale, syntaxique et typographique) de la revue :
Dr Martial Matoumba,
Dr Robert Edgard Ndong.

©Labarcgabon Editions,
Janvier 2021

Nouvelle impression

ISSN 2303-9132

ISBN 978-2-9602667-1-9
EAN 9782960266719

Sommaire

Titres et métiers du scribe dans l'Afrique ancienne

Dr Mouhamadou Nissire SARR,
Département d'Histoire,
Université Cheikh Anta Diop,
Dakar-Sénégal.
e-mail: nissire61@yahoo.fr

Résumé

Les Égyptiens ont usé du terme ⸗sS pour traduire l'acte d'écrire, de peindre, d'inscrire, de nommer le document, le registre. Quand il est déterminé par l'hommeassis ⸗, il désigne le scribe sS. Dans un document en schiste, du Musée du Louvre, datant de l'époque du pharaon d'Aménophis III, le scribe *Nebmertef* travaille sous la surveillance du dieu Thot qui apparaît sous la forme d'un cynocéphale. La relation entre Thot et le scribe avait été mise en évidence par le philosophe grec Platon (Phèdre 274c-275b). C'est lui qui inventa selon cet auteur la numération, le calcul, la géométrie, l'astronomie, le trictrac, les dés et l'écriture. En revisitant les archives royales et inscriptions de l'Ancien, du Moyen et du Nouvel Empires, les auteurs s'intéresseront tout d'abord aux différents titres portés par le scribe, puis insisteront sur le rôle qu'il a joué dans l'archivage des documents administratifs et juridiques et enfin, procéderont à l'évaluation qualitative et quantitative des produits agricoles versés à la cour royale.

Mots-clés : Scribe, Iconographie, Écriture, Archives.

Titles and occupations of the scribe in ancient Africa

Abstract

The Egyptians used the word ⸗to translate the act of writing, painting, registering, naming the document, the register. When it is determined by the seated man, it designates the scribe ⸗. On aschist document, from the Louvre Museum, dating back to the time of the Pharaoh of Amenophis III, the scribe Nebmertef works under the supervision of the god Thot, which appears in the form of a cynocephali. The relationship between Thot and the scribe had been highlighted by the Greek philosopher Plato. It was him who invented numeration, calculus, geometry, astronomy, trictrac, dice and writing according to this author.
In studying the royal archives and inscriptions of the Old, Middle and LateKingdoms, the authors will be interested in the various pulls carried by the scribe, emphasize the role he played in the safeguarding of administrative and legal documentsand evaluate the qualitative and quantitative assessment of agricultural products paid to the Royal Court.

Keywords: Scribe, Iconography, Writing, Archives.

Introduction

Les Africains de la période pharaonique désignaient le scribe par le vocable ⸙𓏞 *sesh* «celui qui sait écrire». Le mot *sesh* survit dans les langues indo-européennes actuelles : sage, sachant, en Français, *sage* «sage», *saghe,* «speech», en Anglais, *sagen* «dire», en Allemand. Le mot *sesh* est polysémique comme nous le montre Budge: 𓊃𓈙 *sesh*, «skilfull, knowledge, learned man» (W. Budge, 1978 b, p. 621). Il indique qu'en plus d'être un artiste habile dans la manipulation du calame, le scribe est aussi un érudit, un détenteur de connaissances particulières. C'est à raison que Yoporeka Somet propose de remplacer le terme «vague» de scribe par celui de «savant» plus adéquat (2007, p. 29).

Le mot scribe vient du latin *scriba* «copiste, scribe, secrétaire» et dérive de *scribere* «écrire» (https://www.cnrtl.fr/etymologie/scribe, consulté le 11-01-2020). Cependant, comme pour la majorité des mots du vocabulaire de base des langues dites indo-européennes, l'étymologie ne peut être complète que si et seulement si elle intègre les racines africaines lointaines dont elle dérive d'une façon directe ou collatérale[1]. Bien que désignant le détenteur du savoir-faire scriptural, le mot *sesh*[2] ne semble pas avoir été utilisé pour former celui de scribe. Un autre vocable nous semble plutôt digne de considération. C'est « 𓃀𓊃𓏭 *skher,* to plan, to design, plan, design, destiny, arrangement, intention, advice, opinion, character, affair, condition, dispensation, scheme, business, plot, kind, species, behavior, manner, habit, wont, use, custom, device,

---

1. Dans cette perspective qui mérite d'être largement approfondie, Cheikh AntaDiop a amorcé une «origine négro-africaine du vocabulaire grec» (1981, p. 479-482).

2. En ewondo, langue des Beti du Sud-Cameroun, on désigne par *bissakara* une écriture illisible et indéchiffrable. Malgré l'effet destructeur du temps, la langue a conservé le souvenir de signes difficiles à déchiffrer et par ricochet la nature extraordinaire de ceux qui prouvaient les lire. En wolof *sōs* veut non seulement dire «plonger la plume dans l'encrier pour écrire», mais renvoie également à une «action de préparer l'encre du scribe (professeur de l'école coranique) en collectant toute la suie des marmites du quartier que l'on délaie dans l'eau de manière à obtenir une solution suffisamment concentrée. Cette tâche incombe aux élèves. On sait que l'encre du scribe égyptien était préparée de la même manière» (C. A. Diop, 2008, p. 316-317). Toujours en wolof, l'on a «*soṭ* : frotter (*š→ḍ,ṭ*)» et «*sos* : créer une forme par la peinture, le dessin ou la sculpture» (Ibid).

mark, trace» (W. Budge,1978 b, p. 694). Comme on le voit, Wallis Budge lui donne jusqu'à 27 définitions, seulement le mot *school* n'apparaît nulle part alors qu'il en est la dérivée évidente. *School* vient de *sekher* comme le présente Gerald Massey (1881, p. 7). Le vocable *école* découle aussi de *sekher* malgré la disparition du/s/initial qui réapparaît dans l'adjectif *scolaire*. Il est fort probable que le terme *scribe* soit construit avec la racine *sekher*. Homme de lettres, bureaucrate, le scribe était aussi initié aux mystères de l'écriture hiéroglyphique. C'est ce qui ressort de l'assertion autobiographique de ce fonctionnaire de l'État pharaonique du moyen empire égyptien :

> Je connais les mystères des écrits sacrés, la conduite des rites lors des fêtes. Toutes les formules magiques, je les ai acquises, sans que rien ne m'ait échappé pour autant. D'ailleurs, je suis un artiste accompli dans son art, renommé au plus haut point dans sa science… (T. Obenga, 1994, p. 36).

Voici comment Iritisen, scribe, sculpteur et chef des artistes sous Mentouhotep (XIème dynastie, Moyen Empire), se présente il y a près de 4000 ans. Les termes utilisés sont d'une admirable beauté. Ce texte autobiographique d'Iritisen est selon Théophile Obenga, le plus vieux traité d'esthétique de l'humanité. C'est le scribe, vu par lui-même, dans une allure hautement poétique. À une époque où l'écriture est l'affaire des seuls initiés, Iritisen vante ses prouesses. Il est le scribe habile. La renommée de son excellence a traversé les frontières géographiques et chronologiques et est parvenue jusqu'à nous. Plusieurs auteurs ont, avec beaucoup de succès, tenté de comprendre le rôle du détenteur du savoir-faire scriptural dans l'antiquité africaine. De Théophile Obenga (1990, p. 203-212, p. 483-486) jusqu'à Yoporeka Somet (2007, p. 28-42) en passant par Piacentini (2002) et bien d'autres, il y a un constat d'une évidence banale : le scribe est le moteur de l'administration centrale du Double-Pays et la vie intellectuelle y jouit d'une haute estime. Cependant, le sujet ne saurait être épuisé et il ne le sera certainement pas après le présent texte. L'étude synchronique du rôle de scribe est déterminante, seulement elle se trouverait plus enrichie encore si la relation avec une Afrique noire dite «anhistorique» et «sans écriture» était renforcée. C'est ce que nous nous efforcerons de faire en évaluant le rapport entre le scribe et la divinité, en examinant le scribe comme Maître du trésor royal, archiviste et prêtre lisant la liste d'offrandes.

1. Les titres du scribe

Transcription	Translitération	Traduction
[hiéroglyphes]	imy-r sS m Pr aA	scribe responsable du palais
[hiéroglyphes]	imy-r sS m Pr-anx	scribe responsable de la maison de vie
[hiéroglyphes]	imy-r sS n nsw n xft-Hr	Le responsable des écrivains de la cour royale
[hiéroglyphes]	imy-rA sSw n xft-Hr	L'intendant des scribes de la cour royale
[hiéroglyphes]	imy-r sSw	L'intendant des scribes
[hiéroglyphes]	imy-r sSw AH.wt	Le responsable des scribes des champs
[hiéroglyphes]	imy-r sSw aprw	Le directeur de l'équipage de marins
[hiéroglyphes]	imy-r sSw qd.wt	le directeur des dessinateurs du roi
[hiéroglyphes]	sS Hsb	Le comptable
[hiéroglyphes]	sS Htpw	Le scribe de l'offrande
[hiéroglyphes]	sS Htpw-nTr	Le scribe de l'offrande divine
[hiéroglyphes]	sSnsw smAy.t	Le scribe des archives du roi
[hiéroglyphes]	sS nsw Xry-a n xft.Hr	Le scribe préposé à la cour
[hiéroglyphes]	sS mdw-nTr	Le scribe de la parole divine
[hiéroglyphes]	sS mDAt-Hb	Le scribe du livre de fête
[hiéroglyphes]	sS nsw	Le scribe royal
[hiéroglyphes]	sS nTr	Le scribe divin
[hiéroglyphes]	sS Hw.t nTr	Le scribe de la maison du dieu
[hiéroglyphes]	sS Hw.t nTr n Mnw	Le scribe de la maison du dieu Min
[hiéroglyphes]	sS Hw.t nTr n Hr	Le scribe de la maison du dieu Horus

(Source ; William A. Ward, 1982, p 45-162 ; W. Helck, 1954)

Tabl. 1. Titres de la profession de scribe dans l'Afrique ancienne

Les différents titres indiqués dans le tableau montrent que le scribe occupait une position polyvalente dans l'administration de l'ancienne Égypte. Il avait ainsi la possibilité de mériter des titres non seulement de noblesse, de cour ou de l'administration centrale, mais aussi religieux. Certains de ces titres renvoient à de véritables corps de métiers : [hiéroglyphes] sS swnw «le scribe du commerce» du copte sounTsouen «le commerce» (wb. IV, 68 : 3); [hiéroglyphes] sS qdwt «le dessinateur»; [hiéroglyphes] sS Snwt «le grenier»; [hiéroglyphes] sS n qnb.ty «le magistrat»; [hiéroglyphes] sS n xnrt «le régisseur de prison»; [hiéroglyphes] sS spXrw «le copiste»; [hiéroglyphes] sS smAy. t «l'archiviste»; [hiéroglyphes] sS Hmw «l'artisan», [hiéroglyphes] sS wDwt «le scribe du décret», [hiéroglyphes] sS wr n sDmw «le chef des scribes du juge»; d'autres aux fonctions sacerdotales de prêtres des fondations, du rituel liturgique, funéraire, militaire [hiéroglyphes] sS n mSa et même administrateurs de sanctuaire : [hiéroglyphes] sS mdw-nTr «le scribe de la parole divine»; [hiéroglyphes] Ss mDAw.t «le scribe du livre »; [hiéroglyphes] sS n mDt «le scribe de l'étable»; sS pr Hry wDb «le scribe de la maison du préposé au virement d'offrande» (D. Meeks, 1998, p. 253); [hiéroglyphes] sS mrHt «le scribe de l'onguent»; [hiéroglyphes] sS wdHw «le scribe de la table d'offrande».

2. Le scribe et le dieu Thot[3]

Le scribe avait également une fonction sacerdotale. Il était un continuateur de l'œuvre divine amorcée par le Dieu Thot, inventeur des *medw-netjer* «paroles divines». Pour exercer son métier avec sagacité et efficacité, tout scribe se met sous la protection dudit dieu généralement représenté sous forme de Babouin avec un disque lunaire sur la tête. Ce dernier est la source d'inspiration des professionnels du calame et du pigment. Dans l'Égypte ancienne, la profession n'est pas déconnectée de la pensée religieuse. Celle-ci en est plutôt le lieu d'origine, le ciment, le cadre normatif et la boussole. Autant pharaon se mettait sous le parapluie du dieu Horus pour mener à bien son règne, autant l'artiste «du rouge et du noir» se faisait superviser par le Thot. Comment écrire sans se référer à celui qui inventa l'écriture, à celui qui la produisit de sa divine sagesse et de sa propre habileté ? Comment utiliser le calame sans se prosterner devant celui qui s'en servit le premier afin de transcrire les prescriptions des dieux aux hommes ?

(Source : Musée du Louvre, E-11153,
https://www.louvre.fr/une-si-mythique-ecriture,
consulté le 5 Janvier 2020)

Image 1. Le scribe royal et prêtre-lecteur en chef Nebmeroutef
sous la protection du dieu Thot représenté sous la forme d'un
Babouin avec un disque lunaire sur la tête, Nouvel Empire.

Le document en schiste, montrant le scribe Nebmertef travaillant sous la protection du dieu Thot, date du règne du pharaon Aménophis III,

---

3. Dans une récente publication (Sarr 2015, p. 11, note 10), nous avions attiré l'attention des égyptologues sur l'affirmation du philosophe grec Platon à propos de l'invention de l'écriture égyptienne par le dieu Ibis Thot, mais il avait oublié de préciser que Thot pouvait aussi apparaître sous la forme d'un babouin dont le nom prolifère dans les langues négro-africaines. C'est tout l'intérêt qu'il faut accorder à l'étude de V. Bissing (1951).

c'est-à-dire du Nouvel Empire. Le nom de cette divinité est mentionné dans les textes remontant à l'époque de l'Ancien Empire et se prononçait bAbi (Wb. 1, 419 : 10), *baabun* en wolof (L. Diouf, 2003, p. 434). Les auteurs du dictionnaire de Berlin la définissent comme un animal hostile qui a une apparence divine, un juge funéraire et fils d'Osiris (Wb. 419 : 10-11-12). L'étude de Von Bissing montre une origine africaine du nom du Babouin et l'énoncé de son nom comme une divinité funéraire dans les différents textes religieux de l'ancienne Égypte (1951, Heft 3, Abbildung 1 et 2). Dans les Textes des Pyramides, on dit du Babouin : «celui à l'oreille rouge et à l'arrière-train pourpre, toi qui as porté à ta bouche la cuisse destinée à ton effigie répout!» (Pyr. 1349 a-b ; G. Meurer, 2002, p. 215 ; B. Mathieu, 2009, p. 37). Pharaon dans sa destinée céleste, pouvait également avoir l'apparence d'un Babouin «la splendeur de Ounas, c'est la nuit, la chute de Ounas, ce sont les étoiles. Les puissants apparaissent. Ils l'honorent comme un Babouin» (Pyr. 515-a-b. ; L. Speleers, 1923, p. 38). Dans les Textes des Sarcophages, il montre « sa puissance sur l'eau et devient plus vigoureux que les vigoureux, plus puissant que les puissants » (P. Derchain, 1963, p. 23). Dans le Livre des Morts, dans la formule qui permet au mort de boire de l'eau et de ne pas être desséché par le feu, il est assimilé à l'inondation parce que son nom pourrait être rapproché de bAbA. t qui désigne l'aiguade, le lieu où l'on va puiser l'eau (Wb. 1, 419 ; P. Barguet, 1967, Chapitre 63 A, p. 95). D. Kurth retravaille deux textes du Papyrus Jumilhac dans lesquels *Thot* et *Bébon* sont concomitamment cités. Dans l'un des passages de ce document, l'une des divinités de l'ennéade héliopolitainne disait «Thot est juste, Bébon est injuste jusqu'à nos jours». Dans le deuxième document, Bébon traite Thot de vagabond sexuel qui est prêt à coucher avec n'importe quelle femme. Il l'accuse également de sorcellerie (D. Kurth, 1992, p. 226).

Dans le reste de l'Afrique noire, le rapport entre la divinité et l'écriture est identique. C'est dans les lieux de développement de la science divinatoire que l'on observe les premières attestations de l'art scriptural. Les techniques divinatoires témoignent de la rationalisation de l'image en vue d'en faciliter la compréhension par l'homme ordinaire. À ce propos, le constat de Marcel Griaule et de Germaine Dieterlen est digne d'intérêt. Pour eux, l'interprétation des empreintes laissées par le renard sur le sable constituait un procédé divinatoire de première heure et une première forme d'écriture (1951, p. 38). Emmanuel Bitong abonde dans la même veine :

En Ɓàsàá, il est curieux de constater que le terme qui désigne le dieu de l'écriture, ŋgámbí désigne en même temps la lecture, la divinisation en général et l'écriture elle-même, notamment en contexte divinatoire. Les activités de divinisation et de lecture sont inimaginables sans écriture (2011, p. 296).

Chez les Beti, le mot pour désigner la divinisation c'est *ngam*, une sorte de mygale, probablement le *Hysterocrates*, animal de l'ordre des aranéides. Chez les Bamoun, c'est le *ngaame*. Au-delà des légères différences qui sont notées dans le déroulement de la voyance chez les peuples sus évoqués, il en ressort que la divinisation est le laboratoire de l'art graphique[4]. La mygale n'agit pas d'elle-même, elle n'est que l'instrument du dieu *ngambi si* chez les Basaa ou encore d'un *nkug* « génie » ou « entité céleste » chez les Beti. C'est pourquoi les devins, *Ɓàŋgàŋgàŋ* ou « prêtres du ngambi » *Ɓàɓɔŋgámbí* chez les Basaa et *ngengan* ou *mbongám* « faiseur d'oracle » chez les Beti, sont incontestablement connectés avec l'entité qui s'exprime à travers la mygale et dont ils sont chargés de retranscrire les messages. Ces derniers sont disponibles à partir de la position (parité, opposition, symétrie) des bâtonnets[5] ou plaquettes (*avol*) et des épines de porc-épic (*biyoá bi ngŏm*) chez les Beti ou encore des « écailles de pangolin » ou des « cauris » chez les Basaa.

Chez les Bambaras, l'on note aussi cette inhérence entre la divinité et l'écriture. Les devins et autres prêtres se mettent sous le parapluie de Duga, maîtresse de la royauté, détentrice du savoir et de la sagesse et ordonnatrice des rites funéraires. Alain Anselin pousse la comparaison plus loin encore en identifiant *Duga* comme un homologue de *Djehouty* (1992, p. 81).

---

4. Le Fa chez les Fon au sud du Bénin en est aussi une illustration féconde.

5. Le mot bâtonnet se dit aussi nkos en ewondo, terme utilisé pour désigner le stylo à bille ou la plume.

Compte tenu du caractère sacré de l'écriture, le scribe était aussi « prêtre-lecteur ». En tant que tel, il était habilité à lire les paroles qui constituaient la liturgie sacrée lors des cérémonies religieuses et funéraires (Sarr, 2001, p. 94-95). Dans un univers culturel « superstitieux » comme celui des *Kemetiou*, la moindre erreur de lecture pouvait causer des dégâts importants. Parce qu'il y a une corrélation entre la justesse des sons et la véracité des idées et intentions, un lien intime entre la netteté des vibrations sonores et l'ordonnancement divin, le rôle du « prêtre-lecteur » était déterminant dans le déroulement des rituels. Par la maîtrise de l'écriture, compétence au carrefour des métiers les plus importants, le scribe était donc un « prêtre-lecteur » avec tout ce que cela comporte comme exigences du point de vue de la formation et de l'exercice professionnels.

3. Le scribe comme Maître du trésor royal

C'est encore le scribe qui était chargé d'assurer la comptabilité des entrées et sorties des biens de la cour royale. La comptabilité des richesses était effectuée par lui au quotidien. Le Papyrus Boulaq 18, 31, en est la parfaite illustration. Sur ce document datant de la XIIIème dynastie dont la portée est incontestable, on peut lire les notes suivantes, prises par le scribe :

	t Sbn akw variétés de pains dont le total fait :	Hnkt ds variétés de bières dont le total fait :
Hsb akw n nb(a.w.s.)n HAt-sp3 (Abd)2(nw n)Axt, srKy. Décompte des revenus du Seigneur (Vie, Force, Santé) de l'année 3, deuxième mois de l'Inondation, dernier jour).		
xt akw n nb(a.w.s) n HAt-sp3 (Abd)2(-nw n)Axt, srKy Montant des revenus du Seigneur (l.p.h.) de l'année 3, deuxième mois de l'Inondation, dernier jour).	1680 1680	135 135
jnn.f m DAt nt HAt-sp3 (Abd)2(-nw n)Axt, sw 29 Lui a été apporté comme solde de l'année 3, deuxième mois de l'Inondation, jour 29)	200 200	
jnn.f m a.w.s nswjnnw m Hwt-nTr nt jmn Lui ont été apportées en tant que victuailles royales (?) en provenance du temple d'Amon)[6].	100 100	10 10
dmd sSm xnt rxt pn Total	1980 1980	145 145

(Source : A. Gardiner, 1994, p. 201-202)

Tabl. 2. Notes de comptabilité prises par un scribe de la maison royale, Papyrus Boulaq, XVIII (XIIIème dynastie)

D'une part, le scribe mentionna le rapport des revenus du roi lors de la 3ème année de son règne, du dernier jour du second mois de l'Inondation. De l'autre, il nota le nombre de variétés de pains et de gâteaux et la qualité de bières et cruches. Par ailleurs, le scribe n'a pas oublié de mentionner comment ladite richesse fut redistribuée pour assurer la ration alimentaire du harem royal, de la maison des infirmières et du personnel ordinaire de la cour. Le document est précieux, non seulement parce qu'il nous montre que le scribe est à l'avant-garde de la société égyptienne, mais aussi parce qu'il est un des plus vieux traités de comptabilité en partie double. L'enregistrement est réalisé dans 2 comptes au moins. La nature, la quantité et le lieu de provenance (et ou de redistribution) sont notés avec exactitude. Faut-il donc voir les scribes de l'antiquité africaine comme les premiers comptables de l'histoire de l'humanité ? Le moins que l'on puisse relever ici c'est que le savoir-faire scriptural est une technique au carrefour des postes de travail les plus élevés et que l'origine des métiers dépendants de l'écriture est à chercher en Afrique.

(Source : Tombe de Menna TT69, Cheikh Abd-Gournah,
Thèbes Ouest, Musée égyptien du Caire,
http://histoire-et-civilisations-anciennes.com/2019/06/scribes-piliers-du-regime-pharaonique.html,
consulté le 9-01-2020)

Image 2. Scribes de la tombe de Menna, Nouvel Empire, XVIIIème dynastie

Le scribe était impliqué dans la gestion du grenier agricole. Son titre imy-rA Snwty «l'intendant du double grenier» permet de mesurer à quel point il était responsabilisé dans la quantification des grains versés par le paysan. Dans ce tableau, six scribes surveillent quatre ouvriers mesurant le grain. Les scribes subissaient une formation professionnelle qui les orientait dans la technique d'écriture et dans l'élaboration des textes de la littérature classique. Ils pouvaient aussi être orientés dans les temples comme médecins, magiciens interprétateurs des rêves, astronomes. Le métier s'héritait de père en fils (W. Schenkel, 1984, col. 699).

4. Le scribe comme archiviste

L'égyptien ancien retient différents vocables pour désigner sAw sXAw l'archiviste, les archives st-a, l'administrateur des archives iri-smAyt, le gardien des archives iri-smAyt, le scribe des archives sXAw - smAyt. Les archives, contrairement à la bibliothèque comme lieu de stockage des documents des bureaux individuels et des administrations pendant un certain temps, existaient toujours. Ils pouvaient être désignés par les termes js ou ou xA n sXAw (R. Hannig, 2014, p. 66). C'est à ce niveau qu'étaient déposés les dossiers administrés par les gardiens. À l'époque ramesside, des archivistes chevronnés ont travaillé dans l'administration d'étable, de l'armée, de la douane et du trésor (W. Helck, 1975, col.422). Certains d'entre eux pouvaient être expéditeurs des lettres de pharaon, archivistes des réserves de grain, archivistes de l'armée (CH. Raggazoli, 2019, p. 146). Un des passages des sagesses du scribe khéti illustre le rôle des écoles dans la formation de cette classe sociale :
«Un seul jour à l'école t'es déjà utile et ce qu'on y fait est éternel comme les montagnes» (T. Obenga, 1990, p. 483). Le rôle du scribe en tant qu'archiviste est résumé dans la deuxième partie de cette sagesse. L'éternité de la formation scolaire. Il incombe aux scribes de recopier tous les textes fondateurs et régulateurs de la société pour qu'ils restent utilisables continuellement : Textes religieux et funéraires, Enseignements, Sagesses, Notes administratives, etc. Imiter l'art divin

pour que celui-ci conserve son essence et son existence. Le scribe assure l'intégrité des documents dont l'importance est capitale pour le fonctionnement de la société pharaonique.

Par ailleurs, le détenteur du savoir-faire scriptural est le pont entre les générations. En ce qui concerne les écrits et les documents qui les portent, il est le gardien de la mémoire du passé, le lien privilégié entre les époques. Ce que fait le scribe, dit Khety, «est éternel comme les montagnes». Il est donc acteur de l'immortalité de la civilisation. Si de nos jours, il est encore possible de reconstituer l'histoire des anciens *Kemetiou*, c'est grâce aux scribes qui ont bien voulu, depuis les temps immémoriaux, consigner et conserver sur des papyri, l'essentiel de leur vie quotidienne.

5. Le scribe prêtre lisant la liste d'offrandes

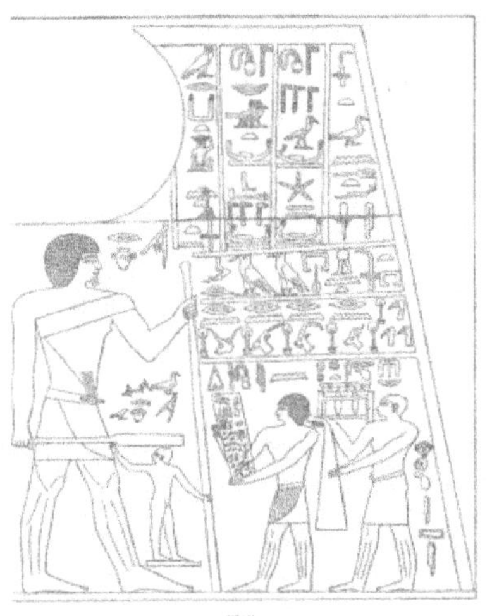

(Source: Junker, Giza II, 1934, Abb. 11)

Doc. 1. Mastaba de Mrj-ib, Ancien Empire

Le mastaba de *Mrj-ib* a été découvert au mois de décembre 1842 par Richard Lepsius. C'est l'un des mastabas les plus connus de l'Ancien Empire. Il a été ensuite publié et porte le numéro 24 dans les documents du musée de Leiden II et référé aux pages 18-22. Les textes gravés sur les parois de cette tombe ont été nouvellement publiés par H. Schäfer dans les textes du musée royal de Berlin. Le vicomte Emmanuel de Rougé en fait état plus tard dans ses recherches sur les Monuments qu'on peut attribuer aux six premières dynasties de Manéthon à la page 262 (H. Junker, 1934, p. 16). L'occupant était l'un des fils de Chéops. Il a donc vécu sous le règne de son père, la quatrième dynastie. Accompagné de son fils aîné *Mrj-nTrw-xwfw*, ses filles *Cdn. t* et *N-cDr-kAj*, il sort de sa chambre funéraire pour observer les dons qui lui sont apportés, provenant de la maison royale. Il est vêtu d'un pagne noué au niveau des reins. Il a dans sa main gauche la canne d'autorité *mdw* et dans sa main droite le sceptre *abA*. La liste des dons, apportés par le responsable des choses qui sentent bon, le chef supérieur *Hrj-tp ISj*, est inscrite sur un papyrus lu par un scribe. Elle est composée d'huile et de tissus. L'inscription nous en donne des détails importants plus précis :

    mAA xtmt jnt pr-nsw
    ¨miT 100, 6, 4, 1, xA pAD xA sn-nTr
    wAD dmw xA tpj-HAt nb

observer des choses scellées provenant de la maison royale : les morceaux de *lin idmj* pour le tissage 100, 6, 4, 2 et 1 ; 1000 boules de pain, 1000 pièces d'encens, 1000 portions de produits verts de maquillage et toutes sortes de bonnes huiles.

Cette liste est complétée par celle de l'offrande :

Öl‘. Links: ,Das Betrachten des Totenopfers, das das

mAA Prt-xrw jnt Pr-nsw
rn xA kAw rn xA gHsw rn xA nAw rn xA Apdw rn xA bDAw
Observer l'offrande funéraire Peret-kherou, venue du palais,
1000 têtes de bœufs, d'antilopes, d'ibex, de gazelles, de canards (H. Junker, *op. cit.*, p. 129).

6. Titres et cumul de fonctions du scribe

Le rôle des scribes se lit à travers toutes les activités productives et intellectuelles de la vie de la cité. Ils retraçaient par écrit les moindres détails de la vie économique des domaines avant de conserver ces papyri dans des archives royales ou privées. Les objets dont ils se servaient pour écrire étaient les papyri roulés, un étui cylindrique dans lequel se trouvaient les calames, la palette, creusée de deux godets pour l'encre noire et pour l'encre rouge. S'ils commettaient des fautes sur le papyrus, ils sollicitaient un tampon pour effacer ou pour rectifier. Ils avaient à leur disposition de grands coquillages pour leur encre. (J. Vandier, 1964, p. 195) donne des précisions intéressantes de l'utilisation de ces coquillages dans le métier du scribe :

Les coquillages étaient creusés de deux godets qui sont pourvus d'un cordon qui facilitait le maniement et la suspension de l'objet. Les rouleaux n'avaient pas tous la même hauteur ; on les réunissait en faisceaux qu'on liait solidement et qu'on voit souvent devant le scribe, lorsqu'il écrit. Les faisceaux eux-mêmes étaient placés dans des sortes de sacs ovales, très fréquemment représentés que les Égyptiens appelaient *khé-ret-â* : ces paquets, qui sont, parfois, rectangulaires, sont régulièrement vus comme s'ils étaient posés sur la tranche, comme si l'artiste avait voulu que le spectateur pût contrôler la solidité de l'empaquetage et l'habilité avec laquelle on avait disposé les liens. Ces paquets, à l'occasion, sont utilisés comme des tables par les scribes ; on les voit, en effet, chargés d'un ou deux petits pots, de plusieurs rouleaux de papyrus et même de la palette. En l'absence de ce support, on avait recours à de petites tables à quatre pieds, qui sont peut-être, dans certains cas, des coffres, ou des sortes de supports évasés ressemblant à des autels.

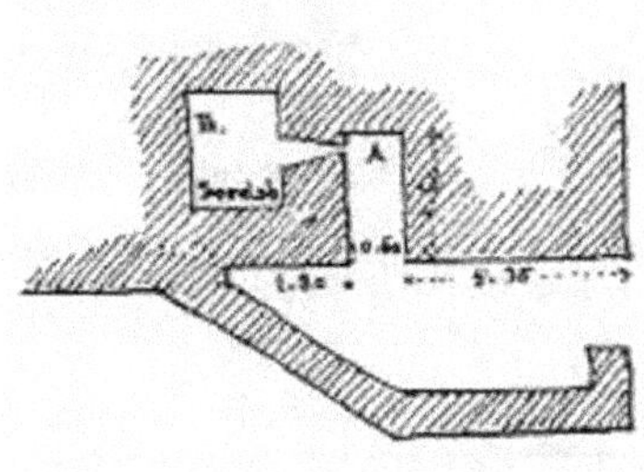

(Source : A. Mariette, 1976, p. 103)

Doc. 2. Plan de la tombe de Nerferhotep, Ancien Empire

À cette époque de l'Ancien Empire, tous les fonctionnaires de l'État pharaonique n'avaient pas les moyens de se faire construire des mastabas. Nerferhotep a édifié dans le désert de Saqqara, un tumulus rectangulaire de briques jaunes, d'où on retrouve à la face orientale, une sorte de rainure profonde de 1m 50 et large de 0 m 60. Cet édifice n'a pas de plafond et a pour hauteur celle du massif. Devant la rainure se trouve un mur destiné à le protéger. Au niveau de la rainure A, se trouve un bas-relief encastré dans le mur et touchant le sol. Dans le serdab B, se trouve un groupe représentant le défunt et sa femme. L'inscription hiéroglyphique qui les accompagne est un tableau numéroté indiquant les titres et fonctions qu'ils ont dû occuper à cette période.

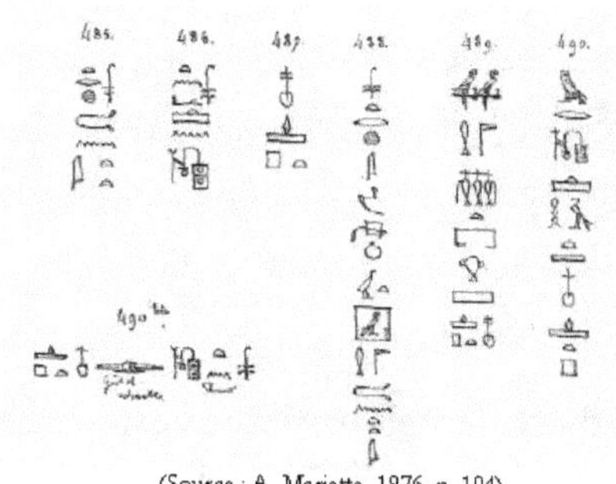

(Source : A. Mariette, 1976, p. 104)

Doc. 3. Inscription hiéroglyphique indiquant les titres
et métiers de Neferhotep et de sa femme

Le numéro 485 évoque le nom d'une certaine Tjentit femme du maître du tombeau. Elle occupait la fonction de rxt-nsw «la connue du roi, la courtisane royale» (C. Obsomer, 2017, p. 274); le numéro 486 indique la fonction de l'occupant (du tombeau) sS an nsw («scribe de la tablette royale»); le numéro 487 est le nom du défunt Neferhotep; le numéro 488 reprend la totalité des fonctions de sa femme : rxt-nsw («la courtisane royale» ou la «conseillère du roi»); imAxwt Hwt-Hr («la pensionnée de la maison d'Horus ou de la déesse Hathor»); Hmt-nTr («la servante divine» ou «l'épouse du dieu»); le numéro 489 renvoie à la titulature en représentant Neferhotep comme l'incarnation des Dieux Horus et Seth, parce que ce titre est celui des pharaons de la période thinite (J. Vercoutter, 1992, p. 227). Il était aussi Hm-nTr «prêtre divin», «prophète»; un xnti-Hr-S, un poste administratif attesté sous l'ancien empire (Wb. 3 : 311). Cette fonction lui permettait d'être affectée aux travaux de construction des pyramides de Saqqara. Les numéros 490 et 490 bis l'identifient enfin comme «l'intendant des scribes de la terre arable» imy-r sSw AHwt et «scribe royal» sS nsw.

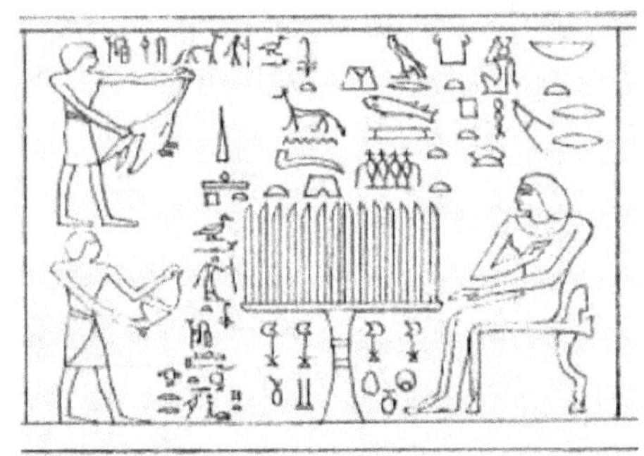

(Source : A. Mariette, 1976, p.118)

Doc. 4. Stèle d'offrande de Kaimererouptah, Ancien Empire

Le deuxième document iconographique est une stèle d'une certaine xAj-mrr (. w) -ptH «elle brille, celle que Ptah aime» (H. Ranke, 1977, p. 264) retrouvée à Saqqara. Elle est assise sur une chaise à patte d'animal probablement de lion, devant sa table d'offrandes, drapée dans un long boubou, sa tête couverte du foulard, pour consommer sa nourriture quotidienne composée de pains de différentes qualités et des tissus estimés chacun à 1000. Elle assumait les fonctions de imy-r-kAt nbt (responsable de tous les travaux). Le service des offrandes est assuré par le [hiéroglyphes] sA. f nswt smsw sAb sHD sSw « son fils royal, l'aîné, le dignitaire, surveillant des prêtres ». Il tord le cou d'un canard dont l'identité reste à déterminer. Il couvre la tête d'une perruque et porte le pagne royal. La légende nous indique qu'il s'agit d'une offrande offerte par le fils aîné du roi, c'est-à-dire le prince héritier :

[hiéroglyphes]

Di htp sA. f nswt smsw
« une offrande que donne le fils royal, l'aîné »

Le deuxième scribe officie également comme prêtre. Il tord le cou d'un canard qu'il offre en sacrifice en l'honneur de la défunte. Il porte le titre de : Ss aw xft Hr nsw (scribe des écritures officielles du roi).

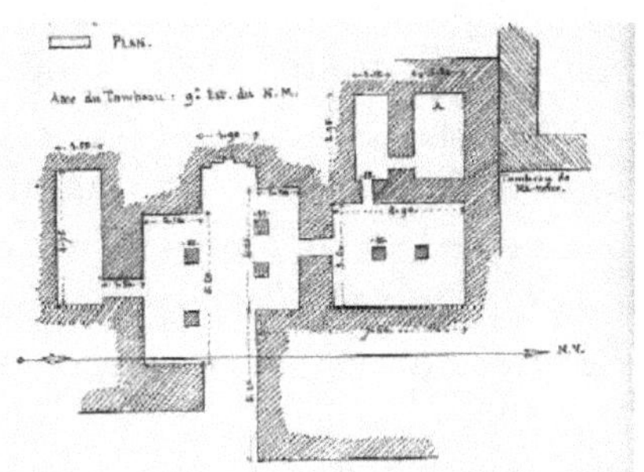

(Source : A. Mariette, 1976, p. 123-124)

Doc. 5. Plan de la tombe de Ptahhotep

Mariette a préféré rassembler deux tombeaux sous le même numéro C6 et 7. Il remarque que le tombeau du Sud est plus ancien que celui du Nord. Celui-ci a été construit et disposé de façon à se relier au premier pour former avec lui un grand ensemble. L'inscription que nous voulons déchiffrer se trouve au-dessus de la porte du tombeau du Nord :

(Source : A. Mariette, 1976, p.125)

Doc. 6. Inscription hiéroglyphique indiquant les fonctions
et titres de Ptahhotep, Ancien Empire

L'occupant Ptahhotep en plus de l'exercice de sa fonction comme imy-r-sS-nsw (scribe de la tablette royale), occupait les titres de noblesse : (i) r (y) -pa (t) « le noble », « l'aristocrate » ; HAty-a « le prince », « le comte » et de l'administration centrale suivants : TAiti zAb « le vizir », imy-r-kAt-nbt-nsw (le responsable de tous les travaux du roi) ; imy-rA-wsxt (le responsable du hall ou de la cour) ; imy-rA-Snwty (le responsable du double grenier) ; imy-rA-prwy-HD (le responsable du double trésor) ; imi-rA Hwt wrt 6 « le directeur des six grandes cours » ; imi-rA is pr-wy nsw« le directeur conseiller des deux maisons du roi » ; imi-rA is pr-wy xtm « le directeur conseiller des deux maisons scellées» ; imi-rA is pr-wy mrt« le directeur conseiller des deux maisons des travailleurs » ; imAxw xr nTraA «le pensionné auprès du grand dieu».

Conclusion

Au regard de tout ce qui précède, il était indispensable de remonter le cours du temps tout comme celui du Nil pour évaluer la place du scribe dans la société africaine de la période pharaonique. Pour y parvenir, nous avons exposé la titulature du scribe, sa relation avec Djehouty, ses fonctions de maître du trésor royal, d'archiviste, de prêtre lisant la liste des offrandes et le cumul des fonctions qui lui sont associées. À la lumière des sources aussi multiples que variées comme les Textes des Pyramides, le Papyrus Boulaq XVIII, le Mastaba de Mrj-ib et bien d'autres encore, il ressort que la possession du savoir-faire scriptural est au cœur de la vie étatique et au carrefour des corps de métiers les plus importants. Connaître «les mystères des écrits sacrés» était nécessaire pour accéder aux postes de comptable, d'archiviste, de magistrat, d'artisan, etc. Plusieurs millénaires après l'émergence de la fonction de scribe, il faut remarquer qu'aucun métier ne se passe de la connaissance de l'écriture. Aujourd'hui comme hier, sinon davantage encore, nous sommes liés à l'écriture d'une façon décisive et irréversible.

L'Afrique noire actuelle s'invite au cœur de cette question par ses techniques divinatoires. En effet, tout comme dans l'Égypte ancienne, l'écriture apparaît tout d'abord comme une transcription rationnelle des messages de la Divinité aux humains. C'est pourquoi dans les deux sphères en étude, les premiers conquérants de l'écriture sont des prêtres. La relation entre le *sesh* et Djehouty, entre le *ngengan* et *Ngambi Si* ou *Ngam* ou encore *Duga* est éloquente à ce sujet. L' on comprend alors cette phrase auto glorificatrice d'Iritisen «*je connais les mystères des écrits sacrés*».

Au-delà des titres et fonctions du scribe liés à une période spécifique, écrire c'est exister, c'est faire acte de civilisation, c'est immortaliser un instant précis du cours ininterrompu de l'évolution de l'Homme. Manipuler le calame et le pigment, c'est transmettre aux générations qui arrivent une grande part de nos expériences collectives, mais aussi leur léguer des empreintes de nos âmes. Quel visage présenterait la civilisation humaine actuelle si l'écriture ne nous était pas parvenue ?

Bibliographie

ANSELIN Alain, 1992, «L'ibis du savoir : l'écriture et le mythe en Égypte ancienne», *Ankh, Revue d'égyptologie et des civilisations africaines*, n° 1, p. 79-87.

ANSELIN Alain, 2001, «Signes et mots de l'écriture en Égypte antique», *Archéo-Nil*, n° 11, p. 136-158.

BARGUET Paul, 1967, *Le Livre des morts des anciens Égyptiens*, Paris, les Éditions du Cerf.

BATTESTINI Simon, 1997, *Écriture et textes : contribution africaine*, Paris, Presses de l'Université de Laval/Présence Africaine.

BITONG Emmanuel, 2011, *Génération et Élaboration de l'écriture à la lumière des conceptions et expériences de deux peuples Africains : Le cas des MedouNetjer des Égyptiens anciens et des Bibàngá des Bàsáà du Cameroun*, Thèse de Doctorat/Ph. D. en Histoire, Yaoundé, Université de Yaoundé I.

BUDGE Wallis, 1978, *An Egyptian Hieroglyphic Dictionary, Vol I*, New York, Dover Publications INC.

BUDGE Wallis, 1978 b, *An Egyptian Hieroglyphic Dictionary, Vol. II*, New York, Dover Publications, INC.

DERCHAIN Philippe, 1963, «Nouveaux documents relatifs à Bébon (BAbAwj)», *Zeitschrift für ägyptische Sprache*, Band 90, p. 22-25.

DIOP Cheikh Anta, 1981, *Civilisation ou barbarie, Anthropologie sans complaisance*, Paris, Présence Africaine.

DIOP Cheikh Anta, A., 1977, 2008, *Parenté génétique de l'égyptien pharaonique et des langues négro-africaines*, Dakar, IFAN Ch. A. Diop/ UCAD.

DIOUF Jean-Léopold, 2003, *Dictionnaire wolof-français et français-wolof*, Paris, Karthala.

DONADONI Sergio (dir.), 1992, *L'homme égyptien*, Paris, Seuil.

ERMAN Adolf, GRAPOW Hermann, 1982, *Wörterbuch der ägyptischen Sprache*, 7 volumes, Akademie Verlag, Berlin.

GRIAULE Marcel & DIETERLEN Germaine, 1951, *Signes graphiques soudanais*, Paris, Hermann et Cie Éditeurs.

FAIK-NZUJI Clémentine, 1992, *Symbole graphique en Afrique noire*, Paris, Karthala.

GARDINER Alan Sir, 1994, *Egyptian Grammar. Being an introduction to the Study of Hieroglyphs*, Oxford, Griffith Institute.

HANNIG Rainer, 2014, *Grosses Handwörterbuch Deutsch-Ägyptisch (2800-950 v. Chr.)*, Philipp von Zabern, Mainz.

HELCK Wolfgang, 1954, *Untersuchungen zu den Beamtentiteln des ägyptischen alten Reiches*, Ägyptologische Forschungen 18, Glückstadt-Hamburg-Newyork.

HELCK Wolfgang, 1975, «Archive», *Lexikon der Ägyptologie*, herausgegeben von Wolfgang Helck und Eberhard Otto, Band. I, Otto Harrassowitz, Wiesbaden, col., p. 422-423.

JUNKER Hermann, 1934, *Grabungen auf dem Friedhof des alten Reiches bei den Pyramiden von Giza. Die Mastabas der beginnenden V. Dynastie auf dem Westfriedhof*, Band II, Wien und Leipzig.

KURTH Dieter, 1992, «Bebon und Thot», *Studien zur altägyptische Kultur*, Band 19, p. 225-230.

MARIETTE Auguste, 1889, *Les mastabas de l'ancien empire*, Paris, F.Vieweg.

MASSEY Gerald, 1881, *A Book of the Beginnings. Containing an attempt to recover and reconstitute the lost origins of the myths and mysteries, types and symbols, religion and language, with Egypt for the Mouthpiece and Africa as the Birthplace, Vol. I, Egyptian origins in the British Isles*, London, Williams &Norgate.

MATHIEU Bernard, 2009, «Les couleurs dans les Textes des pyramides : approche des systèmes chromatiques », *ENIM (Égypte Nilotique et Méditerranéenne)*, 2, p. 25-52.

MEEKS Dimitri, 1998, *Année lexicographique. Égypte ancienne*, Tomes 1, 2 et 3, Paris, Cybele.

MEURER Georg, 2002, *Die Feinde des Königs in den Pyramidentexten, Orbis Biblicus et Orientalis 189*, Universitätsverlag Freiburg Schweiz.

OBENGA Théophile, 1990, *La philosophie africaine de la période pharaonique 2780 – 330 avant notre ère*, Paris, L'Harmattan.

OBENGA Théophile, 1990, «La stèle d'Iritisen ou le premier traité d'Esthétique de l'humanité», *Ankh*, n° 3, juin 1994, p. 28-49.

OBSOMER Claude, 2017, *Égyptien hiéroglyphique. Grammaire pratique du moyen égyptien*, Bruxelles, Édition Safran.

PIACENTINI Patrizia, 2002, *Les scribes dans la société égyptienne de l'Ancien Empire, Vol I. Les premières dynasties. Les nécropoles memphites*, Paris, CYBÈLE.

PLATON, 1992, *Le Banquet-Phèdre,* Traduction, notices et notes par Émile Chambry, Paris, Flammarion.

RAGAZZAGOLI Chloé, 2019, *Scribes. Les artisans du texte en Égypte ancienne (1550-1000),* Paris, Les Belles Lettres.

RANKE Hermann, 1977, *Die ägyptischenPersonennamen,* Band I, Verlag von J. J. Augustin in Glückstadt.

SARR Mouhammadou Nissire, 2001, *Funérailles et Représentations dans les tombes de l'ancien et du moyen empires égyptiens. Cas de comparaison avec les civilisations actuelles de l'Afrique noire,* Lit-verlag, Hamburg.

SARR Mouhammadou Nissire, 2001, «Le lettré dans la société égyptienne ancienne», *ANKH,* Revue d'égyptologie et des civilisations africaines, n° 23/24, 2014-2015, p. 9-25..

SAUNERON Serge, 1962, *Les prêtres de l'ancienne Égypte,* Paris, Seuil.

SCHENKEL Wolfgang, 1984, «Schreiber», *Lexikon der Ägyptologie,* Begründet von Wolfgang Helck und Eberhard Otto, herausgegeben von Wolfgang Helck und Wolfhart Westendorf, Band V, Otto Harrassowitz, Wiesbaden.

SOMET Yoporeka, 2007, «Le scribe dans l'Égypte ancienne», Ankh, *Revue d'égyptologie et des civilisations africaines,* n°16, p. 28-42.

SPELEERS Louis, 1923, *Les Textes des pyramides,* Bruxelles, I. Vanderpoorten.

VANDIER Jacques, 1964, *Manuel d'archéologie égyptienne, IV. ½ Bas reliefs et peinture. Scène de la vie quotidienne,* Paris, Picard.

VERCOUTTER Jean, 1992, *L'Égypte et la vallée du Nil, Tome I. Des origines à la fin de l'Ancien Empire (12000-2000),* Paris, Presses Universitaires de France.

VERNUS Pascal, 1993, «La naissance de l'écriture dans l'Égypte ancienne», *Archéo-Nil,* n° 3, p. 75-108.

VON BISSING Friedrich Wilhelm,1951, *Die altafrikanische Herkunft des Wortes Pavian=Babuin und sein Vorkommen als Gottesname in altägyptischen Texten,* Verlag der bayerischen Akademie der Wissenschaften, München, p. 1-15 mit Zwei Abbildungen.

WARD William, 1982, *Index of Egyptian Administrative and Religious Titles of the Middle Kingdom,* American University of Beirut.

Les débuts de l'Association Cotonnière Coloniale en Afrique-Occidentale française (1901-1908)

Dr Tanoh Raphaël BEKOIN,
Maître de Conférences,
Département histoire, Université Alassane Ouattara,
Côte d'Ivoire.
e-mail: bekyoro@yahoo.fr

Résumé

La question du coton fut une préoccupation pour les milieux d'affaires français. Pour s'assurer un approvisionnement régulier et faire face au chantage américain, l'Association cotonnière vit le jour. Son action fut focalisée d'abord sur l'Afrique de l'Ouest en raison des conditions climatiques favorables à la culture de coton. Pour s'imposer et étendre son action, elle a bénéficié du soutien des milieux économiques. C'est pour comprendre l'enjeu que l'article tente d'examiner les premiers pas de cette association. Cette réflexion cherche surtout de montrer comment pour répondre à des impératifs industriels en France une association cotonnière coloniale a vu le jour.

Mots clés : Afrique, association, coton, début, agriculture.

Abstract

The cotton issue was a concern for the French business community. The ensure a regular supply and deal with American blackmail, the Cotton Association was born. Its action was the first focused on West Africa because of climatic conditions ton cotton farming. To gain acceptance and extend its reach, it has benefited from the support of economic and circles. It is to understand the issue that the article tries to examine the first association. This reflection seeks above all to show how to meet industrial imperial in France a colonial cotton association was born.

Key words: Africa, association, cotton, early, agriculture.

Introduction

La question du coton a représenté au début du XIXe siècle un enjeu important dans les relations commerciales au plan international. Le poids du coton dans l'industrie était considérable et des régions entières de l'Amérique et de l'Europe vivaient des retombées de cette culture. Compte tenu de son importance stratégique, les grands pays européens comme l'Angleterre, l'Allemagne, la France et d'autres puissances de moindre importance comme l'Italie, l'Espagne et le Portugal cherchaient à sauver leur circuit d'approvisionnement. Il fallait, d'une part, maintenir le fonctionnement régulier et optimal de l'industrie textile, mais d'autre part, chercher aussi à développer la culture du coton pour faire vivre de façon pérenne cette industrie.

En dehors des actions de certaines puissances européennes pour protéger l'industrie cotonnière, les initiatives privées avaient aussi à cœur d'assurer un approvisionnement régulier de leur industrie. En France, on vit apparaître l'Association Cotonnière Coloniale (ACC). Cette association regroupait les industriels, les intermédiaires et les groupes de pression de tout genre préoccupés par la question du coton. Ces intérêts économiques français vont s'illustrer par un activisme sans précédent en prenant pour cible les colonies françaises en particulier celles de l'Afrique de l'ouest. L'intérêt d'une étude sur Association cotonnière coloniale (ACC) réside dans le fait que l'on sait peu de choses sur cette association ; pourtant dans l'histoire cotonnière des colonies françaises, elle est très présente. À cause du coton, la Côte d'Ivoire a connu une industrialisation précoce du fait des initiatives de l'ACC vers la fin de la première décennie de l'année 1900. Ces actions se sont renforcées dans les années 1920 par la multiplication des unités d'égrenage (P. Kipré, 1985, p. 26).

L'action de l'ACC ne s'est pas limitée qu'à la Côte d'Ivoire, elle a étendu son rayonnement et son influence partout où la France disposait d'une colonie. En dépit de son activisme qui reste visible dans les colonies françaises et aussi à cause de la faiblesse des études consacrées à cette association cotonnière, beaucoup d'interrogations persistent concernant cette institution. Pourquoi et comment fut créée l'ACC ?

En outre, de quels moyens disposait-elle pour se donner comme ambition de développer le coton dans toutes les colonies françaises ? Ces interrogations sont étudiées dans l'intervalle temporel 1901-1908. L'année 1901 correspond à la naissance du syndicat général de l'industrie cotonnière française qui jouera un rôle important dans l'avènement de l'ACC. Quant à l'année 1908, c'est l'année à laquelle l'ACC décide d'installer les égreneuses en Côte d'Ivoire.

L'objectif de cette étude est de donner un éclairage historique sur les débuts de cette association cotonnière en Afrique-Occidentale Française (AOF) en tentant de comprendre les circonstances de sa mise en place, ses stratégies d'action et ses premières actions. L'étude s'appuie sur des sources d'archives en particulier les bulletins de l'ACC, les sources sur le coton et tout autre écrit qui permet d'éclairer un pan de la vie de cette organisation. Trois points principaux structurent l'étude. Elle commence par les raisons de la création de l'ACC. Elle se poursuit avec l'étude de ses stratégies et son mode d'action. Elle s'achève par une analyse des premières initiatives de l'ACC

1. Les raisons de la création de l'ACC

L'ACC est née dans des conditions particulières. Il fallait fédérer des acteurs économiques et surtout avoir l'appui du monde politique au sujet de la question du coton. La question de l'approvisionnement de ce produit était un problème récurrent à cause de l'attitude des États-Unis.

1.1 Le péril dans l'approvisionnement en coton de l'industrie française

La nécessité pour les cotonniers français de s'organiser, en créant plus tard l'ACC, est née de la crainte de manquer vers la fin du XIXe siècle d'un approvisionnement régulier de coton pour leurs usines. Selon les estimations de l'industrie cotonnière française, tout obstacle à l'approvisionnement de coton notamment américain pourrait entraîner la fermeture de 300 filatures et 650 unités de tissage. À ce tableau sombre, il faut ajouter la mise en chômage d'une population de

250 000 ouvriers français qui se trouveraient privés de travail et réduite à la misère d'un moment à l'autre[1].

Si aucune initiative n'était envisagée pour parer à cette situation, l'industrie textile française courait à sa perte. Cette situation pourrait ainsi entraîner des conséquences sociales et économiques catastrophiques pour la France. Le péril était d'autant plus grand qu'une grande partie des importations du coton alimentant l'industrie française venait des États-Unis. Conscient de leur poids dans l'approvisionnement du marché européen, en particulier français, États-Unis appliquaient une politique économique hégémonique qui à tout moment pouvait perturber l'approvisionnement régulier de l'Europe en coton américain. Ainsi, au lieu de fournir régulièrement du coton brut comme auparavant à l'industrie cotonnière européenne, les Américains voulaient transformer cette matière première en tissu et ensuite alimenter le marché européen. Une telle politique américaine priverait l'Europe de toute possibilité de transformation du coton et ce continent deviendrait de ce fait un réceptacle de tissus américains. Cette situation était très inquiétante pour l'Europe, en particulier pour la France dans la mesure où non seulement les Américains avaient les moyens de leur politique, mais ils se préparaient activement à envahir l'Europe de cotons transformés. Les propos de M.A Esnault-Pelterie[2], un industriel du coton français, en disent long sur cette menace américaine :

> Dans les environs de Saint Louis (États-Unis), il fut construit une usine monstre qui ne comptera pas moins de 12 000 métiers et 500 000 broches. Cet établissement représentera à lui seul le dixième de la force de la production de la France. Le fait n'est pas isolé et de nouveaux établissements s'installent à côté de ses plantations. En attendant l'éventualité de l'accaparement du coton, les Américains prennent pour eux les plus belles qualités et abandonnent les autres à l'industrie européenne.[3]

---

1. *Bulletin de l'Association cotonnière coloniale* (BACC) 1903, n° 1, p. 12.

2. Avant la création de l'Association Cotonnière Coloniale, ce dernier était président du syndicat général de l'industrie cotonnière française ; conseiller du commerce extérieur et membre de la commission permanente des valeurs en douane.

3. *Bulletin de l'Association cotonnière coloniale* (BACC) 1903, n° 1, p. 12.

Avec cette nouvelle orientation de la politique cotonnière américaine, l'industrie cotonnière française courait à la catastrophe. En effet, elle importait annuellement des États-Unis environ 800 000 balles de coton représentant une valeur de 250 millions de francs.[4] Face à la menace d'une rupture d'approvisionnement du coton américain, d'ailleurs jugé de bonne qualité par rapport aux autres types de coton. Il fallait trouver d'autres sources d'approvisionnement pour bénéficier d'un tel coton. En effet, il fallait à tout prix maintenir les acquis de cette économie cotonnière et éviter les aléas et les incertitudes de toute dépendance extérieure. L'industrie cotonnière française était d'autant plus fragilisée que les Américains étaient indifférents à l'impact de leur décision sur l'économie cotonnière des autres pays européens. À cet effet, dans un article intitulé « Le Soudan et la question cotonnière», l'auteur Nautilus, traduisait l'attitude des États-Unis en ces termes :

> D'ailleurs, ils [les Américains] le déclarent très nettement nous cultivons, nous récoltons, nous produisons, nous égrainons, nous comprimons le coton, il est donc naturel que nous le conservions pour le filer, pour le tisser, pour le teindre. Pourquoi l'Europe se crée-t-elle de si rudes préoccupations avec l'achat et les envois de balles de coton ? Elle n'a qu'à nous verser des capitaux et nous lui donnerons en échange des étoffes toutes préparées, qu'elle écoulera sur ses marchés et dans les colonies. [...] Cependant, si vous tenez tant à notre coton, disent-ils, payez-le.[5]

L'une des conséquences du monopole américain, c'est que les cours du coton du Havre et du Dunkerque étaient constamment hausse. Ce monopole américain dans l'approvisionnement du coton affectait aussi les autres pays européens, car il représentait un véritable danger pour leur industrie textile. Pour parer à cette situation, l'Angleterre, suivie par la suite par des pays comme l'Italie, l'Espagne et même le Portugal, engagea des tentatives de développement de la culture de coton dans ses colonies. Les Anglais ont particulièrement investi aux Indes et en

---

4. *Idem*, p. 12.

5. Nautilus, «le Soudan et la question cotonnière», *Bulletin du Comité de l'Afrique Française* avril 1903 cf. annexes *Bulletin de l'association cotonnière coloniale* 1903, p. 7.

Égypte dans le but de développer cette culture[6]. Pour donner une assise durable à cet essor, l'Angleterre de même que l'Allemagne constituèrent dans leurs zones d'influence en Afrique des sociétés chargées de développer la culture du coton. Elles y investirent respectivement, pour l'un, 1 250 000 marks et, pour l'autre, 750 000 marks[7]. À l'image de l'Angleterre, l'industrie cotonnière française avait compris très tôt la menace américaine et l'impact financier, économique et social d'une telle décision. Face à ce péril, Esnault-Pelterie, président du syndicat général de l'industrie cotonnière française ne voyait qu'une seule solution :

> Un seul moyen se présente : implanter la culture de coton dans nos colonies auxquelles nous devrions demander les matières premières qu'elles sont susceptibles de nous fournir. Il faut utiliser le vaste domaine colonial que la France a si chèrement acquis. Ce sera la juste récompense de lourds sacrifices qu'elle s'est imposés et qu'elle s'impose.[8]

Ce choix pour les colonies françaises n'est pas surprenant, car la fin du XIXe siècle est une course aux possessions coloniales entre puissances européennes. Il fallait trouver des débouchés pour l'industrie et acquérir des possessions. Le discours prononcé en 1891 par le Britannique Salisbury en dit long sur ce que l'Afrique représentait pour l'Europe :

> Lorsque j'ai quitté le Foreign Office en 1880, personne ne pensait à l'Afrique. Lorsque j'y suis revenu en 1885, les nations d'Europe étaient presque en dispute les unes contre les autres pour savoir les différentes portions de l'Afrique qu'elles pourraient obtenir. (E. M'bokolo, 1992, p 269).

Un tel acharnement sur un continent à peine connu résulte du fait que l'acquisition des colonies fut d'abord conçue et perçue comme une ouverture pour des marchés extérieurs même si cela était virtuel. La colonisation fut perçue comme un bienfait et beaucoup de mouvements européens militaient en faveur des colonies. Le député français, Jules

---

6. *Idem*, p.7.

7. *Bulletin de l'Association cotonnière coloniale* (BACC) 1903, n° 1, document en annexe n° 1, p. 61.

8. BACC, 1903, n° 1, p. 12-13.

Ferry, l'un des défenseurs acharnés de la colonisation n'hésita pas à déclarer au Parlement français face à ses collègues députés. «Une colonie, c'est un débouché» (E. M'bokolo, 1992, p 271). C'est ce facteur qui fut perçu par les industriels cotonniers français qui vont jeter leur dévolu sur les colonies françaises pour sauver l'industrie cotonnière. Pour faire face au besoin en matière cotonnière, il fallait s'organiser en syndicat ou en association.

1.2 Du syndicat général de l'industrie cotonnière française à la mise en place de l'ACC

La création de l'ACC fut précédée par l'avènement du Syndicat général de l'industrie cotonnière française crée en mars 1901. La mise en place de ce syndicat est née de l'action des délégués des syndicats cotonniers régionaux de France. Ils voulaient réunir dans une même association toutes les branches de l'industrie cotonnière. Il s'agissait par ce moyen de défendre les intérêts économiques, industriels et commerciaux de l'industrie cotonnière[9]. Ce syndicat regroupait tous ceux qui intervenaient dans les activités de filature, de tissage, de finissage, de blanchiment, de teinture et même d'impression.

Esnault-Pelterie, appelé à diriger cet important groupement, pensait que compte tenu du fait que le besoin en coton de type américain était une question d'intérêt général et national, il fallait trouver les moyens de produire cette matière première achetée à l'étranger. Cette situation était une préoccupation constante de l'industrie cotonnière française. En effet, jusque-là elle était obligée de s'approvisionner uniquement du coton venu de l'Amérique. D'ailleurs, ce type de coton était de grande qualité et recherché par les milieux industriels français. Or si ce coton venait à manquer faute d'approvisionnement du marché américain, les manufactures françaises en seraient lourdement affectées. L'autre élément qui a conduit les acteurs du coton français à se regrouper est d'une part le besoin d'une gestion autonome du coton et d'autre part faire face à la tendance des États-Unis à vouloir tout monopoliser[10].

---

9. *Bulletin de l'Association cotonnière coloniale* (BACC) 1903, N° 1, p. 12.
10. *Idem*, p. 13

En effet, les Américains voulaient utiliser le coton comme une arme économique pour inonder le marché européen par l'envoi de tissus issus du coton transformé.

Après quelques investigations, le président du syndicat de l'industrie cotonnière avait acquis la conviction que «l'on pourrait tirer un parti avantageux de certaines colonies jouissant de certaines conditions climatiques spéciales»[11]. Il est arrivé probablement à cette conclusion à cause de l'action des groupes de pression acquise à la cause coloniale, les sociétés de géographies et les partis coloniaux qui défendaient les avantages et le bien que la France pouvait tirer de la colonie. Cet environnement et le bénéfice qu'offraient les colonies françaises qui furent dans une mesure déterminante dans l'approche que prendrait plus tard l'ACC. Conscient du fait que l'avenir du coton français se trouvait dans les colonies, ce syndicat de l'industrie cotonnière française manifesta un activiste sans précédent dans cette direction en tentant de s'informer et de montrer l'opportunité que cette voie représentait pour l'industrie française. Dans une communication faite en décembre 1901 devant le comité du syndicat général de l'industrie cotonnière française, M. Dybowski, directeur du *Jardin colonial* de Nogent-sur-Marne, attira l'attention de son auditoire sur le Soudan qui lui paraissait tout indiqué pour devenir un centre important de culture du Coton.[12]

Dans le même temps, le syndicat général de l'industrie cotonnière française se livrait à une enquête minutieuse sur la possibilité d'un projet de culture de coton dans les colonies françaises. Pendant que la France faisait du développement de la culture de coton une préoccupation majeure, l'Allemagne et l'Angleterre avaient déjà commencé à développer dans leur zone d'influence des cultures de coton. À ce titre, les industriels anglais avaient fondé une association d'étude sur le coton qui avait commencé des essais expérimentaux à Lagos. Les Allemands avaient créé une société analogue et porté leurs efforts sur le Togo.[13]

---

11. *Ibidem.,* p. 12.
12. *Ibidem,* p. 13.
13. *Bulletin de l'Association cotonnière coloniale* (BACC) 1903, n° 1, historique de la naissance de l'A.C.C., p. 15.

Ces deux pays européens, à savoir l'Angleterre et l'Allemagne, ont suivi en cela l'exemple de la Russie qui fut la première à faire pousser de façon spéciale la culture du coton au Turkestan. Elle obtint à partir de cette expérience des résultats assez intéressants. Ainsi de 1888 à 1889 d'une récolte de 76 000 balles de coton, l'on passa de 1902 à 1903 à 504 000 balles.[14] Ces résultats confortèrent le syndicat général de l'industrie cotonnière française dans sa décision de favoriser la culture du coton en Afrique et dans toute autre colonie française afin de sauver l'industrie cotonnière française. Les tentatives pour encourager le coton local, c'est-à-dire celui planté par les populations autochtones de l'Afrique, ne donnèrent pas les résultats espérés. Cependant, elles permirent de réaliser que l'Afrique de l'Ouest était une terre d'avenir pour l'aventure cotonnière. D'ailleurs, suite à une conférence fort instructive de Yves Henry, inspecteur de l'Agriculture de l'Afrique occidentale française, sur l'état de la culture du coton au Sénégal et au Soudan, le comité du syndicat général de l'industrie cotonnière française se décida de passer à l'action. Ainsi à l'unanimité de ses membres, elle fit une motion lors sa séance du 5 novembre 1902 en ces termes pour hâter l'avènement d'une telle association. «Le Comité du syndicat général de l'industrie cotonnière française approuve le projet de créer une association pour favoriser le développement de la culture de coton dans les colonies françaises [15]».

À la suite de cette rencontre mémorable, le président du syndicat général de l'industrie cotonnière, Esnault-Pelterie reçut pour mission de mettre en place un Comité d'initiative composé de personnes soucieuses de jeter les bases d'une association chargée de développer le coton. C'est ce Comité d'initiative qui élabora les textes qui allaient fonder et organiser la mise en place de l'ACC. Le Comité d'initiative était composé d'une vingtaine de personnes regroupant les patrons de l'industrie cotonnière des différentes régions en France. On y trouvait aussi des filateurs, des représentants de bonneteries de coton, des

---

14. *Idem,* p. 17.
15. *Ibidem,* p. 18.

Chambres de commerce, de l'Union coloniale et des syndicats dont l'activité avait un lien avec le coton.

Dans les grandes lignes des actions dégagées lors de la réunion du 17 décembre 1902, sous la présidence d'Esnault-Pelterie, ce Comité d'initiative avait arrêté plusieurs mesures devant régir la future Association Cotonnière coloniale en gestation. Ainsi l'association devait faire appel à toutes les bonnes volontés : les commissionnaires en coton, les filateurs, les tisseurs, les apprêteurs. En outre, elle devait aussi solliciter le concours de toutes personnes qui de près ou de loin avaient des activités en rapport avec le coton (commissionnaire en marchandises, armateurs, courtiers, banquiers…). L'association s'adressait aussi à ceux des Français qui étaient désireux de contribuer à l'avenir des colonies.

C'est sur la base de ces objectifs que l'Association cotonnière coloniale dénommée ACC fut constituée lors d'une réunion tenue le 14 janvier 1903 dans le local de l'Association générale du commerce et de l'industrie des tissus et des matières textiles à Paris. Le Comité d'initiative fit une propagande si active pour l'avènement de cette organisation au point que l'on notait déjà 158 adhérents à cette nouvelle association cotonnière. Elle comprenait un grand nombre de notabilités de l'industrie cotonnière et du monde colonial français[16]. Pourtant, les initiateurs de ce projet s'attendaient à une adhésion d'une trentaine de personnes à l'association ; ce fut loin d'être le cas.[17] Ce succès est aussi lié au fait que certains milieux d'affaires se sont montrés très enthousiastes à l'idée de voir une telle association voir le jour. Ainsi, pour M. Marande Augustin, administrateur-délégué de la Compagnie cotonnière du Havre, les ports français devraient largement s'intéresser à la question de la culture du coton dans les colonies françaises. D'ailleurs, parmi les nombreuses adhésions à l'association cotonnière, la Chambre de commerce du Havre, à l'unanimité de ses membres, fut la première à marquer son intérêt pour la création de cette association en s'inscrivant

---

16. Préparation de la naissance de l'A.C.C. et liste des personnes ayant participées aux réunions préparatoires. Cf. *Bulletin de l'Association cotonnière coloniale* (BACC) 1903, n° 1, p. 23.

17. *Idem.*

comme membre fondateur-Donateur. Le syndicat normand du tissage de coton a suivi l'exemple du Havre devançant même le syndicat général de l'industrie cotonnière française[18], pourtant à l'origine de l'idée de l'ACC. En effet, celui-ci, contrairement aux autres, qui n'avaient pas pu voter plus tôt son adhésion comme fondateur-donateur.[19] En dépit de quelques péripéties, l'Association cotonnière coloniale a pu prendre forme avec des orientations bien définies.

2. Les stratégies et mode d'action de l'Association cotonnière coloniale

L'action de l'ACC se voulait très pragmatique. Sa ligne de conduite et d'action fut définie à travers ses statuts et ses objectifs. Le coton restait l'enjeu principal de sa collaboration avec les milieux d'affaires et des administrations coloniales.

2.1 Les statuts et les objectifs de l'Association cotonnière coloniale

Avant que les textes définitifs de l'ACC ne fussent publiés au *Journal officiel français*, il y eut plusieurs tentatives de réécrire ses objectifs et ses orientations. Lorsque le Comité d'initiative de l'ACC nomma le bureau définitif de cette association et en établit les membres d'honneur, l'ACC était composée de 218 membres.[20] Le mode d'action de l'ACC se voulait pratique. En effet, elle voulait sortir de l'inaction et montrer que l'on pouvait obtenir des résultats pratiques concernant la culture du coton notamment en Afrique occidentale. Pourquoi avoir privilégié cet espace? Cela s'explique en partie pour des raisons d'opportunité. D'ailleurs, sur cette question le président de l'ACC, Esnault-Pelterie expliqua clairement sa position en ces termes :

---

18. Ce syndicat général est à l'origine de la création de l'Association Cotonnière Coloniale.

19. *Bulletin de l'Association cotonnière coloniale* (BACC) 1903, n° 1, p. 23.

20. Bulletin de l'ACC (1903 – 1904), p. 27.

Si nous avons presque exclusivement parlé de l'Afrique occidentale, c'est que les propositions d'essais [de coton] qui nous sont arrivées spontanément jusqu'à ce jour, viennent [...] toutes de ces contrées.

Mais, il va de soi que nous n'entendions nullement nous désintéresser des autres colonies telles que Madagascar, l'Indochine et l'Algérie qui semblent avec l'Afrique occidentale les territoires où le développement de la culture du coton a plus de chance de réussite.[21]

Conscient que l'avenir de l'industrie cotonnière française est lié au développement de la culture du coton dans les colonies françaises, les initiatives de l'ACC ont suscité un regain d'intérêt avec l'augmentation du nombre d'adhésions. À la date du 18 avril 1903, l'ACC comptait 392 membres dont les souscriptions représentaient un capital de 300 000 francs.[22] Cette augmentation des adhésions est en partie liée à la qualité des acteurs économiques et politiques qui pilotaient cette association. On y trouvait des sénateurs, des députés, des présidents de Chambres de commerce, les représentants de la Bourse du Havre et la plupart des grands patrons de l'industrie textile français. Bien qu'ayant son siège social à Paris, l'action de l'ACC s'étendait non seulement à toute la France, mais aussi dans les colonies françaises. L'association cotonnière coloniale se fixa deux objectifs majeurs :

– Étudier et développer la culture de coton dans les colonies françaises sous toutes ses formes,
– Favoriser l'achat et l'emploi par l'industrie française du coton récolté dans ces colonies.[23]

Pour atteindre ces objectifs, l'ACC se proposait de subventionner la culture du coton dans les colonies françaises, tenter des expériences d'essai[24] et favoriser l'envoi du coton colonial en France. En outre, l'ACC

---

21. Ce discours fut prononcé le 12 mars 1903 au cours de l'Assemblée générale extraordinaire relative à la naissance de l'Association cotonnière coloniale. *Bulletin de l'Association cotonnière coloniale* (BACC) 1903, n° 1, p. 31.

22. *Idem.*

23. Statuts de l'Association cotonnière coloniale : formation et objet de la société, *Bulletin de l'Association cotonnière coloniale* 1903, n° 1, p. 34.

24. À titre d'exemple, il s'agit d'expériences comparatives faites d'ensemencement des graines des champs des populations locales, *Bulletin de l'Association cotonnière coloniale* (BACC) 1903, n° 1 présélectionnées et des graines exotiques.

voulait exercer son action par des enquêtes et missions, des réunions et conférences, et faire connaître par voie de presse des publications d'ouvrages et de brochures sur ce qu'elle se proposait de faire. Par ce type de propagande, elle se proposait d'étendre et préserver les intérêts français.[25] Officiellement créée en avril 1903, selon ses statuts, l'ACC dans ses objectifs initiaux n'avait une durée de vie de 6 ans. Cependant, elle pouvait être prorogée une ou plusieurs fois selon les décisions de l'Assemblée générale. Pour être membre de l'association, il fallait être coopté ou être parrainé par deux membres et avoir des intérêts dans l'industrie cotonnière française.

L'association se composait de membres d'honneur, de membres donateurs-fondateurs, de membres titulaires et adhérents. Par exemple, le titre de membre d'honneur était conféré par le comité de direction à toute personne ayant rendu des services exceptionnels soit à la cause de la culture du coton dans les colonies, soit à l'association. En dehors de ce facteur, ce qui différenciait les différentes catégories de membres de l'ACC entre elles, c'est la nature de leur contribution à l'association. Les membres donateurs devaient payer une contribution de 1000 francs par an tandis que les membres titulaires ne payaient que 100 francs.[26]Quelle que soit la nature de leur montant, les membres de l'ACC voulaient être une force de proposition et un groupe solide animé par le souci de répandre le coton.

2.2 Fédérer le monde économique, politique et des groupes de propagande autour de l'enjeu du coton dans les colonies françaises

À l'origine l'ACC est une association qui comprenait les acteurs économiques français soucieux du péril qui guettait l'industrie cotonnière française. L'initiative de sa création est liée à la ténacité d'Esnault-Pelterie. Il a su fédérer l'élite économique française intéressée à la question du coton. Ainsi, l'industrie de la filature du

---

25. Il s'agit des articles 2 et 3 concernant l'objet de la création de l'A.C.C.

26. Admission et cotisations pour les membres de l'ACC, *Bulletin de l'Association cotonnière coloniale* 1903, n° 1, p. 35.

coton, du tissage, les fabricants de bonneteries de coton, les Chambres de commerce et les négociants de toutes sortes se sentaient liés à cette cause de l'ACC. Cette liste d'intérêts économiques soutenant l'ACC n'est pas exhaustive puisque l'on y trouvait dans cette association, la Banque de l'Afrique Occidentale[27] et même des compagnies maritimes. Cela met en lumière le fait que la défense de l'industrie cotonnière représentait un enjeu national.

L'objectif et l'action de l'ACC se focalisaient certes sur le territoire français, mais ils visaient principalement les colonies où elle avait en vue le développement de la culture du coton afin d'assurer à l'industrie cotonnière française un approvisionnement régulier. Dans cette perspective, l'ACC a su s'allier ou du moins susciter l'adhésion des milieux politiques coloniaux sensibles à ces thèses. Sensibilisant les hommes politiques de la métropole ainsi que divers groupes d'influence à l'enjeu de la question du coton pour l'industrie française, les administrateurs coloniaux ont activement soutenu les différentes initiatives de cette association. D'ailleurs, dès les premiers moments de l'ACC, parmi les membres prestigieux de l'ACC figuraient des acteurs importants acquis à l'expansion coloniale en Afrique. À ce sujet, on peut noter que parmi les présidents d'honneur de l'ACC, en dehors du ministre des colonies, Doumergue, qui y occupaient une place de choix, on y trouvait, Gustave Binger[28], gouverneur des colonies, directeur des Affaires politiques au ministère des colonies, le général Gallieni, gouverneur général de Madagascar et Émile Roume, gouverneur général de l'Afrique occidentale.

Ces personnalités étaient des farouches partisans de la cause coloniale française. Si l'on prend le cas de Gustave Binger, son action s'est illustrée par un long périple partant de Bamako en 1887 pour arriver à Grand-Bassam au sud de la Côte d'Ivoire en 1889 tout en prenant

---

27. *Bulletin de l'Association cotonnière coloniale* 1903, n° 1, p. 46.

28. Ce dernier après avoir la Côte d'Ivoire du Nord au Sud entre 1887 et 1888, fut nommé gouverneur de la Côte d'Ivoire en 1893. Il en fut d'ailleurs le premier. Il avait une grande connaissance des milieux africains. Son ouvrage du *Niger au golfe de Guinée* est un document de référence à un moment où le colonisateur français voulait s'imposer en Afrique de l'Ouest.

soin de signer des traités avec les chefs locaux. Ces traités avaient pour but d'affirmer la présence française dans les localités visitées. Son compagnonnage avec son compatriote français Treich-Laplène a permis d'asseoir l'autorité française et de dessiner les frontières dans ce qui deviendra plus tard la Côte d'Ivoire. À la suite de cette importante mission, la France consolida sa position en Côte d'Ivoire. Gustave Binger, en reconnaissance des loyaux services rendus à la métropole, fut nommé gouverneur de la colonie en 1893. Il le resta jusqu'en 1896 date à laquelle, il est nommé Directeur des Affaires politiques au ministère des colonies. Il continua d'effectuer plusieurs visites en Côte d'Ivoire avant sa mort (P. Kipré, 1987, p. 29). La présence du fondateur de la Côte d'Ivoire coloniale siégeant au sein de l'ACC fut d'un atout précieux pour les stratégies d'expansion de cette association. Strasbourgeois né en 1856 en Alsace, Gustave Binger avait une parfaite connaissance de plusieurs langues africaines au point d'être mandaté pour effectuer au Sénégal une mission d'étude linguistique sur le Bambara. C'est dans le milieu africain que naquit le rêve de Binger d'explorer les pays situés entre le Niger et le Golfe de Guinée (P. Kipré, 1987, p. 29).

En dehors de Binger, l'ACC avait aussi comme président d'honneur le général Gallieni. Ce général s'est illustré par ses hauts faits d'armes dans la conquête coloniale française. Il dirigeait les forces coloniales qui disposaient d'un armement sophistiqué ; ce qui a facilité la conquête coloniale. La pacification de Madagascar (1896-1899) caractérisée par une répression et une brutalité féroce face à toute opposition à la présence française fut l'une des marques du général Gallieni. Il s'agissait d'opération militaire pour faire accepter la présence française. Tous ces faits furent consignés dans des ouvrages relatifs à la pacification de Madagascar (F. Helliot, 1900). De Gallieni, on doit aussi ajouter qu'il était membre du Comité de l'Afrique française. Ce comité était composé des personnes intéressées à la cause coloniale. Il organisait la propagande par son bulletin, finançait les missions d'exploration et entreprenait des démarches auprès des pouvoirs publics pour faire avancer sa cause (J. N. Loucou, 2012, p. 55).

L'autre force de l'ACC, c'est qu'Émile Roume, gouverneur général de l'Afrique-Occidentale française était l'un de ses présidents d'honneur. L'avantage d'avoir au sein de l'association un gouverneur en fonction, c'est qu'il représentait l'ensemble des colonies de l'AOF comme la Côte d'Ivoire, le Soudan, le Sénégal, la Guinée et pouvait répercuter les décisions relatives à l'expansion de coton dont l'ACC ne faisait le chantre. L'étendue de l'influence de l'ACC dans la sphère politique française a été telle qu'elle a réussi à faire accepter à Doumergue, Ministre des colonies, ministre des affaires étrangères et Trouillot ministre du commerce d'être président d'honneur de l'institution.[29]

Dans l'ensemble, le monde politique français et économique s'est laissé convaincre par les projets et l'initiative de l'ACC. Le contexte de l'époque où la ferveur pour la colonie était devenue un enjeu économique, stratégique et de prestige, il fallait donc encourager et soutenir l'action de l'ACC. Cela était d'autant plus important dans la mesure où les actions de l'ACC avaient pour but de sauvegarde l'industrie cotonnière française dont vivaient des centaines de milliers de Français. Par ses initiatives et son poids économique et industriel et bénéficiant du soutien des députés et des sénateurs, l'ACC a pu pénétrer le milieu politique français et bénéficier des soutiens de taille au point que le 16 mars 1903, le président de la République française a reçu le bureau de l'ACC. Une telle action fut possible grâce aux soutiens actifs du sénateur Godin et les députés Ancel-Seitz et Eugene Motte, membres de cette association.

Le président de la République française, Émile Loubet, appuya l'initiative des industriels français et accorda même son haut patronage aux activités de l'ACC. Ainsi, le prestige et le nom de l'ACC fut connu de la population française et des milieux intéressés à la cause coloniale, car elle bénéficiait d'une large couverture des différents médias de la Métropole. En outre, les membres de l'ACC en profitaient pour faire une propagande intense dans divers organes de presse. Parmi les presses qui relayaient activement les actions de l'ACC, on peut citer en autres le *Courrier de Havre*, *Revue des cultures coloniales*, *Dépêche coloniale*.

---

29. *Bulletin de l'Association cotonnière coloniale* 1903, n° 1, p. 3.

À ces actions, il faut ajouter les conférences publiques tenues dans les villes de France comme Bordeaux, Rouen, St Etienne, Toulouse et bien d'autres qui ont contribué à faire connaître les objectifs de l'ACC. Certaines conférences furent tenues à la Société de géographie de Paris, à la Société de géographie commerciale et d'autres institutions pour le compte de l'ACC. Tout cela a contribué à augmenter le nombre de souscriptions à l'ACC. De quelques membres au départ, en avril 1903 déjà, on dénombra près de 392 membres dont les souscriptions représentaient un capital de plus 500 000 francs à répartir sur six ans.[30] C'est dans cet environnement où bénéficiant de ressources et l'appui du milieu politique et économique français, l'ACC initia ses premières actions.

3. Les premières initiatives de l'ACC

Le souci majeur de l'ACC était d'encourager un type de coton recherché pour l'industrie cotonnière française. En effet, il existait des variétés de coton, mais la plus recherchée était celle de type américain. Dans les premières actions de l'ACC, l'Afrique de l'Ouest fut le premier terrain d'expérimentation.

3.1 L'action de l'ACC dans les colonies françaises de l'Afrique de l'Ouest

Pour atteindre ses objectifs, l'ACC a privilégié les zones d'implantation et d'influence française. Cette présence, dans ces espaces sous contrôle français, facilita les accaparements de terres et l'utilisation des populations locales dans l'intensification de la culture du coton. En effet, toutes ces zones étaient des zones potentielles de production de coton. Bien avant la création de l'ACC, l'Algérie comptait, déjà dès 1854, 800 hectares de cotons cultivés sous le contrôle de près de 140 colons français. De 4 tonnes ½ en 1854 le rendement de coton

---

30. *Bulletin de l'Association cotonnière coloniale* 1903, n° 1, p. 32.

d'Algérie atteignit 850 tonnes en 1866.[31] Lors de sa création en 1903, l'Association pouvait s'appuyer sur de tels acquis pour favoriser un rendement à grande échelle du coton pour les besoins de l'industrie française. De tels objectifs, dans le cas algérien, étaient difficilement réalisables à long terme à cause de certains obstacles majeurs ; il s'agit entre autres du manque d'eau pour l'irrigation, la cherté de la main-d'œuvre et l'insuffisance de personnels ou de colons pour s'adonner à l'activité du coton.[32]Des considérations de même ordre peuvent s'appliquer pour la Guadeloupe, la Martinique, Madagascar, la Réunion, Mayotte, et les autres possessions françaises de l'Océanie. Si dans ces zones les conditions de production du coton y étaient excellentes, cependant, la rareté et la cherté de la main-d'œuvre ainsi que le procédé de cultures défectueux rendaient difficile une production permanente à long terme.[33]

Face à de telles difficultés ainsi que l'incertitude liée à des résultats probants, l'Association cotonnière coloniale porta ses efforts sur l'Afrique Occidentale, en particulier sur la vallée du Niger. Pour certains auteurs notamment Nantilus, ce choix semblait judicieux, car, écrit-il, le Soudan français était «une terre excessivement propice à la culture du coton [...] la fibre précieuse sera l'une des principales ressources et la plus importante richesse».[34]. L'intérêt spécifique pour la vallée du Niger, et aussi, accessoirement de la vallée du Sénégal, résidait dans le fait que ces zones étaient traversées par de grandes routes et au bord desquelles se trouvaient regroupés des villages et des populations.

Dans le cas du Sénégal, dans l'hinterland et sur les bords des rives, l'on trouvait des terrains où la culture cotonnière pouvait s'exercer dans des conditions favorables. La main — d'œuvre locale était abondante et moins chère. En outre, ce qui confortait le choix de l'ACC c'est

---

31. Nautilus, «le Soudan et la question cotonnière», Bulletin du Comité de l'Afrique française tiré *Bulletin de l'Association cotonnière coloniale* 1903, n° 1, document en annexe 1, p. 14.

32. *Idem*, p. 14.

33. *Ibidem*, p. 14.

34. *Bulletin de l'Association cotonnière coloniale* 1903, n° 1, document en annexe 1, p. 15.

que les populations locales s'adonnaient déjà à la production d'un type de coton assez acceptable. Le Cayor, l'Oualo, le Foutah et le Galam produisaient du coton pour les besoins de leurs habitants. Les espèces produites étaient le *gossypium barbadense* qui était recherché pour la grosseur de la capsule et la largeur des fibres.[35]

L'autre intérêt particulier que le Sénégal représentait pour l'ACC, c'est que les populations locales avaient une certaine maîtrise des techniques de production du coton indigène. Cependant, intéressés par un certain type de coton, notamment américain, qui répondait aux besoins de leur industrie, les Français voulaient imposer ce genre de coton sur ce sol africain. À cet effet, une mission venue à Thiès au Sénégal a fait faire des essais avec les cotons américains et les Égyptiens dans le but d'obtenir des produits de longue tige plus avantageux que les espèces indigènes. Bien avant cela, des expériences relatives à des essais de coton venus d'ailleurs furent tentées en 1866 au Sénégal. Bien que l'essai ne fût pas probant, mais dans le contexte de la propagande de l'ACC, l'idée de poursuivre l'expérience fut relancée.[36] Il avait d'autant plus de chance de réussir qu'il pouvait bénéficier de la bienveillance du gouverneur Général Roume, l'un des présidents d'honneur de l'ACC, et d'autres administrateurs coloniaux qui gravitaient autour de l'Association coloniale. L'ACC mit en place toutes sortes de moyens pour faire avancer la cause du coton, notamment celui recherché par l'industrie métropolitaine.

3.2 Les stratégies pour imposer des types de coton indispensable à l'industrie cotonnière française

La question cotonnière était importante pour l'ACC, car elle était liée à la survie d'un pan important de l'économie française. Il fallait à tout prix pour sortir de la dépendance cotonnière américaine. Entre 1902 et 1903, la quantité de coton américain consommée par la France était de 753 772 balles «moyennes soie».[37] Les autres pays tels que l'Angleterre

---

35. *Idem*, p. 15.
36. *Ibidem.*, p. 17.
37. *Bulletin de l'Association cotonnière coloniale* 1904, n° 2, réunion du 22 juin 1922, p. 30.

n'étaient pas à l'abri de ce déficit de coton pour l'approvisionnement de leur industrie. Conscient de ce problème, depuis 1902, bien avant la création de l'ACC, il existait une association cotonnière anglaise qui avait entrepris des actions vigoureuses pour sortir de cette dépendance cotonnière. Dans ce cadre, des experts furent envoyés dans les colonies anglaises de la côte de l'Afrique occidentale où des centres de décortication furent installés un peu partout. Devenu enjeu colonial, le coton produit dans ces possessions bénéficiait d'énormes avantages au point où le chemin de fer et les compagnies de navigation anglaises en assuraient le transport gratuitement.

Pour atteindre un certain seuil de productivité cotonnière, le gouvernement britannique exerçait une forte pression sur les populations locales pour les inciter à produire davantage. Tous ces efforts furent couronnés de succès, car au cours d'une grande exposition à Lagos en novembre 1903 où le coton tint une place importante. Durant cette manifestation, tout le coton fut acheté et des centaines de tonnes furent expédiées en Angleterre.[38]

Dans le cas français, la stratégie ne fut pas moins différente. Il fallait mandater des agents ou des représentants de l'administration coloniale pour faire un travail de persuasion auprès des populations locales. Cette action se justifiait, car il fallait faire adopter à ces planteurs la méthode culturale la mieux conseillée et la mieux indiquée pour produire une quantité importante de coton. En outre, il leur fallait imposer le type de coton susceptible d'être consommé par le marché européen. Certes, l'ACC avait besoin de coton, mais pas n'importe quel type de coton. Le constat des agents de l'ACC dans les possessions françaises, c'est que le coton planté par les autochtones n'était pas celui qui était recherché sur le marché français ; au contraire, c'est celui de type américain que voulaient les industriels français dont la caractéristique principale était de « moyenne soie ». Durant la période 1902 -1903, la France en a consommé de centaines de milliers de balles. Par contre, pour les autres qualités de coton telles que les « longues soies et courtes

---

38. *Bulletin de l'Association cotonnière coloniale* 1904, n° 2, réunion du 22 juin 1922, p. 17-18.

soies » venant pour l'une de l'Égypte et pour l'autre de l'Inde, la France n'a consommé respectivement que 20 108 balles et 38 060 balles[39]. En somme, le coton américain représentait près de 95 % du marché français.

Consciente de cet enjeu, l'ACC mettait en garde les planteurs africains contre leur tendance à ne cultiver que des cotons de longues soies, car ils nécessitaient des soins exceptionnels et très coûteux. En effet, pour ce type de coton, des soins devaient être donnés au triage de graine, à la culture, à la cueillette, à l'engrenage et à la méthode de le compresser. En dehors de ces inconvénients, ces cotons de longues soies étaient d'un écoulement limité. Si les filateurs français s'engageaient à acheter ce type de coton, ils l'exigeaient irréprochable. Plus inquiétant encore, pour les spécialistes français du coton et aussi les industriels, ce coton était jugé inemployable. Dans l'ensemble, face aux enjeux commerciaux et industriels liés au coton, l'ACC a eu constamment pour souci et pour objectif de faire développer dans les colonies françaises le coton américain, c'est-à-dire le coton de « moyenne soie ». Pour cela, l'ACC a enjoint à ces agents sur le terrain d'avoir pour seule préoccupation la consommation française et de propager sur les terres coloniales les cotons de « moyenne soie », c'est-à-dire variant de 28 à 32 mm. À cet effet, l'ACC se proposait de leur procurer le type de semence nécessaire.[40]

Il est aussi important d'indiquer que ce type coton préconisé par l'ACC était étranger aux habitudes culturales des planteurs africains des colonies françaises. Il fallait leur faire changer de plants de coton pour répondre aux impératifs du marché cotonnier français, c'est ce à quoi les agents de l'ACC vont s'atteler avec d'ailleurs un certain succès. À ce titre, dans la vallée du Niger, en janvier 1903, M. Quesnel a fait distribuer dans les villages une variété de coton. Les résultats de son essai furent concluants. Un fait parmi tant d'autres illustre bien ce succès. Arrivé au village de Kimadimini, le chef de cette localité informa Quesnel qu'il ne voulait plus cultiver d'autres cotons que le

---

39. *Idem*, p. 18.
40. *Ibidem*, p. 31.

coton américain «car il pousse bien et plus rapidement que le coton indigène»[41]. Plusieurs villages du Sahel avaient décidé d'adopter ce type de coton, car comme le remarquait le chef du village de Bodié, le cotonnier américain fleurissait deux mois avant le cotonnier indigène. À Ségou, les variétés américaines ont donné des capsules bien remplies, des graines abondamment développées pourvues de fibres blanches, fines, soyeuses, signe d'une bonne adaptation des cotonniers au sol et au climat soudanais[42].

Dans l'ensemble, pour mener à bien sa politique cotonnière, l'ACC disposait dans les zones cotonnières de certains agents acquis à sa cause qui allaient de cercle en cercle pour faire la revue des rendements obtenus, soit avec le coton africain ou, soit pour les grains exotiques. De façon générale, des agents de l'ACC encourageaient la culture du coton graine américaine, il était d'une qualité meilleure et, en outre il était payé à un bon prix. Cette situation poussa d'ailleurs les autochtones à opter pour un tel coton. Dans les cercles de Djenné et de San, au Soudan, où de telles politiques furent encouragées, l'on nota de bons résultats ; dans le cercle de Bamako, des agents ont fait distribuer des grains exotiques tout en donnant des recommandations aux populations locales sur la manière de les planter[43]. Cette proximité avec le monde rural africain, à travers les agents de l'ACC sur le terrain, fut un moyen qui a permis à cette association cotonnière d'étendre son action en AOF. La Côte d'Ivoire fut intégrée à la stratégie de l'ACC à partir de 1908.

Conclusion

La naissance de l'ACC tient à la volonté des acteurs du coton français de faire face au péril de l'approvisionnement français en coton. La pression américaine de priver en partie l'Europe de coton de brut fut vécue comme une menace pour les Européens et, particulièrement, les Français. Or compte tenu de la qualité du coton américain, la majeure

---

41. *Bulletin de l'Association cotonnière coloniale* 1904, N° 2, réunion du 22 juin 1922, revue des colonies, Afrique occidentale française p. 5-6.
42. *Idem,* p. 6.
43. *Ibidem,* p. 12.

partie de l'importation française venait des États-Unis. Face au chantage et aux menaces américaines, la France en créant l'ACC voulait se garantir une source d'approvisionnement en coton. Les colonies furent considérées comme un débouché pour développer le coton afin de faire survivre l'industrie cotonnière française. Par l'intermédiaire de ses agents formés, des villages furent investis pour planter le coton. Dans l'ensemble, l'ACC avait plus de chance de réussir dans la mesure où elle avait le soutien des autorités coloniales françaises dont certaines faisaient partie de son bureau. En outre, elle était soutenue par le monde économique préoccupé par la question du coton et les milieux politiques faisant de cette question un enjeu national. Tout cet environnement favorable fut un atout qui allait positionner au cours des années l'action de l'ACC dans les colonies françaises.

Sources et bibliographie

Sources

ASSOCIATION COTONNIÈRE COLONIALE, *Congrès national des textiles végétaux du 24-24 juin 1931*, Paris, Quinzaine de la production agricole d'outre-mer, 1931, 215 p.

BULLETIN DE L'ASSOCIATION COTONNIÈRE COLONIALE (1903-1904).

GOUVERNEMENT GÉNÉRAL DE L'AFRIQUE OCCIDENTALE, 1917 Situation du cotonnier et de la production du coton au 15 octobre 1916, colonie de Côte d'Ivoire, Bingerville, Imprimerie du gouvernement, 38 p.

INSTITUT NATIONAL DE LA STATISTIQUE ET DES ÉTUDES ÉCONOMIQUES, 1948 *Le marché mondial du coton*, Presses universitaires de France, 286 p.

MINISTÈRE DES COLONIES, *Expositions coloniales nationales de 1907 au Jardin colonial*, 1907, Paris, Augustin Challambel, éditeur, 1907, 270 p.

Bibliographie

EKANZA Simon-Pierre, 1995, *Le dernier siècle de l'Afrique libre, l'Europe au chevet de l'Afrique*, Abidjan, Presses universitaires de Côte d'Ivoire.

BASSET Thomas J., 2002, *Le coton des paysans, une révolution agricole : Côte d'Ivoire (1880-1999)*, Paris, IRD éditions.

HELLOT F., 1900, Général Gallieni, *La pacification de Madagascar (opération d'octobre 1896 à mars 1899)*, Paris, Librairie militaire R. CHAPELOT et Cie.

KIPRE P., 1985, *Villes de Côte d'Ivoire, t2, Économie et société urbaine, NEA*.

KIPRE Pierre, 1987, *Mémorial de la Côte d'Ivoire; Côte d'Ivoire Coloniale T2*, Abidjan, Ami.

LOUCOU Jean Noël, 2012, *La Côte d'Ivoire Coloniale, 1893 -1960*, Abidjan, édition F.H.B, et édition CERAP.

M'BOKOLO Elikia, 1992, *Afrique noire, histoire et civilisation*, t2 XIXe-XXe siècles, Paris, Aupelf.

Nautilus, 1903, «Le Soudan et la question cotonnière», *Bulletin du Comité de l'Afrique Française* avril, p. 3-17.

Luc Maurice Durand-Réville (1904-1998) : portrait d'un colon au Gabon

Dr Simplice Vianney MOUANGA,
Attaché de recherche
IRSH-CENAREST, Gabon.
e-mail: saintpierre28@yahoo.fr

Résumé

L'objectif de la réflexion est de cerner L. M. Durand-Réville et son influence dans le Gabon colonial et postcolonial. Personnage clé de la colonisation française au Gabon, il était connecté à toutes les sphères de décision qui affectaient l'ensemble de la vie coloniale. Il était en position de servir d'intermédiaire pour tous les membres de chacun des réseaux auxquels il appartenait. Il pouvait donc facilement influencer les groupes en filtrant ou en distordant les informations qui y circulaient. Il était également en meilleure position pour assurer la coordination de l'ensemble. Il doit cette position à un héritage multiforme. Une vocation religieuse à servir autrui, une fortune familiale propice à l'expatriation, une formation scolaire et professionnelle qui ouvre les portes de l'élite ; le tout dans un territoire conquis par la France laissé à l'initiative privée.

Mots clés : Gabon, Colonisation, Forestiers, Syndicats, Assemblées représentatives, Réseaux.

Luc Maurice Durand-Réville : Portrait of a settler in Gabon

Abstract

Luc Maurice Durand-Réville, a key person, on behalf of the French colonization in Gabon. He was always connected to all decision spheres that affected the whole of colonial life. First of all, he was in a position to act as a go-between for all members of each network he belonged to. So, he could easily influence groups by infiltrating or distorting information that was circulating there. Secondly, he also was in a better position by coordinating the whole sources. In a nutshell, he owes that position to the multifaceted heritage. A religious vocation to serve others, a family fortune conducive to expatriation, a school education and a professional training that open the doors to the elite: the whole in a conquered territory by France and left to private initiative.

Keywords: Gabon, Colonization, Woodmen, Trade union, Representive assemblies, Networks.

Introduction

Luc Durand-Réville était un homme d'affaires, chef de plusieurs entreprises prospères, président du Syndicat forestier, président de la fédération des syndicats commerciaux, vice-président de la chambre de commerce et élu du Gabon comme sénateur de 1947 jusqu'à l'accession de la colonie à l'indépendance en 1960. Il a appartenu à cette fraction de la population où se concentraient puissance financière, autorité et influence. Il fait ici pour la première fois l'objet d'une étude qui s'efforcera de rendre compte de l'étendue de son empreinte sur le Gabon colonial et postcolonial.

Une seule raison essentielle justifie le choix de s'intéresser à L.M. Durand-Réville. Il s'agit de la mise à profit d'une conjoncture favorable. Il se trouve en effet qu'un certain nombre de personnes portent une attention particulière sur les bienfaits de la colonisation française en Afrique (De Cock Laurence, 2018) pendant que d'autres dénoncent la «Françafrique» (Verschave, 1998), juxtaposition de réseaux décrite par l'Association Survie qui milite en faveur de l'assainissement des relations franco-africaines[1]. Dans cette modeste contribution, il s'agira de braquer un éclairage sur un membre de la catégorie sociale qu'est le patronat, un acteur majeur dans l'histoire de la colonisation du Gabon. Il continue à travers les entreprises multinationales de peser sur l'organisation économique, sociale et politique de ce pays.

L. M. Durand-Réville n'a pas encore l'objet d'une étude. Catherine Hodeir (2003) dans *Stratégies d'Empire, le grand patronat colonial face à la décolonisation*, ouvrage traitant de tout le patronat d'outremer, Algérie et Indochine compris, mentionne furtivement sa présence dans le monde ultramarin. Qui est L. M. Durand-Réville et quelle est l'étendue de son empreinte sur le Gabon colonial et postcolonial?

À travers cette interrogation, la réflexion se donne pour objectif de cerner L. M. Durand-Réville et son influence dans le Gabon

---

1. Les politiques français sous Nicolas Sarkozy s'étaient saisis du fait colonial pour penser la question de l'immigration dans la société française. Ils considéraient la colonisation comme une aubaine pour l'Afrique. C'est le concept de la colonisation décomplexée.

colonial et postcolonial. Rendue possible grâce à une documentation constituée avant tout de sources primaires écrites et orales, enrichies de multiples références bibliographiques, la réflexion s'articule en trois parties. La première traite du milieu social de L. M. Durand-Réville : entre atavisme religieux et capital social. La deuxième aborde les éléments de sa vie contemporaine. La troisième décrypte les interactions de L. M. Durand-Réville.

1. Le milieu social de L. M. Durand-Réville : entre atavisme religieux et capital social

D'entrée de jeu, il paraît opportun d'évoquer, même sommairement, la généalogie de Luc Maurice Durand-Réville, en soulignant qu'il descend d'une lignée prêtre à l'aventure, puis de mettre en perspective son héritage religieux.

1.1. D'une lignée prête à l'aventure

La France a projeté dans le monde et célébré ses explorateurs les plus hardis, ses navigateurs les plus aventureux, ses soldats les plus courageux, ses colons les plus assoiffés de risques. Et que dire des missionnaires qui trouvaient que le sacrifice de leur vie était insuffisant s'ils l'accomplissaient en occident ? Ils ne trouvaient d'engagement plus abouti qu'en s'arrachant au confort de leur milieu d'origine pour un horizon lointain.

C'est par cet atavisme voyageur qu'Edmond Giscard D'Estaing explique la trajectoire de Luc Durand-Réville[2]. Il appartient à cette lignée qui a perpétué la présence française Outre-mer. Il est né au Caire avec une double tradition, protestante et bourgeoise, qui lui conférait des prédispositions à l'aventure. Son arrière-grand-père, Albert Réville, était pasteur à Rotterdam lorsqu'il fut nommé au collège de France. Son père Maurice, qui dirigeait l'École de commerce française en

---

2. Giscard D'Estaing E. Académie des Sciences coloniales, séance du 18 mars 1949, réception de M. le Sénateur Durand-Réville par Edmond Giscard d'Estaing, Comptes rendus mensuels des séances tome IX séances des 7 et 21 janvier 1949, Paris, Académie des sciences coloniales, 1949, p. 270.

Égypte, descendait lui-même d'Henri Durand qu'on appelait «Pasteur du désert». Sa grande tante, la sœur d'Henri, Marie Durand, illustrait magnifiquement la France, par un attachement à sa foi qui lui valut un légendaire emprisonnement de trente-deux ans à la Tour de Constance où elle grava ce mot sur une pierre : «Résistez».

Aussi bien, en Égypte ou en France, chez ses parents comme chez ses grands-parents, Luc Durand-Réville vivait dans une atmosphère profondément française qu'affinait encore ce que l'absence matérielle de la patrie ajoute à ceux qui vivent loin de son sol. Deux de ses oncles furent tués au service de la France. L'un comme lieutenant d'infanterie coloniale lors de l'expédition des Pavillons noirs[3], l'autre en 1914. Ainsi abondent les symboles expressifs dans les récits les plus simples, dès qu'on ouvre les carnets de voyage de ces familles socles de la France.

Comment ne pas admirer le balancement entre les sacrifices de deux frères : l'un mort pour défendre le sol français envahi, lorsque la métropole assaillie rassemblait toutes ses forces pour colmater la blessure par laquelle a pénétré l'ennemi. L'autre était s'est engagé à l'autre bout du monde, sur les frontières les plus lointaines de l'expansion française, sur ces terres que rien ne destinait à être françaises si ce ne fut par la vocation ardente des Français à porter en tous lieux, au péril de leur vie les messages dont ils se sentaient, à tort ou à raison, pleins. C'est à partir de cet héritage, au sens de Pierre Bourdieu, que nous allons tenter d'expliquer le fonctionnement de son aventure coloniale[4].

---

3. Les Pavillons Noirs étaient des soldats irréguliers chinois qui sévissaient en Indochine, principalement contre les Français durant la guerre Franco-chinoise (1881-1885).

4. La notion d'Héritage est employée par les sociologues dans un sens beaucoup plus large que le sens commun : outre la richesse économique, nous héritons aussi d'un nom de famille, d'un niveau culturel, d'un réseau de relations… Parmi l'ensemble de ces patrimoines — qualifiés de «capitaux» —, Pierre Bourdieu s'est intéressé en particulier aux dispositions culturelles transmises au sein de la famille. C'est l'originalité de sa théorie que d'avoir mis l'accent sur l'importance du patrimoine culturel plutôt que sur celle du patrimoine économique dans le fonctionnement des sociétés contemporaines.

1.2. L'héritage religieux

Edmond Giscard d'Estaing (1949) dira au moment de recevoir L. M. Durand-Réville à l'Académie des Sciences Coloniales le plaisir qu'il avait de voir luire, grâce à L. M. Durand-Réville, dans les colonnes du Journal Officiel les reflets de «cette lumière spirituelle qui éclaire les perspectives de notre civilisation». Il renchérit que L. M. Durand-Réville était

> un de ceux qui s'attachaient le plus utilement à démasquer les impostures dont on accable notre pays pour le décourager, lui enlever sa foi dans ses destinées et atteindre ainsi un des piliers de cette civilisation occidentale contre laquelle se déchaînent les malheureux qui sont incapables d'en sentir la grandeur.

D'après Jacques Alibert, c'était un homme resté attaché à la Parole de Dieu et connaissait les différents livres et versets de la Bible au point de les réciter. Il pratiquait avec ferveur sa foi.

> Il avait un tel un charisme, qu'il lui fallait des œuvres. Il avait aidé à la fondation d'une association pour travailleurs migrants l'Association pour l'Aide sociale aux travailleurs africains (ASATRAF) qui s'est fondue. Il m'a embarqué là-dedans et nous nous occupions de travailleurs migrants essentiellement de l'Afrique de l'Ouest, Sénégal, Mali Guinée [...] Il était passionné. Il avait tout un côté, disons, de pasteur[5].

Il descend, comme nous venons de le voir, d'une puissante famille du protestantisme français. Ses ascendants respectifs ont inscrit leurs noms, Réville et Durand, sur les pages de cette histoire d'une des branches de la chrétienté en France. Un des piliers de cette doctrine du christianisme, au même titre que la prédication de l'Évangile, est le service envers les plus faibles ou les plus pauvres. C'est la réalisation d'un commandement divin : Aimez-vous les uns les autres.

---

5. Alibert Jacques (1914-2011), Entretien accordé le 13 octobre 207 Neuilly-Sur-Seine. Ancien administrateur de la Banque de l'Afrique-occidentale, alors institut d'émission de 1944 à 1946, puis secrétaire général en 1956 avant d'être nommé directeur de la Banque Internationale de l'Afrique de l'Ouest en 1961. Président de l'Association pour l'étude des problèmes d'Outre-mer à partir de 1975.

Il peut ici justifier un engagement dans des actions de développement. Le développement est alors appréhendé tant dans sa dimension individuelle que collective. Pour tout chrétien, il est alors indispensable que chaque individu s'accomplisse dans tous les aspects de sa vie, de s'assurer un minimum vital et de s'épanouir culturellement, spirituellement et socialement. Un tel projet exige nécessairement concertation et coopération. Les peuples tout autant que les personnes sont appelés à se «développer». L'amour du prochain doit dès lors s'affranchir des frontières du local pour s'étendre aux populations étrangères puisque les salariés (ceux de l'ASTRAF par exemple), ceux qui vivent auprès d'eux et ceux qui vivent loin sont censés travailler à l'accomplissement du destin commun[6].

Le docteur Schweitzer, 1923, ne se trompe pas lorsqu'il écrit dans *À l'orée de la forêt vierge* que la Mission protestante française visait surtout la formation de personnalités issues du milieu chrétien alors que la Mission catholique chercha avant tout à fonder une Église. C'est grâce aux protestants qu'on verra se réaliser les premiers travaux linguistiques de toute première valeur notamment le dictionnaire français-fang et fang-français. Le pasteur Gallay qui en fut l'auteur avait également traduit la Bible en fang.

Mais ce courant religieux militant pour une solidarité internationale était également diffusé par le Grand Orient de France (GODF), une obédience maçonnique d'implantation récente Outremer.

L'on trouve une proximité thématique entre Luc Durand-Réville et le Grand Orient de France (GODF) lors des Convents consacrés à l'Afrique qui ne manque pas d'interroger sur l'influence qu'il aurait subie des milieux maçonniques. Pour Jacques Alibert, attaché à son

---

6. Il consacre sa retraite à de multiples actions de solidarité sociale. Il est en effet président d'honneur du comité du 17e arrondissement de Paris de la Croix rouge française, de l'Association pour l'Aide sociale aux travailleurs africains et du «Cercle France Outre-mer», président de l'Association des Œuvres sociales Outre-mer et de la Société française des Amis d'Albert Schweitzer, vice-président de la Commission des Églises évangéliques d'expression française à l'extérieur, membre des conseils d'administration de la Maison de la France d'Outre-mer de la Cité universitaire, du Comité central du Rayonnement français, de l'association «France Grande-Bretagne» et de la Fondation John Bost pour les handicapés mentaux et moteurs.

indépendance, il semble qu'il n'ait jamais appartenu à une quelconque loge maçonnique. Pourtant, lorsque L. Durand-Réville (1936) dit que la France apporte la civilisation aux peuples colonisés en mettant au crédit de ses acteurs d'avoir instruit, soigné et mis en valeur le territoire, on pense à la Mission civilisatrice au nom de l'Humanisme qui alimenta les débats maçonniques à la fin du XXème siècle. De même, lorsqu'il parle de l'Attitude des autochtones vis-à-vis de la civilisation proposée par la France, nous pensons évidemment à la Théorie de l'assimilation prônée au GODF. Il fut également le chantre du Maintien de la présence française dans les territoires d'outre-mer notion qui correspond en tout point à la Théorie de l'association défendue également au Grand Orient de France.

Cette force spirituelle puisée chez les huguenots l'aura sans doute aidé à honorer ses nombreux devoirs aussi bien au centre qu'à la périphérie du complexe colonial. Le développement établit les éléments de sa vie contemporaine qui expliquent sa présence tentaculaire dans le microcosme colonial français en Afrique.

2. Les éléments de la vie contemporaine de L. M. Durand-Réville

La vie de L. M. Durand-Réville est sans soute riche d'évènements. Mais parce que tout ne peut être traité d'un bloc, il est pertinent de retenir quelques aspects de sa vie contemporaine, notamment son sentiment d'appartenance à une élite et son labeur intellectuel.

2.1. Le sentiment d'appartenance à une élite

Seymour Sarason (1974, p. 157) définit le sentiment d'appartenance comme

> La perception de la similitude avec les autres, une interdépendance reconnue, une disponibilité à maintenir cette interdépendance offrant ainsi de faire pour les autres ce qui est attendu par eux, le sentiment d'appartenance à une structure pleinement fiable et stable.

Il concerne le niveau d'identification avec les autres acteurs sur le terrain colonial. Il fait apparaître des frontières délimitant « qui est dedans » de « qui est dehors », et permet ainsi le développement de la sécurité émotionnelle. Se créent de cette façon les conditions pour réaliser un investissement émotionnel de ressources et d'énergie personnelles dans la communauté. À la base de l'appartenance communautaire, on trouve la nécessité de « payer ses dettes », avoir des devoirs en commun. L'intérêt commun autour duquel s'étaient en effet formés les associations et autres groupes de pression coloniaux fut en général fondé sur l'identité professionnelle. À cet effet, les divers secteurs d'activité de la colonie avaient constitué des groupements patronaux. La forme juridique la plus courante fut le syndicat. Mais à l'opposé des syndicats de travailleurs fort nombreux en Afrique équatoriale française (AEF), qui correspondaient aux « groupes de masses » dont parle Maurice Duverger (1966), il s'agissait d'un modèle institutionnel qui reposait sur une base restreinte. Les syndicats patronaux ne pouvaient réunir que très peu d'adhérents, mais ils avaient une importante influence sociale. Ceux du secteur bois l'étaient davantage du fait du poids de l'exploitation forestière dans l'économie coloniale et fédérale.

Chef d'une entreprise forestière des plus florissantes, Luc Durand-Réville fut président de la section métropole du principal syndicat patronal, le Syndicat professionnel forestier du Gabon dont la particularité était qu'il avait deux comités directeurs ; l'un en métropole et l'autre dans la colonie. Il fut créé le 30 octobre 1942 ; il groupait 102 adhérents et représentait plus des trois quarts de la production totale d'okoumé, employant 375 Européens et 12 000 Africains. Ce syndicat comprenait les principales exploitations : le Consortium forestier des chemins de fer français, la Compagnie commerciale de l'AEF et la Compagnie française des bois du Gabon.

Il existait par ailleurs, de structures représentant les travailleurs, mais un grand nombre d'entre eux n'étaient que théoriques. Alors que les syndicats patronaux de la colonie du Gabon avaient leurs représentants régulièrement délégués au Comité de Liaison du Patronat de l'AEF (COLPAEF) dont le secrétariat était à Brazzaville ; lui-même en liaison avec le Comité d'études et de liaison du patronat de l'Union française, émanation du Comité National du Patronat Français. Pour cela, le syndicat avait entre autres mission de susciter et d'entretenir un intérêt personnel à œuvrer pour les intérêts communs. Aussi, l'organisation de défense d'intérêt couplait-elle un service d'assistance aux associés. Cela apparaît dans l'alinéa premier de l'article 3 du titre II portant sur l'objet du syndicat. Il stipule : «le syndicat a pour objet [...] de faciliter les rapports entre les membres et resserrer les liens de confraternité[7]». De cette façon, il s'installa alors entre les membres une solidarité de corps quasi mécanique que consacrait une autre disposition statutaire. L'article 8 prévoyait, en effet, que les membres qui ne respecteraient pas les statuts et les décisions prises, telles qu'elles étaient insérées dans les procès-verbaux, seraient exclus.

Ainsi s'était forgé un esprit de corps résistant à toute épreuve qui ira à la conquête de tous les secteurs de la vie coloniale locale. Mais ce n'est point une étude sur l'œuvre collective du patronat colonial. Il s'agit plutôt de la trajectoire d'un homme parmi ses pairs dont le rôle peut être mis en avant. Cela suppose donc que Luc Durand-Réville détenait un savoir-faire qu'il aura su mettre à la disposition de toute la communauté.

2.2. Son labeur intellectuel

Si L. M. Durand-Réville était un homme d'action, il était aussi un homme de pensée. Il est l'auteur de nombreuses études consacrées à sa vision du rôle de la France dans le monde. Pour exister dans un environnement social à bâtir, il ne suffisait pas d'avoir le bon droit pour soi. Pour défendre les groupes et associations dans lesquels il avait des responsabilités, il fallait argumenter. Apporter des informations et des visions nouvelles qui pouvaient faire changer l'avis de ceux qui préparaient les décisions aussi bien au niveau territorial, fédéral que national. Pour cela, deux positions sont envisageables. La première position consistera à se placer en partenaire des décideurs en apportant sereinement un point de vue solidement argumenté. La seconde

---

7. 1H28/AFFECO/

alternative consistera à contrer les argumentaires adverses. Pour jouer un tel rôle, il fallait être intellectuellement équipé. Luc Durand-Réville semble avoir été fait pour la tâche. Une formation universitaire pluridisciplinaire complétée par une expérience professionnelle hors de France envieuse. En effet, Luc Durand-Réville naît au Caire en Égypte le 12 avril 1904 alors que son père était employé comme chef comptable dans une entreprise dénommée Comptoir d'escompte. Celle-ci avait des intérêts dans tout le Moyen-Orient.

Lorsque ses parents reviennent en France en 1912, le père crée avec son beau-frère la revue dénommée *Le Mois scientifique et industriel*; et L. M. Durand-Réville est inscrit au prestigieux cours privé Caron avant de fréquenter le lycée Condorcet de la classe septième à celle de cinquième. Il obtient deux baccalauréats, de philosophie et de mathématiques.

Selon des notes d'une biographique officielle, il entre à l'École des Hautes Études Commerciales, dont il suit la section de l'industrie, tout en obtenant dans le même temps sa licence de droit, et le diplôme de la chambre de commerce britannique. Il accomplit ensuite son service militaire à l'école d'artillerie de Poitiers, puis comme sous-lieutenant à Belfort.

Après un assez court séjour professionnel à l'étranger, il est de retour en France. Il se voit confier à la Sorbonne une chaire d'économie politique, créée à l'initiative de l'association des banquiers français. L'occasion se présente alors de reprendre une société forestière au Gabon : il part pour la colonie, et, par gestion avisée, fait prospérer la Société du Haut Ogooué (SHO), qui deviendra l'un des trois grands groupes africains d'exploitation forestière.

Mais son intérêt ne se limite pas à l'expansion de ses affaires. De même que lors de son séjour au Moyen-Orient, il avait été secrétaire général de la Société de développement économique des pays d'Orient, et membre correspondant de la Société d'économie politique, il s'intéresse aux affaires coloniales sous leur aspect social, et fait à ce titre plusieurs communications à l'Académie des sciences coloniales, dont les thèses étaient souvent récupérées pour servir soit comme outil de base pour toute décision de politique publique coloniale soit comme arguments de propagande de ceux qui avaient quelques intérêts outre-mer.

Il a fait à l'Académie des Sciences Coloniales plusieurs communications très remarquées sur l'état économique, politique et social de l'AEF au lendemain de la Libération, sur les missions en Afrique subsaharienne, sur le financement du plan économique et social et enfin sur le problème de l'enseignement en Afrique subsaharienne française. Son œuvre majeure reste sans aucun doute *Les investissements privés au service du Tiers-monde* écrite alors qu'il était le principal animateur du Comité d'Étude et de Liaison du Patronat de l'Union française (CELPUF) devenu par la suite Comité d'Étude et de Liaison du Patronat d'outre-mer (CELPOM). Il y fait la promotion de ces investissements parce qu'ils sont la contribution la plus positive à la croissance économique des pays dits à l'époque en voie de développement et devaient être présentés comme tels aux dirigeants du tiers-monde. Il prête quelque peu le flanc aux attaques des anti-néocolonialistes puisqu'il construit son argumentaire autour de l'idée qu'il faut «donner» aux anciennes colonies les moyens de s'offrir les produits manufacturés occidentaux. Alibert J. dit de lui qu'il avait un tel besoin de rayonnement qu'à sa retraite, il créa des amicales et associations telles l'Association des amis du Sénat, une autre dédiée aux Amis du Conseil économique et social et une qui s'appelait La Société des Amis de L'Académie des sciences d'outremer.

L'action de L.M. Durand-Réville sera donc comprise dans les objectifs et les finalités des associations et autres structures dans lesquelles il eut un rôle prépondérant c'est-à-dire comme chef d'entreprise, président de syndicats et vice-président de la Chambre de commerce. Ces objectifs étaient clairement définis dans leurs statuts au Titre II, article 3. Elles entendaient étudier et défendre les intérêts généraux de la corporation et d'une manière générale de rechercher, proposer et faire adopter toutes mesures législatives ou réglementaires utiles au développement de leur activité ; d'aider à l'amélioration des conditions de négociation des bois, de favoriser le règlement de tout litige y afférent, soit en intervenant elles-mêmes, soit en provoquant la désignation d'arbitres ou d'experts.

À la tête des comités de gestion de ces structures, L. M. Durand-Réville s'était spécialisé dans le courtage d'intérêts professionnels. Dès à présent, il importe d'évaluer son poids dans les décisions publiques.

3. Du capital au pouvoir : Luc Durand-Réville dans les interactions

Si du capital économique est créé par des outils facilitant une production, du capital humain l'est également par les capacités et qualifications de ceux qui les manient. En suivant cette même idée émise par Alain Degenne et Michel Forsé (2004), on est en droit d'attendre que les interactions entre individus constituent aussi un capital à condition que celui-ci concoure à la réalisation d'un objectif précis.

3.1. Son emprise économique

Pour Jacques Alibert[8], la doctrine de Luc Durand-Réville était très simple : « Tout faire pour la libre entreprise aussi peu d'intervention de l'État que possible et la mise en place des organisations professionnelles pour assurer les formations ». Ce sont particulièrement les changements dans la politique et les programmes de l'administration coloniale notamment les lois sur la sécurité du travail et les régimes d'exploitation sectorielle qui ont poussé les patrons comme L. Durand-Réville à s'organiser en associations pour se protéger contre les autorités chargées d'appliquer toutes ces nouvelles dispositions.

À la tête de plusieurs affaires en Afrique, il fut représentant de Caterpillar au Gabon par l'Optovaia torgovlia[9] (OPTORG) et sa filiale Tractafric et administrateur de la SHO, la Société du Haut Ogooué. C'était la première grande compagnie concessionnaire. Elle fut créée

---

8. Entretiens du 13 octobre 2007.

9. Optovaia torgovlia qui signifie «commerce de gros» en russe. Créée par un groupe d'industriels textiles français dans l'objectif de développer leur activité en Russie.

par un décret de Delcassé du 17 novembre 1893 et comptait parmi les compagnies concessionnaires. Elle avait un monopole de commerce attribué sur 11 millions d'hectares de forêt et 700 kilomètres de fleuve dans un bassin de l'Ogooué, artère vitale de toute l'économie gabonaise de l'époque. Cette société au capital de 2 millions de francs repartie en 4 000 actions s'engageait à réaliser pour 100 000 francs de travaux par an.

Quant à l'OPTORG, de création plus proche chronologiquement de notre étude puisque sa fondation date de 1920, son activité couvrait essentiellement le secteur commercial et technique. Elle chercha, toute son existence durant, à consolider ses positions africaines. Ainsi elle prit le contrôle d'entreprises très spécialisées localisées en Métropole et concernant des marchés en forte expansion sur le continent africain tels : le Réseau Téléphonique du Midi (RDTM) pour ce qui était de l'installation du matériel téléphonique, la Société FAREC, pour ce qui était de la fourniture d'outillages spécialisés. Elle possédait deux importantes filiales dans le secteur forestier au Gabon et en Oubangui Chari.

Mais au moment des indépendances, l'OPTORG et son administrateur Luc Durand-Réville obtinrent des nouveaux dirigeants africains une grande confiance dans la volonté de coopération. Jacques Alibert pense d'ailleurs que cette entreprise lui aurait permis de conserver son réseau intact.

Ces sociétés cherchaient à contrôler tous les rouages de l'économie territoriale. Elles tissaient une sorte de toile d'araignée à mailles fines où risquait d'être prise ou étouffée toute firme étrangère de quelque importance qui osait s'aventurer. C'était le genre d'entreprises qui se caractérisaient par deux structures superposées. D'une part, le conglomérat dont le centre de décision et le siège social se trouvaient en métropole. Il couvrait généralement un ensemble de territoires localisés d'un réseau compact de filiales et d'agences. D'autre part, dans chaque territoire d'implantation, la filiale du conglomérat prenait des participations dans tous les secteurs vitaux de l'économie locale et créait d'autres filiales qui se ramifiaient à leur tour.

Ce fut le cas au Gabon avec la Société commerciale de l'Afrique de l'Ouest (SCOA) et la Compagnie française de l'Afrique occidentale (CFAO) et l'OPTORG. Leurs filiales créèrent de véritables réseaux à partir desquels ils eurent la main mise sur les secteurs de la distribution, de grands magasins, du courtage maritime, du crédit d'équipement, des automobiles et de l'industrie. Elles demeurent même aujourd'hui des actrices importantes de l'économie gabonaise. C'est naturellement d'abord dans le domaine économique que les colons vont construire leur pouvoir.

Il ne serait pas hasardeux de considérer, à propos de l'indépendance du Gabon, que les colons aient manœuvré pour la liberté de faire ce qu'ils voulaient, de ne pas avoir à rendre compte à l'État français de la déforestation, de la destruction de la société traditionnelle, de la gestion calamiteuse de la main d'œuvre locale…

À partir des connexions créées par les différentes filières d'entreprises sous son contrôle, un réseau financier va s'établir en parfaite intelligence au service de l'œuvre de colonisation.

3.2. Les connexions financières

Luc Durand-Réville appartient à une lignée matériellement pourvue. Son père dirigeait la comptabilité du Comptoir d'Escompte, société qui avait des intérêts dans tout le Moyen-Orient. Après sa formation aux Hautes Études Commerciales et son service militaire, sa carrière d'affaires l'entraîne pendant deux ans hors de France. Il parcourt la côte sud de la Mer noire, puis l'Arménie, les Hauts Plateaux de l'Iran. Il embarque ensuite à Bouchir dans le Golfe persique. Il s'attarde en Syrie, en Palestine, en Égypte avant d'aborder à Stamboul, puis de rentrer en Europe non sans séjourner à Bucarest, à Sofia, puis à Athènes.

En 1930, il entre à la succursale de la *National City Bank of New York* pour étudier les méthodes américaines de travail. Il en sort triplement armé. Il a désormais dans le cœur, comme le dit Edmond Giscard d'Estaing (1949), la tradition cévenole, sèche et dure, des garrigues françaises, dans les yeux la vision de l'Orient ensoleillé d'où est sortie toute civilisation, et dans l'esprit la précision optimiste du banquier américain bien campé devant les réalités matérielles.

Il entre ensuite dans le domaine des affaires coloniales et plus exactement des affaires africaines. Beaucoup de monde voyait en ces affaires le pactole des capitaux et des gains. Or, selon E. Giscard d'Estaing, il ne se serait pas enrichi, du moins au sens habituel et matériel du terme[10]. Lorsque son grand-père lui donnant cinq francs pour un anniversaire, le conseilla de mettre cinquante centimes dans sa tirelire, il aurait acquis en respectant cette recommandation une précieuse tendance à épargner. Ce qui changeait des habitudes des exploitants forestiers réputés flambeurs.

À son retour en France en 1928, il s'est vu confier à la Sorbonne une chaire d'économie politique créée à l'initiative de l'Association des Banquiers français. Sur le continent africain, son rôle consistera à établir les contacts les plus étroits possibles entre investisseurs publics et entrepreneurs privés coloniaux notamment les forestiers. D'après Jacques Alibert, ils vécurent tous les deux la création du franc des colonies françaises d'Afrique CFA.

En effet, selon la Conférence de Brazzaville de 1944, il était souhaitable que la mise en valeur de l'Afrique soit, «en règle générale, le fait de l'entreprise privée». L'administration devait seulement aider au succès de ces initiatives privées en :

– assumant les charges des usines pilotes dont elle aura reconnu – l'intérêt, pendant la durée de leurs essais ;

– soutenant les industries vitales pour le pays qui apparaîtraient non payantes ;

– créant des centres d'essais et de recherches à la disposition des industriels pour toutes études ou contrôle de fabrication.

Le tableau ci-après donne une appréciation quant à l'importance des subventions en faveur des entreprises en AEF. Il est aisé de remarquer le niveau accordé au secteur forestier.

---

10. C'est un avis que l'on peut nuancer, surtout après l'entretien que nous a accordé Jacques Alibert. Il dit de lui que revenu d'Afrique, il était à l'abri de tout problème de logistique personnelle. Il avait gardé chauffeur et secrétaire jusqu'à la fin de ses jours. S'il ne s'est pas enrichi en Afrique, elle ne l'avait pas appauvri non plus.

Secteurs d'activité	Avances aux entreprises privées	Effets à moyen terme réescomptés
Travaux publics	434	560
Équipement portuaire	17	-
Transport	190	20
Dépôts pétroliers	230	-
Énergie électrique	-	4
Industries mécaniques	104	14
Exploitations forestières et bois	236	379,3
Industries extractives	-	-
Pêches et industries agricoles	13	-
Divers	30	10
Total	1304	987,3

(Source : Fonds ministériel, 1/affeco/60/7)

Tabl. 1. Concours financiers de la CCFOM accordés au 31 décembre 1950 aux entreprises privées participant à l'exécution du plan de développement en AEF

C'est ce rôle d'adjuvant et de stimulant de l'initiative privée que devait constamment rappeler Luc Durand-Réville, en tant qu'expert banquier et chef d'entreprise, aux décideurs publics en charge des principaux canaux d'investissement qu'était le Fonds d'investissement pour le développement économique et social (FIDES) et ses déclinaisons le Fonds d'aide et de coopération (FAC) et la Caisse centrale de la France d'outre-mer (CCFOM).

Les premières traces de son engagement dans les démarches visant l'entretien de l'intérêt du groupe des forestiers apparaissent dans des notes traitant des activités de la Fédération Nationale des Bois Coloniaux pendant la période d'occupation. Il est noté dans leur procès-verbal daté du 1er mai 1942 qu'il avait négocié en faveur des sociétés forestières implantées dans les colonies dissidentes, dont le Gabon des avances financières qui leur permettaient de pallier l'insuffisance créée du fait de la fermeture du débouché allemand.

Selon les autorités ministérielles, les territoires occupés n'avaient pas cessé d'être des colonies françaises et par conséquent, le gouvernement continuait à les considérer comme telles. Mais provisoirement et du fait de la rébellion, ils échappaient à son autorité. C'est pourquoi les contrats passés par les sociétés d'assurance l'étaient de droit privé et leur exécution ne pouvait être affectée par l'état de dissidence des territoires où étaient situés les risques. Il fallait donc un interlocuteur qui sache briser les réticences d'un milieu qu'effrayent généralement les menaces de conflits armés. C'est là qu'intervint L.M. Durand-Réville. Ce fut Luc Durand-Réville lui-même qui fit connaître à ses collègues que les bénéficiaires de ces avances sur le Fonds de Prévoyance de l'AEF l'étaient en vertu d'un arrêté pris le 3 décembre 1941 par le Gouverneur Général Boisson ne concernaient pas la totalité des entreprises forestières. Il fut donc chargé, après échanges de vues du Bureau consultatif sur les termes d'une lettre, de

> faire les démarches nécessaires en vue de faire étendre le bénéfice de ces avances à toutes les sociétés ou exploitants forestiers du Gabon, propriétaires de bois abattus pour le compte de la Défense nationale et non exportés au 25 juin 1940.

Ainsi L.M. Durand-Réville avait acquis un degré de spécialisation dans ce qui apparaît comme la fonction première de représentant d'un groupe d'intérêt : faire pression sur les détenteurs des positions de pouvoir administratif et politique en accédant à une position d'acteur pertinent reconnu dans la définition des politiques publiques générales ou sectorielles.

D'abord, à la Chambre de commerce comme vice-président œuvrant pour l'établissant des normes ; puis au Conseil économique et social agissant à l'interface entre intérêts privés et utilité publique. La création de ce conseil répondait au désir des pouvoirs publics de recueillir tous les avis, renseignements et indications valables sur toutes les questions intéressant la vie économique du territoire et pouvant contribuer à améliorer sa prospérité.

Entre tractations et quelques actions de lobbying, il fallait nécessairement des facilitateurs pour une prise en charge des dossiers par un niveau administratif supérieur. Parfois, il fallait se faire appuyer par des acteurs de la vie politique. Aussi, lorsque la constitution de 1946 permit l'institution d'organes par lesquels devraient s'exprimer les différentes composantes de la fédération, L.M. Durand-Réville, fort de son réseau social, fut élu au Conseil de la République représentant le territoire de manière continue du 30 janvier 1947 jusqu'à l'indépendance du Gabon. C'est dans cet organe voulu comme un aiguillon du Parlement et du

Gouvernement français que L.M. Durand-Réville, pour le Gabon, servira de filtre de toute réglementation applicable outre-mer[11].

Pour ne pas avoir à subir les décisions des autorités investies du pouvoir de réglementation dans les colonies, les acteurs économiques ont déployé une forte activité tendant à imposer leurs vues. L.M. Durand-Réville et son Syndicat Forestier du Gabon avaient explicitement inscrit dans leurs statuts au Titre 2 portant objet de l'association la nécessité «[d'] établir une représentation officielle auprès des pouvoirs publics».

Observons ses connexions à travers le graphe ci-dessous représenté :

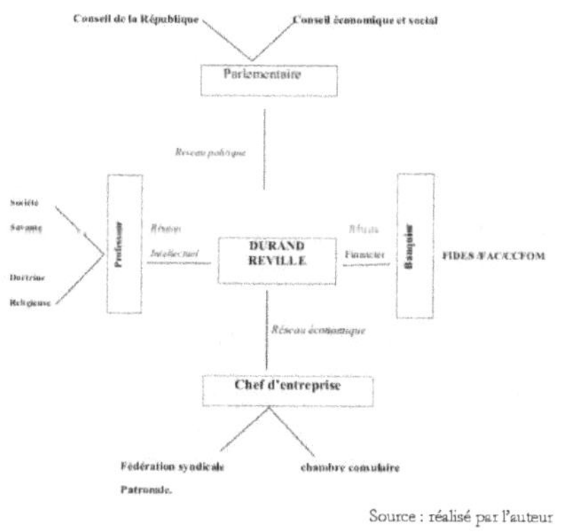

Source : réalisé par l'auteur

Fig. 1. Centralité observée chez Luc Durand-Réville

Ce furent dans ces différentes structures que va se dérouler un jeu d'influence et de pouvoir. Il concerne la perception que les membres auront d'être en mesure d'influencer les règles de fonctionnement et les dynamiques de la communauté, mais aussi leurs perceptions de la capacité de la communauté à exercer un contrôle et à modifier son propre environnement externe, influençant les autres sujets ou

---

11. Outre Durand-Réville et Mathurin Anghiley remplacés par Paul Gondjout en 1949, lui-même remplacé par Roland Bru en 1958 au bénéfice du collège unique pour le Gabon au Conseil de la République, il y avait, pour le Tchad, Julien Gauthier et Béchir Sow ; Jean Vialle et Arthur Guirriec pour l'Oubangui Chari ; Maurice Gérard et Raphaël Etifier pour le Moyen-Congo.

institutions externes à la communauté même, pour rendre l'environnement plus adapté aux besoins de tous ses membres.

Ces combinaisons du possible tempèrent l'affrontement primaire du schéma marxiste d'autant qu'au sein de chaque grande catégorie (dominants/dominés), il existe des catégories prétendantes qui peuvent à leur tour de se disputer l'hégémonie. Le jeu nous paraît donc plus ouvert pour les dominés d'hier (colonies) ; il laisse à chaque acteur engagé dans les interactions, grâce à des stratégies de reconversion appropriées, une capacité de changer de position.

Mais le colonat privé, par ses filières économique et financière, a conservé son emprise sur un territoire conquis par l'administration centrale de leur pays d'origine malgré la déclaration d'indépendance intervenue au Gabon le 17 août 1960.

En prenant des participations dans les secteurs clés du développement national notamment dans la SHO propriétaire de Tractafric distributeur exclusif Caterpillar (indispensable aux travaux d'infrastructures routières et dans l'exploitation du bois) depuis 1932, Max Jalade explique que L. Durand-Réville a gardé toute son influence auprès de ses anciens collègues forestiers ministres importants des premiers gouvernements du Gabon[12].

Conclusion

« D'éléphant d'Afrique » comme l'avait surnommé Catherine Hodeir, pour sa masse dans l'environnement gabonais, nous lui préférons celui de pieuvre. Cette bête qui semble venir d'ailleurs avec ses trois cœurs, son sang bleu, ses huit bras autonomes et doté d'une intelligence qui lui permet de s'évader de tout endroit où on voudrait l'enfermer (C. Hodeir, 2003, p. 69). Luc Maurice Durand-Réville, a déployé son

---

12. Jalade Max (29 janvier 1922-19 décembre 2013) directeur de la Revue France - Eurafrique et chroniqueur de Marchés tropicaux dans un entretien qu'il nous a accordé le 23 novembre 2006. Parmi ses connexions au gouvernement gabonais il y avait Paul Flandre, ministre de l'Économie et des Finances, Édouard Duhaut, ministre du Commerce, Maurice Jourdan, ministre de la Santé, Mariani Pierre et ministre de la Production forestière et de l'Industrie. Paul Marie Yembit, vice-président du gouvernement, ancien employé de la SHO.

activité sur tout domaine d'exercice du pouvoir colonial. Le graphe établi ci-dessus donne son envergure. Il aura influencé l'environnement économique gabonais en tant que chef d'entreprise, «pourvoyeur» des solutions de financement et architecte du cadre législatif du secteur forestier en temps de crise.

Pour jouer un tel rôle, il était indispensable que tout le microcosme colonial se soumette à ce que Max Weber (1971) dans *Économie et société* appelle la domination charismatique d'un homme. Ce type de domination correspond aux groupements de domination fondés sur la soumission personnelle et directe de ses membres à un personnage investi de charisme soit pour ses qualités exceptionnelles (force ou caractère surnaturels, surhumains ou, tout au moins, en dehors de la vie quotidienne, inaccessible au commun des mortels) ou encore qui est considéré soit comme envoyé de Dieu, soit parce qu'il est reconnu comme un exemple et qui est en conséquence considéré comme un chef.

Durand-Réville imposait le respect : une formation pluridisciplinaire solide, une expérience professionnelle internationale. Né au Caire de parents expatriés et pourvus matériellement, il a connu avant tous ses collègues le dépaysement. Comme sénateur du Gabon, par ce titre, il aura réussi à accoler au nom d'un territoire perdu dans l'immensité des forêts de l'Afrique noire le titre qui fut celui des fondateurs de la vieille Rome latine.

Sources et bibliographie

Sources écrites et orales

Alibert, Jacques (1914-2011), Entretien accordé le 13 octobre 2007 Neuilly-Sur-Seine.

De Cock Laurence (2018), *Sur l'enseignement de l'histoire,* Libertaria,

Durand-Réville Blaise, Entretien téléphonique accordé le 3 mars 2007.

Durand-Réville L. *Quelques aspects du problème des colonies : production mondiale et coloniale,* Extraits des Comptes rendus des séances de la

Société d'Économie politique des 5 octobre et 5 novembre 1936, Paris, Librairie Félix Alcan, 55 p.

Fonds ministériel, 1/affeco/60/7.

Giscard D'Estaing E. Académie des Sciences coloniales, séance du 18 mars 1949, réception de M. le Sénateur Durand-Réville par Edmond Giscard d'Estaing, *Comptes rendus mensuels des séances tome IX séances des 7 et 21 janvier 1949*, Paris, Académie des sciences coloniales, 1949, p. 270.

Jalade Max (1922-2013), Entretien téléphonique accordé le 23 novembre 2006.

« Réception de Louis Sanmarco, gouverneur de la France d'Outremer par L. Durand-Réville » in *Mondes et Cultures. Comptes rendus des séances de l'Académie des Sciences d'Outre-mer*, T. XLIV.1 1984, p. 516.

République Française, *Conférence africaine française de Brazzaville, 30 janvier 1944-8 février 1944,* Imprimerie du ministère des colonies, Paris, 1945, p. 51.

Bibliographie

Chagnollaud Dominique, 2000, *Science politique,* Paris, Dalloz, 3ᵉᵐᵉ édition.

Degenne Alain et Forsé Michel, 1995, *Les réseaux sociaux,* Armand Colin, 2ᵉᵐᵉ édition.

Duverger Maurice, 1976, *Précis de sociologie politique.*

Hodeir Catherine., 2003, *Stratégies d'Empire : le grand patronat colonial face à la décolonisation*, Paris, Belin.

Martial Philippe et Gavois Anne, 1994, *Dictionnaire des Parlementaires français*, Paris, La Documentation française, tome 3.

Moscovici Serge et Buschini Fabrice, 2003, *Les méthodes des sciences humaines,* Paris, PUF.

Sarason Seymour, 1974, *The psychological Sense of Community: Prospects for a Community Psychogy,* San Francisco.

Verschave François-Xavier, 2003, *La françafrique, le plus long scandale de la République,* Stock.

Weber Max, 1971, *Économie et société.*

La transmission de l'État colonial au Gabon : le cas de l'Office des Anciens Combattants et Victimes de Guerres (1948-2013)

Dr Léon Modeste NNANG NDONG,
Maître-Assistant,
Département d'Histoire et Archéologie,
Université Omar Bongo,Gabon.
e-mail: ndongleo@hotmail.com

Résumé

Pour assurer une gestion de proximité des anciens combattants issus de son armée coloniale, la France installa dès 1948, dans chaque colonie un office des anciens combattants et victimes de guerres. Mais, en 1960, elle doit tenir compte de l'indépendance de ses ex-colonies en leur rétrocédant cette institution. Le présent article vise non seulement à comprendre comment s'est effectuée la transmission de service au Gabon, mais aussi à cerner le rôle que la France continue à jouer dans cette structure nationale.

Mots-clés : Transmission, État colonial, anciens Combattants, France, Gabon.

Abstract

In order to ensure local management of veterans from its colonial army, France set up an office for veterans and victims of war in each colony from 1948. However, in 1960, it had to take into account the independence of its former colonies by handing this institution back to them. This article aims not only to understand how the transfer of service in Gabon was carried out, but also to identify the role that France continues to play in this national structure.

Keywords: Transmission, Colonial State, Veterans, France, Gabon.

Introduction

Au milieu du XXe siècle, la France procéda à la mise en place de certaines structures devant servir de base aux multiples accords de coopération militaire avec ses ex-colonies. En effet, en 1948, elle créa dans ses colonies d'Afrique subsaharienne des offices fédéraux des anciens combattants et victimes de Guerres. Avec la fin de la Communauté en 1960, le système de gestion doit tenir compte de l'accession à la pleine souveraineté internationale des États africains. C'est dans ce sens qu'un office des anciens combattants à gestion commune conventionnée est mis en place entre la France et le Gabon.

Devant la ferme volonté du Gabon à nationaliser ce service, la France signa un nouvel accord avec le Gabon en 1966. À travers cet accord, elle transfère l'actif immobilier, mobilier et le passif de l'Office colonial des Anciens Combattants au Gabon. En tant que service public national désormais, l'Office National des Anciens Combattants et Victimes de Guerres du Gabon avait pour mission de veiller sur les intérêts matériaux et moraux des anciens combattants, anciens militaires et victimes de guerres de nationalité gabonaise ayant servi dans les forces armées étrangères, du fait des institutions antérieures à l'indépendance, ou des conventions particulières. L'Office doit aussi assurer une assistance sociale aux adhérents sous forme d'aide ou secours d'urgence et exceptionnel. Il assure la promotion des anciens combattants sur le plan national et international. Cette structure sert aussi d'interface entre l'administration publique et ses adhérents, entre les citoyens ayant servi dans les forces armées étrangères (France) et les représentants des gouvernements des pays sous lesquels ils ont servi, afin de garantir leurs droits.

En faisant de l'Office des Anciens Combattants et Victimes de Guerres, une structure nationale, le Gabon a cependant ouvert ce service aux partenaires extérieurs, notamment à la France au titre de la coopération entre les deux pays. Mais, dans quelles conditions et selon quelles modalités s'effectue le passage de l'Office des Anciens Combattants et Victimes de Guerres français à une structure à gestion commune conventionnée, puis à un service public national ?

Le présent article vise non seulement à comprendre comment s'est effectuée la transmission de service au Gabon, mais aussi à cerner le rôle que la France continue à jouer dans cette structure nationale. Fondée sur les sources obtenues aux Archives Nationales du Gabon (ANG) et de quelques éléments bibliographiques, cette réflexion est structurée en deux parties. La première partie fait la genèse et éclaire les modalités de la mise en place de l'Office des anciens combattants et Victimes de Guerres du Gabon. La seconde partie est consacrée à la transmission de ce service colonial à l'État gabonais.

1. L'Office des Anciens Combattants et Victimes de guerres du Gabon : un héritage colonial (1948-1960)

Avant d'aborder la création de l'Office des Anciens Combattants et Victimes de Guerre du Gabon, il est intéressant de faire une brève genèse chronologique des différentes structures métropolitaines considérées comme des avatars des offices nationaux des anciens combattants africains. Cette étape est indispensable, car sans y avoir recours, il est difficile de démontrer la part d'héritage colonial que représente l'Office des Anciens Combattants et Victimes de Guerre du Gabon.

1.1. Les offices métropolitains des anciens combattants

Le premier office des anciens combattants a été créé en France en 1916, au cœur de la Première Guerre mondiale. Il se nommait alors, l'Office des Mutilés et Reformés. Il était rattaché au Ministère du Travail et chargé de rendre hommage, de reconnaître l'engagement, le sacrifice, la souffrance de ces milliers de soldats qui combattaient pour la liberté de la France[1]. Mais bientôt ce seul office ne suffit plus. En 1917, l'État décide de créer un deuxième office : l'Office des Pupilles de la Nation chargé, de prendre en charge des milliers d'enfants devenus orphelins au cours des années de guerre. Celui-ci était placé sous la tutelle du Ministère de l'Instruction publique et ses moyens financiers

---

1. Site d'ONACVG, Mémoire et Solidarité. HTTP/www.onacvg consulté le 23 février 2018.

deviennent rapidement très importants au vu du nombre d'aides à apporter. En 1926, après la Grande Guerre, un troisième office est créé : l'Office du Combattant affecté à la prise en charge des besoins généraux des anciens combattants. Cet office est destiné à la catégorie des anciens combattants non pensionnaires, c'est-à-dire ni blessés, ni mutilés, ni invalide, ils sont 3 millions en 1926[2]. Il doit notamment gérer toutes les questions d'assistance, d'assurance, de prévoyance sociale, de crédit, de chômage, etc. En 1935, les trois organes fusionnent pour devenir l'Office National des Mutilés, Combattants, Victimes de guerre et pupilles de la nation. À la fin de la Deuxième Guerre mondiale en 1946, il prend son appellation actuelle : l'Office National des Anciens Combattants et Victimes de Guerres et entreprend de se moderniser afin de s'adapter notamment à de nouvelles catégories de ressortissants comme les déportés ou les internés[3]. Dans la même logique, la France décide en 1948 d'instaurer dans ses colonies, des offices pour une meilleure gestion de ses anciens soldats.

1.2. L'Office fédéral des anciens combattants et victimes de guerre de Brazzaville

L'Office fédéral des anciens combattants et victimes de guerre de l'Afrique équatoriale française (AEF) fut institué par le décret du 24 mars 1948, promulgué par l'arrêté n° 994, en date du 12 avril 1948, par le haut-commissaire de la République, gouverneur général de l'AEF[4].
L'article premier dudit décret entérine sa création : « Il est institué en AEF un Office des Anciens Combattants et Victimes, dont le siège est à Brazzaville. Sa compétence territoriale s'étend sur l'ensemble de l'AEF. Les attributions et la composition de cet établissement des anciens combattants et victimes de guerre de l'AEF sont promulguées par une série de décrets. Parmi ceux-ci, il y a le décret n° 47-828 du

---

2. *Ibid.*
3. *Ibid.*
4. *JOAEF*, du 1er mai 1948, p.552.

10 mai 1947 qui détermine la composition, le fonctionnement et le régime financier de l'Office National et des offices départementaux des anciens combattants et victimes et notamment son article 79 et le décret n° 48-585 du 24 mars 1948 fixant le régime de solde des troupes coloniales et métropolitaines à la charge du département des colonies.

Dès de cet instant, les anciens combattants d'Afrique centrale en général, gabonais en particulier, étaient gérés par cet office fédéral et ce jusqu'en 1958 (F. Turpin, 2009, p. 197.) Les intendances militaires étaient chargées avec l'aide du service de santé des armées et des payeurs français d'assurer le service des pensions et de garantir aux anciens combattants l'application des droits découlant du code des pensions militaires d'invalidité et des victimes de guerres jusqu'aux indépendances.

La création des offices fédéraux des anciens combattants en Afrique-Occidentale Française (AOF) et en Afrique-Équatoriale Française (AEF) en 1948 répondait à des objectifs précis. Sur le plan moral, il s'agissait de traduire la volonté de l'administration coloniale française de décentraliser les missions de l'Office National des Anciens Combattants et Victimes de Guerres (ONACVG) en Afrique afin de mieux gérer les anciens combattants noirs. Toutefois, cette volonté intervient suite à un évènement tragique survenu au Sénégal. En effet, en novembre 1944, au Camp de Thiaroye près de Dakar, des soldats d'origine africaine de l'armée coloniale française se révoltent. En réponse à ce mouvement des tirailleurs, la France réprime brutalement les insurgés. La révolte puis le massacre des tirailleurs soulevèrent une vague d'indignation de l'opinion publique. Cet évènement est perçu comme une marque d'ingratitude de la France vis-à-vis de ses anciens soldats. Personne ne comprend que les soldats qui venaient de libérer la France de l'occupation nazie se font massacrer pour avoir revendiqué leurs droits (C. Akpo-Vaché, 1996, pp. 21-26). Pour se faire bonne conscience, la France décida, entre autres, d'implanter dans les colonies des structures chargées de veiller aux intérêts des anciens combattants.

La création des offices fédéraux en Afrique obéit aussi à la volonté de l'administration coloniale française de maintenir son autorité sur les nouveaux États, ceci passe par un contrôle des offices des anciens combattants considérés comme une arme de dissuasion au service de la France. En effet, la France coloniale a toujours utilisé ces soldats et anciens soldats lorsqu'elle connaît des difficultés dans son Empire. En cas de troubles, ils ont ainsi parfois été utilisés dans des opérations de maintien de l'ordre. À ce titre, ils représentent le bras séculier de la France, car «ils forment la réserve la plus solide en même temps que le plus sur garant du loyalisme de nos populations autochtones» (F. Turpin, 2009, p.199). Autrement dit, les anciens combattants constituent pour la France un poids politique face à des pouvoirs locaux rétifs à la présence française comme ce fut le cas au Tchad, lors des élections législatives de 1951 et 1956. L'administration coloniale joue sur les anciens combattants pour contrer les actions des leaders nationalistes. Il en est de même pour leur poids politique qui s'avère très important dans certains pays grands pourvoyeurs en soldats tels que le Mali ou la Haute-Volta.

Lorsque la communauté disparaît en 1960, la France dispose désormais avec le versement des pensions une arme économique qui peut se révéler socialement et politiquement déstabilisatrice pour les pouvoirs africains très fragiles. Il n'est pas surprenant qu'ils soient favorables à la présence de l'administration française et à l'armée qui exerçaient ainsi une tutelle de fait, sinon de droit sur les anciens combattants d'Outre-mer.

2. Le transfert par la France de l'Office des anciens Combattants et Victimes de Guerres au Gabon (1960-2013)

En 1960 le Gabon accède à la souveraineté internationale. La France procède à la transmission de l'ensemble des services au nouvel État indépendant. S'agissant de l'Office des Anciens Combattants et Victimes de Guerres, ce processus se déroule en deux étapes : la période de cogestion matérialisée par l'accord du 8 mars 1960. La deuxième étape intervient en 1966 avec le protocole d'échange de lettres entre le Gabon et la France. À travers ce protocole, le Gabon manifeste sa volonté de disposer de son propre office des anciens combattants.

Cette volonté du Gabon se traduit par la publication en 1967 du décret n° 00384/PR/VPR-DN, portant organisation et fonctionnement de l'Office des Anciens Combattants et Victimes de guerres du Gabon.

2.1. La gestion mixte de l'Office des Anciens Combattants et Victimes de Guerres du Gabon : première étape de la transmission des pouvoirs (1960-1966)

L'année 1960 est celle des indépendances africaines. Mais décolonisation ne signifie pas rupture : si la France s'est avérée impuissante à arrêter le processus d'émancipation politique, elle s'est employée à en contrôler soigneusement l'évolution liant étroitement les notions d'indépendance et de coopération (A. Bourgi, 1982, p. 207). Les accords de coopération conclus entre la France et ses anciennes colonies, par leur diversité comme par leur contenu, ont permis à l'ancienne métropole de prolonger, dans un cadre juridique différent, l'exercice d'une influence privilégiée. Le système coopératif ainsi instauré porte, à l'évidence, l'empreinte de la période coloniale.
Le 17 août 1960, le Gabon cesse d'être une colonie française et accède à la souveraineté internationale. Au cours de cette année, les relations franco-gabonaises sont rythmées par la signature d'une pluralité d'accords militaires. Au nombre de ces différents accords, il y a celui signé le 8 mars 1960 entre la République française et la République gabonaise relatif à la création d'un Office des Anciens Combattants au Gabon. Le préambule dudit accord décline les raisons historiques et morales qui fondent cette institution franco-gabonaise :

> Les anciens combattants de tous les États de la Communauté, en participant à la défense commune, ont combattu avant la lettre, pour la sauvegarde des principes sur lesquels devait être fondée la Communauté. À l'égalité des sacrifices consentis par les anciens combattants et victimes de guerres correspond un droit égal à réparation et au bénéfice de l'action sociale.
>
> Si le code des pensions militaires d'invalidité et des victimes de guerres a déterminé les règles fixes en matière de réparation, auxquelles la République française n'entend évidemment pas se soustraire, il a ménagé

une certaine souplesse pour la mise en œuvre de l'action sociale. Mais il importe de sauvegarder l'unité des principes et l'harmonie des méthodes afin d'obtenir partout des résultats d'une efficacité comparable. À cette fin, il apparaît nécessaire de créer dans la République gabonaise un Office des Anciens Combattants et Victimes de guerres à caractère mixte dont la gestion sera assurée conjointement par la République française et la République gabonaise dans les conditions définies par le présent accord[5].

L'article premier de l'accord entérine la création et les attributions de l'institution :

Il est créé dans l'État du Gabon un Office des Anciens Combattants et Victimes de guerres ayant pour objet d'assurer le patronage moral et matériel des ressortissants définis à l'article D.432 modifié du code des pensions militaires d'invalidité et des victimes de guerres. Le patronage moral de l'Office s'étend également aux personnes ayant la qualité d'anciens militaires de la communauté. En vertu du même accord, le chef de bataillon MEZGHINI, a été désigné comme le directeur de cet office installé à l'état-major jusqu'à l'ouverture d'un bureau définitif à la maison du combattant de Mont-Bouet[6].

Désormais, avec cet accord, les anciens combattants gabonais doivent s'adresser à cet office pour toutes les questions les concernant.

De l'analyse critique des huit articles qui composent l'accord du 8 mars 1960, il en ressort la volonté de l'administration française de maintenir son influence sur les anciens combattants. Le cas du Gabon n'est pas particulier, car les offices des anciens combattants du Tchad et du Cameroun, pour ne citer que ceux-là, ont une composition et un fonctionnement identiques. À ce propos, Frédéric Turpin (2009) affirme que :

le conseil d'administration de chaque office est composé par tiers des représentants de la France, des administrations locales. Mais il est présidé par le représentant de la France assisté d'un vice-président désigné par le chef du Gouvernement de la République concernée.

---

5. Préambule de l'accord du 08 mars 1960, JORG, du 1er septembre 1960, p. 519.
6. *Bulletin Quotidien de l'Agence Gabonaise d'Information*, 22 août 1960.

Il en est de même pour les postes de directeurs et les agents comptables nommés par le ministre français des Anciens Combattants sur proposition conjointe du représentant de la France auprès de l'État et du chef du gouvernement local. Ce système constituait une garantie pour la France contre toute dérive financière et surtout lui assurait le contrôle de l'Office.

La composition du conseil d'administration de l'Office des Anciens Combattants du Gabon y dérogeait à la règle, car au lieu d'un vice-président, il en possédait deux. À celui nommé par le gouvernement, il faut ajouter celui qui est élu au sein même dudit conseil d'administration[7]. Toutefois, pour ce qui est de l'office du Gabon, le directeur devait obligatoirement être titulaire de la carte du combattant comme le soulignait l'article 5 de l'accord.

Les propos du ministre français des Anciens Combattants et Victimes de guerre, Raymond Triboulet, traduisent assez bien le but véritable du maintien de ce système de gestion : «Et comme par ailleurs les crédits sont fournis par la République française, il n'est pas question de modifier la composition des offices» (F. Turpin, 2009, p. 198.)

La composition du conseil d'administration est fixée et les membres désignés conjointement par le président de l'office et le vice-président représentant le Premier ministre de l'État gabonais. De 1960 à 1966, c'est un représentant de la France, en particulier son ambassadeur qui est le président de l'Office National des Anciens Combattants du Gabon. La nomination de cette personnalité accréditée auprès de la République gabonaise fit l'objet d'une lettre de créance adressée au Premier ministre de la République gabonaise, Léon Mba par le Président de la République française :

> Cher et Grand Ami, désireux de maintenir et d'entretenir les cordiales relations qui existent entre nos deux pays et d'affirmer la persistance des liens qui les unissent au sein de la Communauté, j'ai décidé d'accréditer auprès de votre excellence, en qualité de Haut-Représentant de la République Française et de la Communauté, M. Jean Rusterucci, Officier de l'Ordre National de la Légion d'Honneur. Les qualités qui le distinguent

---

7. *JORG*, du 1er septembre 1960, p.519.

me sont garantes du soin qu'il mettra à s'acquitter de la haute mission qui lui est confiée de façon à obtenir votre confiance et mériter mon approbation. C'est dans cette conviction que je vous prie, cher et Grand Ami, de l'accueillir en votre amitié et d'ajouter foi et créance entière à tout ce qu'il vous dira de ma part, surtout lorsqu'il exprimera à votre excellence les assurances de ma haute estime et de ma constante amitié[8].

Quant à la Commission permanente, elle est choisie au sein du conseil d'administration. Elle est présidée par le président de l'office, en l'occurrence le représentant de la France et de la Communauté[9].Sa composition dépend des modalités prévues par l'article 3 de l'accord du 08 mars 1960. Le directeur de l'office est désigné par le ministre français des anciens Combattants, sur proposition du président de l'office et du Premier ministre du Gabon[10].

Comme on peut le constater, la France n'avait nullement l'intention d'abandonner ses anciens soldats. Au contraire, elle usa de toute son influence pour garder le contrôle de l'office, malgré l'indépendance du Gabon qui, par tous les moyens, voulait nationaliser cette institution.

2.2. La nationalisation de l'office : deuxième phase du transfert des compétences entre la France et le Gabon (1966-1969)

Après six années de gestion mixte, le gouvernement gabonais à travers un protocole d'échange de lettres, en date du 27 octobre 1966, avec la France, manifesta sa volonté de se doter de son propre office des anciens combattants. Cette volonté se concrétisa en 1967, avec la promulgation du décret 384/PR/VPR-N, fixant l'objet et le fonctionnement de l'Office gabonais des anciens combattants et victimes de guerres[11]. Pourquoi le Gabon décide-t-il de nationaliser ce service ? Les missions assignées à ce nouvel Office seront-elles les mêmes ?

---

8. *ANG, FP, carton 479 : Actes de la Communauté*, lettre de créance, Paris 28 juillet 1960.

9. *JORG du 1er septembre 1960,* p 519.

10. *Ibid.*

11. Décret 384, PR/VPR-DN, du 21 juillet 1967, JORG du 16 septembre 1967, p.219.

La nationalisation de l'Office des Anciens Combattants du Gabon en 1967 peut s'expliquer par plusieurs raisons : la première est la même qui concoure à la nationalisation des différents offices des anciens combattants d'Afrique francophone. En effet, avec la fin de la communauté franco-africaine, le système de gestion des structures des anciens combattants doit désormais tenir compte de l'accession à la souveraineté des États africains. Les offices de Brazzaville et Dakar sont liquidés financièrement en 1961. Quant aux dix offices à gestion commune, qui ont essentiellement un rôle d'action social, les dirigeants africains en réclament la gestion pour ce qui concerne chacun de leur territoire, ce que refuse initialement la France. Cependant, les contraintes budgétaires et les priorités tracées par le gouvernement français conduisent à un net désengagement financier au détriment des anciens combattants africains.

À ce désengagement financier, vient se greffer la réforme des structures de gestion des anciens combattants africains voulue par le Ministère des Anciens Combattants et Victimes de guerre (F. Turpin, 2009, p. 199.). Amorcé dès 1961, le repli des intendances militaires est effectif en 1965. Cette réforme transfère alors le service des pensions aux consulats français comme le veut la procédure normale pour tous les autres pays autres que ceux issus de l'Union française.
L'africanisation des offices de gestion des anciens combattants engagée timidement en 1959 s'achève en 1966, avec l'apparition des offices nationaux conventionnés en Afrique francophone dont la gestion est entièrement sous la responsabilité de chaque État africain.

L'origine de ce désengagement de la France est d'ordre financier. Car, ces offices coûtent cher à l'heure des restrictions budgétaires, et ce seulement pour dispenser l'aide sociale. Ils disparaissent finalement en 1966, et sont remplacés par des offices nationaux.

La deuxième raison qui explique l'africanisation de l'Office des Anciens Combattants du Gabon est la pression des vétérans eux-mêmes. Suite à la participation de Gaubert Obiang, ancien combattant, à la 9e session de la Fédération mondiale des anciens combattants. Au cours de cette réunion, on exigea que l'on associât les anciens combattants africains à la gestion des offices. Pour se conformer à cette recommandation, le ministre français des anciens Combattants préconisa que «soit associé à la gestion de l'Office des Anciens Combattants du Gabon, un ou deux Africains qui pourraient éventuellement assister et plus tard remplacer l'officier français qui le dirige»[12].

La troisième raison, la plus déterminante, qui justifie la nationalisation l'Office des Anciens Combattants du Gabon, est sans doute la tentative de coup d'État du 18 février 1964 (L. M. Nnang Ndong, 2010, p.118). À l'origine de ce putsch manqué, se trouvent, les lieutenants Essono, Ondo Edou et Mombo, soldats issus de l'armée coloniale française[13]. Bien qu'ayant été arrêtés, certains soldats réussirent à s'échapper vers Brazzaville où ils formèrent un mouvement dénommé Front National de la Révolution qui prônait la lutte armée contre le régime du président Léon Mba.

Cette tentative de coup d'État suscita donc la méfiance du régime de Léon Mba vis-à-vis des anciens combattants. D'ailleurs, les discussions que nous avons eues avec certains vétérans et responsables de l'office affirment qu'un contrôle de cette structure par gouvernement était nécessaire, car Léon Mba craignait qu'en cas de discorde avec la France, cette dernière pouvait se servir des anciens combattants pour déstabiliser son régime. La prise de contrôle de l'Office des Anciens Combattants et Victimes de Guerre passait donc par sa nationalisation. Les actes juridiques de cette opération restent l'ordonnance 8/67 du 16 février 1967[14] modifiée par l'ordonnance 29/67 du 4 juillet 1967[15] puis par le décret 00384/PR/VPR-DN du 21 juillet 1967 portant création et fonctionnement de l'office.

Ainsi nationalisé, l'Office National des Anciens Combattants et Victimes de Guerre du Gabon devient un établissement public à caractère administratif doté de la personnalité civile et l'autonomie financière. Il est composé d'un conseil d'administration, d'un directeur

---

12. Entretien avec le Président de l'ANAC/VGG, du 10 décembre 2018.
13. *Ibid.*
14. *Ordonnance n° 8/67,* du 1 mars 1967, JORG, du 18 juin, 1967, p 163.
15. *Ibid.*

et d'un trésorier-payeur. En 1967, l'ensemble du personnel de l'Office était entièrement gabonais16. Mais le contrôle de sa gestion était encore assuré par la République française (personnel de l'Ambassade de France et de Paierie). La nationalisation qui intervint en 1967 entérine de manière définitive la gabonisation de l'institution. Toutefois, un sous-officier de l'assistance militaire française est laissé en place pour l'exécution des questions administratives et comptables[17].

En somme, dès 1967, les fonctions de président du conseil d'administration et les postes de direction de l'Office National des Anciens Combattants et Victime de Guerre sont désormais occupés par les Gabonais nommés unilatéralement leur gouvernement. Le budget et les comptes relèvent essentiellement du Gabon comme l'indique le tableau suivant :

Années	Part du Gabon	Part de la France
1968	18 806 880	2 200 000
1969	16 508 425	2 200 000
1970	14 215 492	2 200 000

(Source : ANG.FP, 1968, 1969,1970)

Tabl. 1. Budget de l'Office des Anciens Combattants et Victimes de Guerres du Gabon, 1968- 1970.

Outre les pensions versées aux vétérans, la France intervient désormais à l'office qu'au titre de sa coopération militaire avec le Gabon.

2.3. L'Office National des Anciens Combattants et Victimes de Guerres : symbole de la coopération militaire franco-gabonaise (1969-2013)

La disparition des offices des anciens combattants africains à gestion mixte en 1966 fait suite à l'africanisation des offices de gestion des anciens combattants. Elle constitue un coup d'arrêt à la volonté française de maintenir sous son influence ses anciens soldats. Toutefois, cette normalisation des rapports diplomatiques entre la France et ses

---

16. *ANG.FP. Affaires militaires, Carton n° 2928, ONACVGG,* rapport d'activité de 1967.

17. *Ibid.*

anciennes colonies d'Afrique noire ne fait pas l'unanimité au sein du gouvernement français.

En effet, pour les tenants de la coopération, il s'agit d'un véritable désengagement qui risque de rompre le trait d'union existant entre la France et les anciens combattants (F. Turpin, 2009, p. 199.).

Pour éviter le risque de voir les anciens combattants lui échapper, la France négocie avec le Gabon, un accord afin de continuer à jouer un rôle important auprès de ses anciens soldats en devenant un partenaire de l'Office National des Anciens Combattants et Victimes de Guerres du Gabon.

Avant d'illustrer l'importance de la France auprès de cet établissement, il convient de signaler que la France, au travers de ses multiples coopérations militaires a toujours œuvré pour consolider ses liens avec ses anciens soldats d'Afrique subsaharienne par leurs structures représentatives. Avec les indépendances, les anciens combattants africains ne sont plus rattachés à des organisations françaises comme du temps de la colonisation. Le gouvernement français n'entend pas pour autant perdre ce levier d'influence. Cette volonté de consolider ce trait d'union obéit à deux objectifs.

D'abord, faire perdurer la spécificité du lien franco-africain en évitant notamment le rattachement des associations nationales des anciens combattants de chaque pays à la Fédération Mondiale des Anciens Combattants. Il faut signaler que la volonté de cette structure internationale d'associer toutes les structures représentatives des anciens combattants en son sein n'est pas du goût de la France. La Fédération Mondiale des Anciens Combattants était perçue comme un «instrument» de pénétration des États-Unis en Afrique. La crainte française sur ce point était donc d'ordre géopolitique, car la France ne voulait pas perdre son influence sur ses anciens soldats, considérés comme son bras armé au moment des indépendances africaines.

Ensuite, pour la France, l'objectif principal était de rendre compatible l'existence des structures nationales propres à chaque État africain avec un chapeau commun acceptable par tous et contrôler par Paris. Ce qui avait conduit à la création de l'Union Fraternelle des Anciens

Combattants d'Expression Française — France (UFACEF-F) en avril 1962, sous le patronage du Ministère des Anciens Combattants[18]. À terme, la France par son gouvernement souhaitait constituer une fédération internationale des anciens combattants d'expression française.

Toutefois, malgré l'appui des tenants de la coopération, force est de constater que l'UFACEF-F fut rapidement en perte de crédibilité. Cette crédibilité déclinante provenait de l'opposition de la Fédération Mondiale des Anciens Combattants, mais aussi, du peu d'intérêt, voire des réticences des associations métropolitaines à son égard. En février 1970, l'AUFACEF-Afrique et Madagascar se transforment en une Fédération Internationale purement africaine (F. Turpin 2009, p.198). Partant de ce qui précède, il apparaît clairement la volonté manifeste de la France de maintenir, pérenniser les liens avec ses anciens soldats africains, et ce en dépit de la nationalisation des structures de gestion des anciens combattants d'Afrique noire en général, du Gabon en particulier.

Cependant, au Gabon, la France parvient à garder un droit de regard sur le fonctionnement de l'institution. Elle est présente au sein de l'entité centrale qui préside à la destinée de l'Office. Le poste de vice-président du conseil d'administration est occupé par le Consul général de France. À ce titre, un représentant de la France devient membre de droit au conseil d'administration de l'Office National des Anciens Combattants et Victimes de Guerres du Gabon et prend part aux décisions prises au sein de cette instance[19]. Mais au sein de la structure, la France ne joue désormais qu'un rôle d'ordre social. Les fonds alloués pour la couverture totale ou en partie des dépenses d'actions sociales sont accordés par la France. Cependant, elle ne subventionne l'action sociale que sur justification de l'emploi des crédits[20].

---

18. Entretien avec le Président de l'Association Nationale des Anciens Combattants et Victimes de Guerre du Gabon, du 10 décembre 2018.

19. ANG, FP, Affaires militaires, carton n° 2348, Ministère de la Défense Nationale, dépenses de l'Office exercice, 1970.

20. Entretien avec le directeur adjoint de l'ONACVGG, le 22 octobre 2018.

De plus, l'appréciation du caractère social de ces dépenses incombe au ministre français des anciens Combattants et victimes de guerres. Ce dernier peut toutefois, formuler à l'intention du rapport d'activité annuel de l'Office, des remarques, des suggestions ou demande d'explication, soit auprès du conseil d'administration de l'Office par le biais du Consul de France, soit au gouvernement de la République gabonaise par voie diplomatique normale[21].

Désormais, la nationalisation de l'Office restreint les prérogatives de la France auprès de l'institution. Sur le plan administratif, elle est en charge de l'établissement de la carte du combattant pour tous les vétérans remplissant les conditions requises pour être considérés comme anciens combattants. L'établissement de la carte du combattant par l'administration française, résulte de la volonté de la France de ne point appliquer la forclusion[22] (A. D'Or Bazeilles, 2007, p. 42).
En 1989, une réorganisation de l'Office a été engagée. Cette réforme a permis entre autres, la nomination d'un officier supérieur des forces armées gabonaises à la direction de l'institution. Pour la partie gabonaise, ces différents changements contribuent à la modernisation et à l'optimisation du fonctionnement de l'Office[23].Cependant, force est de constater que ces modifications n'ont pas apporté les espérances attendues. En effet, malgré la clarté des missions assignées à chacun des différents services de l'office, aucun n'assume pleinement ses obligations[24]. La partie française reproche par exemple au service des affaires sociales et du personnel, bien qu'étant doté d'une commission sociale et médicale, de ne pas disposer de documents sur la situation sociale des anciens combattants[25]. Et pourtant à la fin de chaque trimestre, le chef de service des affaires sociales et du personnel doit

---

21. *Ibid.*

22. La forclusion consiste à ne plus admettre de nouveaux ayants droit, y compris ceux qui remplissaient antérieurement les conditions requises, et à ne pas réviser les droits des intéressées même si, par exemple dans le cas des titulaires de pensions d'invalidité, leur santé s'était altérée du fait des blessures subies.

23. Entretien avec le Président de l'Association Nationale des Anciens Combattants et Victimes de guerre du Gabon, 10 décembre 2018.

24. Entretien avec le Président de l'ANACVGG, du 10 décembre 2018.

25. *Ibid.*

rendre compte de l'ensemble de ses activités. Lors de notre passage à l'Office, aucun compte rendu n'était disponible, et ce depuis plusieurs années. Il en est de même du secrétariat administratif et financier, qui lors de notre passage à ce service, ne disposait pas de compte rendu de ses activités[26]. Même son de cloche du côté du service des organes rattachés et de la documentation. Bien qu'étant le service d'archives de l'Office, il ne dispose d'aucun document concernant les anciens combattants. L'ensemble de ses missions dans le cadre de la gestion de la documentation ne se limite qu'au niveau des effets d'annonce. Aucun support audiovisuel, sonore, écrit n'est disponible. Aucun archivage n'est effectué par ce service. La commission « mémorial du combattant » dont, le chef de service organes rattachés et documentation est membre, ne siège pratiquement pas[27]. Aucune initiative n'est entreprise par cette commission afin de promouvoir au niveau national, le mérite des vétérans, et aucun compte rendu de ses activités n'est disponible.

Pour la partie française et les anciens combattants regroupés au sein de l'Association Nationale des Anciens Combattants et Victimes de Guerre du Gabon, l'épicentre du malaise de l'institution se situe au niveau de sa direction. En effet, pour ces derniers, la nomination à la tête de l'Office, des officiers supérieurs des forces armées gabonaises encore en activité, est la source du malaise. Cette situation entraîne des discriminations à l'égard des anciens combattants gabonais issus de l'armée coloniale française[28]. Les différents directeurs de l'office sont plus préoccupés par leur administration d'origine au détriment des besoins des anciens combattants gabonais.

Une autre remarque faite à la partie gabonaise, c'est la gestion opaque des finances de l'office. En effet, depuis 1990, le budget de l'institution s'élève à 70 000 000 francs CFA[29]. L'usage de cette subvention est

---

26. Entretien avec un agent du secrétariat administratif et financier, de l'ONACVGG 22 août 2018.

27. Entretien avec le directeur adjoint de l'ONAC, le 22 octobre 2018.

28. ANACVGG, rapport moral du président, sur l'activité de l'ANACVGG de 2011, p 11.

29. Entretien avec le Président de l'Association Nationale des Anciens Combattants et Victimes de guerre du Gabon, 10 décembre 2018.

inconnu dans la mesure où, selon le président de l'association des anciens combattants, ce budget ne faire l'objet d'aucun contrôle.

Pour les anciens combattants, la gestion scabreuse de l'Office impacte de manière significative le fonctionnement de l'Association Nationale des Anciens Combattants et Victimes de Guerres du Gabon. Pour assurer pleinement ses missions, l'association a besoin d'une subvention régulièrement versée. Or, au fil des ans, cette subvention de la partie gabonaise ne cesse de diminuer jusqu'à disparaître en 2013[30]. La diminution puis la suppression de cette subvention entraînent une stagnation de l'office et c'est finalement l'Association Nationale des Anciens Combattants et Victimes de Guerre du Gabon qui se trouve dans l'obligation d'assumer les missions de l'office[31].

Selon le président de l'Association Nationale des Anciens Combattants et Victimes de Guerres du Gabon, la nationalisation de l'Office National des Anciens Combattants et Victimes de Guerres du Gabon n'a pas permis la valorisation de cette institution[32]. Depuis 1967, aucun travail de mémoire n'a été entrepris par l'Office dont le seul objectif aujourd'hui est la défense des intérêts matériels des militaires et policiers retraités. De ce fait, l'institution regroupe, les anciens militaires coloniaux, les retraités militaires de l'armée nationale et les anciens policiers (L. M. Nnang Ndong, 2010, p.124). Cette situation entraîne une certaine confusion sur le statut d'ancien combattant. Les vétérans se plaignent par ailleurs que l'Office soit géré par des officiers de l'armée nationale alors que leurs préoccupations sont différentes[33]. Dans ces conditions, tout travail consistant à valoriser ou à instituer une mémoire des tirailleurs de l'armée coloniale française est impossible[34].

---

30. Entretien avec le Président de l'Association Nationale des Anciens Combattants et Victimes de guerre du Gabon, 10 décembre 2018.

31. Entretien avec le directeur adjoint de l'office, 22 octobre 2018 au siège de l'institution à 10 heures.

32. *Ibid.*

33. *Ibid.*

34. *Ibid.*

Le seul et véritable acte symbolique posé par les autorités gabonaises depuis l'indépendance en mémoire des tirailleurs demeure le baptême du Camp militaire Baraka du nom de Charles N'tchoréré, ancien soldat de l'armée coloniale française.

Conclusion

Au moment de la dislocation de la communauté franco-africaine en 1960, la coopération militaire qui se met progressivement en place entre la France et ses anciennes colonies d'Afrique subsahariennes en général, le Gabon en particulier, se fait dans un cadre bilatéral. Cette coopération bilatérale traduit le refus de cette dernière de tout système multilatéral pouvant restreindre sa liberté de manœuvre sur les jeunes États africains. L'interrogation portant sur le traitement réservé par la France aux anciens combattants gabonais, constitue une bonne illustration de cette nouvelle formule des relations interétatiques que la France entend désormais entretenir avec le Gabon.

Véritable héritage administratif et militaire du passé colonial, l'Office National des Anciens Combattants et Victimes de Guerre du Gabon a connu durant son évolution des nominations différentes en accord avec son statut. Du temps de la gestion mixte franco-gabonaise (1960-1966), il se nommait l'Office des Anciens Combattants du Gabon et la gestion était française. Malgré l'accession du Gabon à la souveraineté internationale et les contraintes budgétaires liées à la gestion des offices des anciens combattants dans ses anciennes colonies, la France parvient, à travers l'accord du 8 mars 1960, à garder le contrôle de cette institution. Cet accord n'apporte pas de changement notable par rapport à la gestion antérieure de l'Office. Hormis l'entrée du Gabon au Conseil d'administration, c'est l'ancienne puissance coloniale qui assure la gestion de l'établissement. En 1967, intervient la nationalisation de l'Office des Anciens Combattants du Gabon. Il prend sa dénomination actuelle : l'Office National des Anciens Combattants et Victimes de Guerres du Gabon. Il s'agit de la matérialisation de la volonté du Gabon à se doter d'une structure nationale de gestion des anciens combattants. Pour le Gabon, c'est un acte de souveraineté, mais aussi une opération stratégique. La méfiance du régime de Léon Mba à l'égard des anciens soldats de l'armée coloniale française a poussé les nouvelles autorités gabonaises à prendre le contrôle de cette institution, et partant de tous les anciens combattants. L'implication de ces derniers dans la tentative de renversement du président Léon Mba en 1964 justifie la méfiance des autorités gabonaises.

La Nationalisation de l'office a certes permis au gouvernement gabonais de prendre le contrôle de la gestion de l'institution, cependant elle n'a pas empêché la présence de la France au sein de cette structure. La France continue à y jouer un rôle important, car au-delà du paiement des pensions, elle reste présente au sein du conseil d'administration, organe décisionnel de l'office. Par le biais de la coopération, un sous-officier français est maintenu au sein de l'Office National des Anciens Combattants et Victimes de Guerre du Gabon, pour y effectuer des tâches administratives et financières. La France a cherché par tous les moyens à préserver les liens historiques avec ses anciens soldats. Le maintien de ces liens passe par sa présence au sein de l'Office où, n'ayant plus une position dominante, la France continue néanmoins à jouer un rôle important. La nationalisation n'a pas permis la valorisation de l'Office National des Anciens Combattants et Victimes de Guerres du Gabon. L'institution connaît de nombreuses difficultés. Depuis 1967, la direction de l'institution incombait aux anciens soldats issus de l'armée coloniale française. Au courant des années 1990, ce poste est occupé par des officiers supérieurs de l'armée nationale encore en activité. De plus, la modicité de la subvention allouée par l'État gabonais est gérée dans la plus grande opacité. Par conséquent, les anciens combattants quittent l'office au profit de l'Association Nationale des Anciens Combattants où ils ressentent la solidarité. Et pour garder les liens avec ses anciens soldats, la France porte de plus en plus son assistance à cette association plutôt qu'à l'Office.

Conscient des difficultés de l'Office National des Anciens Combattants et Victimes de Guerres du Gabon, le gouvernement gabonais a pris en 2011, un projet de décret portant réorganisation de ce service. Ce décret prévoit une nouvelle appellation de l'institution et l'élargissement de ses missions. Ce projet non encore ratifié prévoit la transformation de l'office en Direction générale des Anciens Combattants et des Militaires retraités du Gabon. Les anciens combattants et victimes de guerre attendent toujours l'effectivité de cette mesure.

Sources et bibliographie

Sources d'archives (Archives Nationales du Gabon)

ANG, FP, *carton 479* : Actes de la Communauté, lettre de créance, Paris 28 juillet 1960.

ANG.FP, rapports d'activités de l'office 1968, 1969,1970.

ANG.FP. Affaires militaires, carton n° 2928, ONAC/VGG, rapport sur l'activité de 1967.

ANG.FP. Affaires militaires, carton n° 485, région de l'Ogooué-Lolo, documents relatifs à l'Association des Anciens Combattants et Victimes de Guerres du Gabon, 27 Juillet 1961.

ANG FP, Affaires militaires, carton n° 287, note circulaire, du directeur des anciens combattants et victimes de guerre du Gabon, aux préfets, du 17 juillet 1961.

ANG FP, Affaires militaires, carton n° 1582, région de l'estuaire, Association des anciens combattants et victimes de guerre de l'Estuaire, procès-verbal de la réunion du 28 septembre 1961.

ANG FP, Affaires militaires, carton, n° 2353, note circulaire du directeur de l'Office aux préfets, du 8 juin 1961.

ANG, FP, Affaires militaires, carton n° 2348, Ministère de la Défense Nationale, dépenses de l'Office exercice, 1970.

Sources imprimées

Brochures des journées de la défense nationale, ONACVGG, 2012 et 2014.

Bulletin Quotidien de l'Agence Gabonaise d'Information, 22 août 1960.

JORG, du 1 septembre 1960.

JORG, n° 6, du 1 mars 1967.

JORG, n° 8, du 15 mars 1967.

Rapport moral du président, sur l'activité de l'ONACVGG, année 2011.
Rapport moral du président de l'Office National des Anciens
Combattants et Victimes de Guerres du Gabon (ONACVGG),
année 2001.

Sources orales

N°	Renseignements sur les informateurs
1	Nom et Prénom : Kombila Georges Âge : 44 ans Date et lieu de l'entretien : 22-8-2018 au siège de l'ONACVGG Libreville Qualité et profession: agent du secrétariat administratif et financier, du 22 aout 2018.
2	Nom et Prénom : Kounda Grégoire Âge : NC Date et lieu de l'entretien : 22-10-2018 au siège de l'Office National des Anciens Combattants Qualité et profession : directeur adjoint ONACVGG
3	Nom et Prénom : Ogoula Ambroise Âge : NC Date et lieu de l'entretien : 10-12-2018 à son domicile à Louis Qualité et profession : Président de l'Association Nationale des Anciens Combattants et Victimes de Guerres du Gabon

Bibliographie

BAKARI Kamian, 2001, *Des tranchées de Verdun à l'église Saint — Bernard 80 000 combattants maliens au secours de la France (1914 — 18 et 1939 — 45)*, Karthala, Paris.

BERNAULT Florence, 1996, *Démocratie ambiguë en Afrique Centrale : Congo — Brazzaville et Gabon (1946 — 1968)*, Karthala, Paris.

BOURGI André, 1982, *Encyclopédie juridique de l'Afrique, les relations avec l'Ancienne métropole*, Nouvelles Éditions Africaines, Paris.

ECHENBERG Myron, 2009, *Les tirailleurs Sénégalais en Afrique Occidentale Française (1857 — 1960)*, Karthala, Paris.

LAMARQUE Philippe, 2006, « Les tirailleurs sacrifiés», *Historia*, n° 771, mars, p.82-83.

NNANG NDONG Léon Modeste, 2010, *L'effort de guerre de l'Afrique : le Gabon dans la Deuxième Guerre mondiale (1939 — 1945)*, L'Harmattan, Paris.
TURPIN Frédéric, 2009, *De Gaulle, Pompidou et l'Afrique (1958 — 1975), décoloniser et coopérer*, Indes Savantes, Paris.

L'empreinte néocoloniale de la France sur la commercialisation de l'uranium du Gabon (1959-1994)

Dr Robert Edgard NDONG,
Chargé de recherche,
IRSH/CENAREST, Gabon.
e-mail: edgardndong@yahoo.fr

Résumé

L'ambition de cette réflexion est de montrer que les relations qu'a établies la France avec le Gabon autour de la commercialisation de l'uranium de ce pays africain subsaharien sont de nature néocoloniale. Peu avant et immédiatement après l'indépendance du Gabon intervenue le 17 août 1960, la France a créé et imposé plusieurs instruments lui permettant d'avoir la mainmise sur la commercialisation de l'uranium gabonais. Deux types d'instruments rendent effective cette emprise française : d'une part, les instruments contractuels, à savoir le contrat de vente industrialo-industriel CEA/COMUF et les accords de coopération franco-gabonais et, d'autre part, l'instrument commercial qu'est URANEX, un comptoir de vente de «l'uranium africain de la France». Par cet ensemble d'instruments, la France a non seulement l'exclusivité sur la consommation, mais également décide du choix des clients de l'uranium du Gabon. Propriétaire légal du sol et du sous-sol, le Gabon est mis à l'écart de la gestion commerciale de son uranium.

Mots-clés : France, Gabon, uranium, commercialisation, relation néocoloniale.

Abstract

The aim of this reflection is to show that the relations that France has established with Gabon regarding the marketing of uranium from this sub-Saharan African country are of a neo-colonial nature. Shortly before and immediately after Gabon's independence on 17 August 1960, France created and imposed several instruments enabling it to control the marketing of Gabonese uranium. Two types of instruments make this French hold effective: on the one hand, contractual instruments, namely the CEA/COMUF industrial-industrial sales contract and the Franco-Gabonese cooperation agreements and, on the other hand, the commercial instrument URANEX, a sales outlet for "African uranium from France". Through this set of instruments, France not only has exclusivity over consumption, but also decides on the choice of Gabon's uranium customers. As the legal owner of the soil and subsoil, Gabon is excluded from the commercial management of its uranium.

Keywords: France, Gabon, uranium, commercialization, neo-colonial relation.

Introduction

Au sortir de la Deuxième Guerre mondiale, la France entend devenir une puissance nucléaire. De fait, sous l'impulsion du général de Gaule, le gouvernement provisoire institue, par ordonnance n° 45-2563 du 18 octobre 19451, le Commissariat à l'énergie atomique (CEA) qui est sans doute au service de la politique nucléaire française puisqu'il :

> poursuit les recherches scientifiques et techniques en vue de l'utilisation de l'énergie atomique dans les divers domaines de la science, de l'industrie et de la défense nationale ; étudie les mesures propres à assurer la protection des personnes et des biens contre les effets destructifs de l'énergie atomique ; organise et contrôle, d'accord avec les départements ministériels intéressés, la prospection et l'exploitation des gisements des matières premières nécessaires ; réalise à l'échelle industrielle les dispositifs générateurs d'énergie d'origine atomique ; fournit au Gouvernement toutes informations concernant l'énergie atomique et ses applications et, notamment, l'éclaire dans la négociation des accords internationaux ; et, en général, prend toutes mesures utiles pour mettre la France en état de bénéficier du développement de cette branche de la science[2].

Pour exécuter sa mission, l'organisme étatique a besoin de nombreuses matières premières, au premier rang desquelles se place l'uranium. Matière première essentielle, l'uranium fait en effet largement défaut à la France. Elle n'en dispose que d'un faible stock (B. Goldschmidt, 1987, p. 77). Conscient de cette insuffisance en vue de l'exécution de sa mission, le CEA entreprend une vaste campagne de recherche de l'uranium en métropole et dans les territoires africains sous obédience française, aussi bien sur la partie insulaire que continentale (R. E. Ndong, 2012, p. 277-286). Après dix années de recherches actives en Afrique, le CEA découvre, le 21 décembre 1956, au sud-est du Gabon, le gisement d'uranium économiquement exploitable de Mounana.

---

1. Ordonnance n° 45-2563 du 18 octobre 1945 instituant le Commissariat à l'énergie atomique. *Journal officiel de la République française (JORF)* du 31 octobre 1945, p. 7065-7066.

2. *Ibidem*, p. 7066.

La découverte de l'uranium au Gabon intervient six mois après la promulgation de la loi-cadre de Gaston Defferre, ministre de l'outre-mer, qui accorde une large autonomie aux territoires de l'Union française. Exprimée depuis la fin de la guerre et malgré la loi-cadre, la volonté d'indépendance se fait de plus en plus pressante dans l'ensemble des territoires coloniaux. Craignant une éventuelle confiscation de l'uranium par le futur État du Gabon indépendant, la France prolonge, par d'autres instruments, les dispositions du régime législatif minier particulier aux substances minières radioactives conférant au CEA une mainmise sur lesdites matières premières des territoires d'outre-mer (TOM)[3]. En d'autres termes, la France verrouille en sa faveur, avant et après l'indépendance du Gabon, la consommation et la vente de l'uranium de ce pays. Par ce verrouillage, la finalité recherchée est de disposer d'une source sûre d'approvisionnement en uranium. Quels instruments impose la France afin d'avoir la mainmise sur la gestion commerciale de l'uranium gabonais et d'en écarter le Gabon où est extraite cette substance minière ? Pour y répondre, l'étude est circonscrite dans le cadre temporel 1959-1994. L'année 1959 marque la signature du premier contrat commercial entre le CEA et la COMUF, entreprise nouvellement constituée. Quant à l'année 1994, elle correspond aux dernières ventes de l'uranium gabonais à d'autres pays ayant décidé de maintenir et/ou de réduire leur programme nucléaire, après la catastrophe nucléaire intervenue en avril 1986 à Tchernobyl en Ukraine qui a profondément affecté le développement des programmes nucléaires dans le monde.

Au travers de l'interrogation qui l'escorte, l'objectif de l'étude est de montrer que les relations qu'a établies la France avec le Gabon autour de la commercialisation de l'uranium de ce pays africain subsaharien sont de nature néocoloniale. À cet effet, elle puise dans une palette documentaire constituée de sources primaires (sources d'archives et sources imprimées) et de sources secondaires. De l'exploitation de

---

3. Décret n° 46-614 du 5 avril 1946 relatif à l'exploitation des substances utiles aux recherches et réalisations concernant l'énergie atomique dans les territoires relevant du ministère de la France d'outre-mer autres que les Antilles et la Réunion. *JORF* du 7 avril 1946, p. 2904-2905.

l'ensemble documentaire, il se dégage que les éléments d'appréciation de l'empreinte néocoloniale reposent sur l'effectivité de deux types d'instruments : d'une part, les instruments contractuels et, d'autre part, l'instrument commercial qu'est URANEX.

1. Les instruments contractuels

À la veille et le jour de l'indépendance du Gabon intervenue le 17 août 1960, la France met en exécution deux types de contrats lui permettant de contrôler la consommation et la vente de l'uranium de ce pays. Le premier contrat est industrialo-industriel : c'est le contrat CEA/compagnie des mines d'uranium de Franceville (COMUF). Le second contrat est interétatique : il s'agit des accords de coopération franco-gabonais qui comportent des dispositions sur les matières stratégiques.

1.1. Le contrat de vente CEA/COMUF : un contrat industrialo-industriel franco-français

Actionnaires	Pourcentages des actions (en %)	Adresses
Compagnie de minerais de fer magnétique Mokta El Hadid	40	6, rue de la Victoire, Paris 9
CEA	20	69, rue Varenne, Paris 7
Banque de l'union parisienne	5	6, Boulevard Haussmann, Paris 9
Banque de Rothschild	5	21, rue Laffitte, Paris 9
Compagnie des mines du Huaron	5	57, rue Pierre Charron, Paris 8
Société Minerais et Métaux	5	61, Avenue Hoche, Paris 8
Société le Nickel	5	92, rue de Courcelles, Paris 8
Société minière et métallurgique de Penarroya	5	12, Place Vendôme, Paris 1
Compagnie française des minerais d'uranium	5	10, Place Vendôme, Paris 1
Établissements Kuhlmann	5	11, rue de la Baume, Paris 8

(Source : CHAN-Paris, Fonds Jacques Lucius, 606/AP-20. Dossier Franceville 1959, Compagnie des Mines d'Uranium de Franceville, société anonyme au capital de 400.000.000 de FCFA, divisé en 80.000 actions)

Tabl. 1. Répartition du capital social originel de la COMUF en 1958

D'emblée, il importe de souligner que la COMUF est fille du CEA. En effet, après la découverte du gisement d'uranium économiquement exploitable de Mounana en 1956, le CEA associe plusieurs groupes privés chimiques, industriels et bancaires français pour constituer, en 1958, la COMUF. Son capital social originel de 400 000 000 de francs CFA se répartit tel que mentionné ci-dessus.

Immatriculée au registre de commerce de Libreville et de Seine, respectivement sous les numéros 274 B et 59 B 4224, la COMUF est une société anonyme qui a pour objet social :

la recherche, la mise en valeur et l'exploitation de tous les gisements de substances minérales métalliques et plus particulièrement des substances utiles à l'énergie atomique et substances connexes, ainsi que l'achat, la vente ou le traitement de ces mêmes substances minérales ;

l'exploitation directe ou indirecte de toutes minières ou mines et de toutes industries s'y rattachant ;

l'obtention de tous titres miniers nécessaires à l'exécution de sa mission, ainsi que la conclusion de tous contrats d'amodiation comme preneuse ou amodiataire ;

l'obtention, l'acquisition, l'exploitation directe ou indirecte, la cession ou la vente de tous brevets, marques de fabriques et de tous procédés de fabrication intéressant l'objet social ;

l'acquisition, la concession, l'exploitation également directe et indirecte de toutes licences de brevets ;

la création et l'exploitation des usines thermiques, hydroélectriques ou autres, pour l'alimentation en énergie à titre principal des établissements miniers et industriels de la société ;

la participation directe ou indirecte, dans toutes opérations pouvant se rattacher à l'objet social, notamment par voie de création de sociétés nouvelles, d'apport en commandite, de souscription ou achats de titres ou droits sociaux, de fusion, d'entente, d'association en participation ou autrement ;

la création, l'acquisition, la prise à bail et l'exploitation de toutes usines, de tous immeubles et de tous établissements industriels et commerciaux intéressant directement ou indirectement l'objet social et plus générale-ment, toutes opérations industrielles, minières, mobilières et immoblières, commerciales et financières, se rattachant directement ou indirectement, en totalité ou en partie, à l'objet social de la société et tous objets simi-laires et connexes[4].

L'objet social de la compagnie uranifère est clair : elle entend garder la main directement ou indirectement sur toutes les opérations

---

4. CHAN-Paris, Fonds Jacques Lucius, 606AP/20, Statuts de la campagne des mines d'uranium de Franceville, p. 1-2.

industrielles, commerciales, financières, etc. liées à l'uranium du Gabon[5]. Finement examiné, l'objet social de la compagnie uranifère apparaît comme une traduction de la volonté de la France de disposer d'une industrie uranifère pérenne, lui permettant de réaliser son programme de développement de l'énergie nucléaire. C'est en ce sens que le décret-programme n° 55-548 du 20 mai 1955 relatif au développement de l'énergie nucléaire insiste sur le développement de la production de minerais uranifères et les réalisations industrielles[6]. Il n'est donc pas étonnant que le 29 juillet 1959, deux ans avant le démarrage des activités uranifères, alors que sont en construction les équipements indispensables à l'exploitation de l'uranium de Mounana, le CEA conclut un contrat de vente avec la COMUF. Lequel contrat porte sur la livraison de 400 tonnes par an d'uranium contenu dans des concentrés d'une teneur supérieure à 15 %.

Jusqu'en 1962, la compagnie uranifère bénéficie, à concurrence de 500 tonnes d'uranium contenu, d'un prix équivalent à 10,5 dollars par livre d'oxyde d'uranium (U_3O_8), prix dont bénéficient en moyenne les mineurs d'autres pays par exemple, dans le cadre des contrats passés par la *Combined Development Agency*, organisme responsable des achats américains et anglais[7]. Après 1962, le prix de reprise du CEA est calculé sur la base de 8 dollars par livre d'U_3O_8, pour des achats de concentrés à 60 % que *l'United States Atomic Energy Commission* (USAEC) garantit aux mineurs domestiques américains. Toutefois, dans le cas où il apparaîtrait que le cours mondial est nettement supérieur à ce prix, la compagnie uranifère pourrait en obtenir la révision ; de même, le CEA pourrait demander la révision en baisse s'il apparaissait que le prix mondial devenait notoirement inférieur à ce cours de 8 dollars[8]. Diverses possibilités de résiliation protègent la compagnie uranifère contre les aléas de variations économiques brutales et imprévues[9] :

---

5. COMUF, Rapport annuel 1977, p. 12.
6. Décret-programme n° 55-548 du 20 mai 1955 relatif au plan de développement de l'énergie atomique, *JORF* 1955, p. 5021.
7. *Idem.*
8. *Idem.*
9. CHAN-Paris, Fonds Jacques Lucius, 606AP/20, Note sur le contrat d'achat signé avec le CEA, le 22 septembre 1959.

– elle peut intervenir à la demande de la compagnie si le prix de base, calculé sur référence mondiale au taux de change alors en vigueur, devenait nettement inférieur au prix qui résulterait de l'actualisation, par le jeu d'une formule faisant intervenir des prix industriels français, du prix valable à la signature du contrat;
– la COMUF peut obtenir la résiliation, si la révision, par la référence au prix mondial, tendait à définir un prix notoirement inférieur au prix de 8 dollars par livre d'U_3O_8, base valable après 1962.
– le CEA a, pour sa part, la possibilité de résilier ce contrat au terme des cinq premières années.

Dans ces divers cas de résiliation, la COMUF obtiendrait le bénéfice d'une indemnité égale au solde non amorti d'un compte d'amortissement dont l'actif est égal au montant des investissements évalué forfaitairement à 5 500 000 francs français et au passif duquel serait porté un amortissement forfaitaire au kilogramme d'uranium livré.

En réalité, le contrat que conclut le CEA avec la COMUF est un contrat d'exclusivité. La quantité d'uranium à livrer par la compagnie uranifère correspond quasiment à sa capacité de production initiale. Celle-ci est de 500 tonnes par an. Ce contrat apparaît comme une transposition des dispositions du régime particulier aux substances minières radioactives des TOM décidé en 1946 par le CEA. Chargé du développement du nucléaire en France, le CEA est le prescripteur de ce régime taillé sur mesure. Lequel régime lui donne des pouvoirs régaliens. Il a le droit de solliciter des titres miniers déjà attribués et d'expropriation. Il contrôle les substances minières radioactives localisées dans et en dehors de son périmètre minier. Il décide, en dehors de lui-même, de qui peut exploiter les substances minières radioactives[10]. Avec ce régime particulier, le CEA se met à l'abri de la concurrence et se réserve l'exclusivité des substances minières radioactives existantes dans les TOM.

---

10. Décret n° 46-614 du 5 avril 1946 relatif à l'exploitation des substances utiles aux recherches et réalisations concernant l'énergie atomique. *JORF* du 7 avril 1946, p. 2904-2905.

Bras industriel minier du nucléaire français, la COMUF honore pleinement ses engagements contractuels. Le contrat CEA/COMUF constitue le premier instrument par lequel la France monopolise, de 1961 à 1980, la consommation et, par ricochet, la commercialisation de l'uranium du Gabon. Un pays qui, officiellement, le jour de son accession à l'indépendance signera avec la France des accords dits de coopération, incluant la question des matières premières stratégiques.

1.2. Les accords de coopération franco-gabonais et la place des matières premières stratégiques

La politique de coopération africaine de la France ne procède ni d'une tactique accidentelle, ni d'une improvisation, mais au contraire d'une stratégie réfléchie pour tenter de combler le vide créé par l'accession à l'indépendance de ses anciens territoires africains subsahariens et ainsi maintenir son influence et ses multiples privilèges acquis de longue date :

L'ambition africaine de la France dépasse l'histoire de la Ve République et plonge ses racines au XIXe siècle, du moins pour ce qui est de la volonté de contrôle et d'exploitation de vastes territoires, de leurs populations et de leurs richesses. La conquête coloniale ouvre ainsi une période, courte au regard de l'histoire, qui permet à la France de traduire dans les faits sa volonté de puissance sur un mode impérial. La «puissance par l'Empire» constitue alors une des pierres angulaires de la pensée et du discours stratégiques français.
Le processus de décolonisation brise l'axe impérial de ce dessein classique de puissance au cours des années 1950. Et ce n'est pas la Communauté franco-africaine, mise en place en 1959, qui peut sauver la puissance im-périale française. Sur les décombres encore fumants de la Communauté, une nouvelle ère des relations franco-africaines paraît alors s'ouvrir sur le principe de l'égalité juridique entre États indépendants. [...] L'échec de la Communauté et la mise en place, de manière empirique, de la politique de coopération traduisent un net changement dans le mode de gestion français de l'espace africain. Au système organique multilatéral hérité de l'Empire succède un tête-à-tête franco-africain — tout aussi exclusif — sur un mode bilatéral (F. Turpin, 2008, p.25).

En accordant l'indépendance au Gabon, comme à l'ensemble des pays de l'Afrique subsaharienne sous son obédience, la France se réserve le droit d'exploiter les ressources naturelles, notamment les ressources minérales de ces pays. Cette volonté est consignée dans les accords de coopération signés avec chaque pays concerné. Élaborés unilatéralement par la France, ces accords dits de coopération constituent plutôt des obligations d'adhésion à la France. En témoigne le passage d'une lettre de Michel Debré, Premier ministre français, adressée en 1959 à Léon Mba, futur président du Gabon :

> Nous donnons l'indépendance à la condition que l'État, une fois indépendant, s'engage à respecter les accords de coopération qu'il a tout d'abord signés. Il y a deux systèmes qui entrent en jeu en même temps : l'indépendance et les accords de coopération. L'un ne va pas sans l'autre [...] Je vous serais obligé de bien vouloir, en accusant réception de cette communication, me confirmer que, dès la proclamation de l'indépendance de la République gabonaise, le gouvernement de la République gabonaise procédera à la signature des accords de coopération. Il va de soi qu'il en sera de même de la part du gouvernement de la République française (J. Chipman, 1989, p.48).

Dans les accords dits de coopération franco-gabonais signés le 17 août 1960, l'uranium et le pétrole sont classés stratégiques. Les articles 1 à 5 de ces accords permettent de relever l'intérêt que la France accorde à ces produits :

> Article 1 : Les matières premières et produits stratégiques comprennent :
> 1ère catégorie : les hydrocarbures liquides et gazeux
> 2e catégorie : l'uranium, le thorium, le lithium, le béryllium, l'hélium, leurs minerais et composés.
> Article 2 : La République française informe régulièrement la République gabonaise de la politique qu'elle est appelée à suivre en ce qui concerne les matières premières.
> Article 3 : La République gabonaise informe la République française de la politique qu'elle est appelée à suivre en ce qui concerne les matières premières et produits stratégiques et des mesures qu'elle se propose de prendre pour l'exécution de cette politique.

Article 4 : La République gabonaise facilite au profit des forces armées françaises le stockage des matières et produits stratégiques. Lorsque les intérêts de la défense l'exigent, elle limite ou interdit leur exportation à destination d'autres pays.

Article 5 : La République française est tenue informée des programmes et projets concernant l'exportation hors du territoire de la République gabonaise des matières premières et produits stratégiques énumérés à l'article 1er. En ce qui concerne ces mêmes matières et produits stratégiques, La République gabonaise réserve par priorité leur vente aux pays de la Communauté après satisfaction des besoins de sa consommation intérieure et s'approvisionne prioritairement auprès de ces États[11]

En qualifiant l'uranium de produit stratégique, la France annonce clairement l'intérêt qu'elle lui porte. Elle annonce implicitement son intention de procéder à l'exploitation de ce produit à l'abri de la concurrence. Et même dans le cas où une concurrence pourrait avoir lieu, elle compte, dans tous les cas, être prioritaire, sinon jouer les premiers rôles. Ces accords laissent donc à la France des droits aussi importants que si le Gabon n'a jamais été reconnu en tant qu'État indépendant et souverain. Prolongement contractuel de la très fragile et éphémère Communauté France-Afrique (F. Turpin, *loc.cit.*, p.32), ces accords traduisent la prééminence de la France, véritable centre décisionnel sur les destinataires de l'uranium du Gabon. En attestent, la vente avortée à Israël et la vente exceptionnelle aux Pays-Bas.

S'agissant d'abord de la vente avortée à Israël, c'est en 1962, lors d'un voyage de Léon Mba à Tel Aviv qu'est évoquée la possibilité de vendre l'uranium gabonais à l'État israélien. Ce projet se fonde sur le supplément de production de la COMUF, c'est-à-dire après livraison des 400 tonnes annuelles à la France. Les négociations menées avec l'autorisation de L. Mba entre Israël et la COMUF aboutissent à un projet de contrat de vente de 20 tonnes d'uranium métal avec possibilité d'un second contrat de 50 tonnes d'uranium métal. Portant sur une

---

11. République française, «Accords particuliers conclus le 17 août 1960 entre le Gouvernement de la République française et le Gouvernement de la République gabonaise», *Recueil des Traités et accords de la France*, Imprimerie Nationale, Paris, 1960 — Tome 2, p. 658-659.

valeur de 190 millions de francs CFA, ce projet de contrat de vente ne soulève pas d'objections de la part du Président gabonais[12]. Mais conformément aux accords de coopération franco-gabonais en matière de produits stratégiques — pétrole et uranium — selon lesquels la République française est tenue informée des programmes et projets concernant l'exportation hors du territoire de la République gabonaise des matières et produits stratégiques, L. Mba informe l'ambassadeur de France au Gabon, Paul Cousseran. Ce dernier attire l'attention du président gabonais sur les inconvénients politiques majeurs pouvant résulter de cette vente compte tenu de la situation politique instable dans la région à laquelle appartient le pays acquéreur. Il fait savoir que le gouvernement français estime que les avantages commerciaux que le Gabon est susceptible de retirer de l'exécution du contrat ne compensent pas ces inconvénients politiques.

La position française surprend le président gabonais qui le signifie à son homologue français dans une lettre datée du 28 février 1963 :

> Je dois vous dire que cette récente position m'étonne. Je n'ignorais pas en effet que la Compagnie des Mines d'Uranium de Franceville qui n'est qu'amodiataire d'un permis d'exploitation détenu par le Commissariat à l'Énergie Atomique et qui a de multiples liens financiers et techniques avec ce dernier organisme n'avait négocié ce contrat de vente avec Israël qu'en liaison et apparemment avec l'accord du Commissariat. Or le Commissariat relevant directement du Premier Ministre de la République française, il m'avait paru évident que, du fait de cette liaison et de cet accord, le Gouvernement français ne voyait pas d'objections au principe de cette vente. Aussi les objections majeures tardives soulevées me surprennent-elles[13].

Devant les objections françaises, le président gabonais décide de différer l'approbation de ce contrat. Suivant les suggestions de l'ambassadeur de France, il demande au gouvernement israélien de donner l'assurance que cet uranium gabonais ne serait utilisé qu'à des fins pacifiques ; assurance devant être assortie d'un contrôle.

---

12. CHAN-Paris, Fonds Jacques Lucius, 606AP/21, Lettre (confidentielle) de L. Mba au Président de la République française (Charles de Gaulle), Libreville le 28 février 1963.
13. Idem.

Ne voulant pas porter sur la place publique un contrat dont les parties souhaitaient vivement qu'il reste confidentiel, et le Gabon ne disposant pas d'experts pour effectuer lui-même ce contrôle, L. Mba suggère au gouvernement israélien qu'il soit confié au CEA plutôt qu'à l'Agence internationale de l'énergie atomique (AIEA). Mais officiellement, le manque de transparence d'Israël à communiquer sur son dossier nucléaire amène la France à faire part au Gabon de son pessimisme quant à l'utilisation civile de son uranium. D'où, la décision du président gabonais d'abandonner le projet de vente.

Concernant ensuite la vente exceptionnelle aux Pays-Bas, elle est rendue possible d'abord par le fait que l'uranium est destiné à la centrale nucléaire de Borselle, exploitée par la société Siemens dont 7/8 [e] de la production est réservée à une usine d'aluminium de Pechiney, entreprise française. C'est d'ailleurs Pechiney qui conduit les négociations, tant vis-à-vis des acheteurs qu'avec le CEA. Le prix fixé est de 19,60 dollars par kilogramme. Ce prix tient compte des frais de transport et de transformation des préconcentrés en *yellow cake*[14]. Ensuite, cette vente aux Pays-Bas est une application du traité instituant la Communauté européenne de l'énergie atomique, encore appelé traité Euratom. Signé le 25 mars 1957 entre l'Allemagne, la France, l'Italie et les trois États du Benelux — Belgique, Pays-Bas et Luxembourg —, ce traité encourage les pays membres à une utilisation commune de leurs matières fissiles à des fins pacifiques. C'est pourquoi dans une lettre adressée le 5 novembre 1969 au ministre des Mines, de l'Énergie et des Ressources Hydrauliques du Gabon lui demandant l'autorisation d'exportation, Jacques Lucius, président du conseil d'administration de la COMUF, souligne l'engagement de l'utilisation pacifique de l'uranium vendu :

Les matières premières fournies dans le cadre du présent contrat ne pourront être utilisées qu'à des fins pacifiques. Tout acquéreur devra donc s'engager pour lui-même, et s'engager à obtenir d'un acquéreur ultérieur, qu'il n'emploie ces matières qu'à des usages pacifiques. Le respect de

---

14. CHAN-Paris, Fonds Jacques Lucius, 606AP/20, Note sur le contrat d'achat signé avec le CEA, le 22 septembre 1959.

ces engagements sera assuré par un contrôle international approprié. Sur le territoire des six États membres de la Communauté européenne de l'énergie atomique (EURATOM) ce contrôle sera celui prévu par le traité de l'EURATOM. Sur le territoire des pays qui n'appartiennent pas à cette communauté, l'utilisation de ces matières devra être soumise à un contrôle international équivalent[15].

En juin 1970 a lieu le premier embarquement de préconcentrés. Ceux-ci sont destinés à être transformés en nitrate d'uranyle puis en hexafluorure d'uranium par les soins du CEA et de la Société des Usines de Pierrelatte. Les embarquements suivants ont lieu en septembre 1970 et janvier 1971.

En définitive, sous L. Mba, aucune vente directe du Gabon à d'autres pays n'est enregistrée. La possibilité d'acquisition de l'uranium gabonais sur le marché international de l'uranium passe par l'instrument commercial qu'est URANEX.

2. L'instrument commercial : URANEX

Comptoir de vente de « l'uranium africain de la France », URANEX se présente comme un instrument visant à contrecarrer la volonté de vente directe du Gabon de son uranium à des pays autres que ceux choisis par la France. C'est par ce comptoir de vente que, au début des années 1980, l'uranium gabonais est ouvert aux pays à économie de marché.

2.1. URANEX : un comptoir de vente de « l'uranium africain de la France »

URANEX est un comptoir constitué sous la forme d'un groupement d'intérêt économique créé le 1er octobre 1969 par le CEA, la compagnie française des mines d'uranium (CFMU) et la Société Minière Péchiney-Mokta (SMPM)[16]. Sa mission est d'écouler sur

---

15. CHAN-Paris, Fonds Jacques Lucius, 606AP/23, Lettre de J. Lucius au Ministre gabonais des Mines, de l'Énergie et des Ressources hydrauliques du Gabon, Paris, le 5 novembre 1969.

16. Ils détiennent respectivement 34 % et 33 % pour les deux derniers actionnaires.

le marché mondial la part de production des mines françaises de la COMUF, non absorbée par les besoins français et ultérieurement celles de la société des mines de l'Aïr (SOMAÏR) et de la Compagnie des mines d'Akouta (COMINAK), alors en cours de démarrage de production d'uranium au nord du Niger. Pour ce, URANEX se charge de faire effectuer les transformations demandées, notamment la conversion des concentrés d'hexafluorure, qu'il confie en particulier à la société pour la conversion de l'uranium en métal et hexafluorure (COMURHEX), créée le 28 octobre 1970 par la société des usines chimiques et Pierrelatte (UCP), le CEA, la société azote et produits chimiques (APC), la société Saint-Gobain Techniques Nouvelles[17]. URANEX garantit l'exécution des livraisons aux usines des utilisateurs. Pour l'hexafluorure, les prix de vente incluent les frais de transport jusqu'aux usines d'enrichissement et l'assurance[18]. La COMUF adhère à URANEX le 24 juillet 1970. Cette adhésion lui donne accès à un quota de 23 à 24 % des contrats obtenus par URANEX, quantité que la COMUF s'engage évidemment à livrer[19].

D'après la COMUF, «ce groupement des producteurs était nécessaire par la situation très déprimée du marché de l'uranium naturel. Il a permis de limiter l'effondrement des prix tout en apportant aux mines un volume de vente suffisante pour assurer une utilisation convenable de leurs capacités de production[20].» Comment URANEX a-t-il pu contribuer à juguler la crise d'un marché de l'uranium fraîchement mis en place en 1965 et n'ayant pas encore pris son envol puisque le prix de «la livre d'oxyde d'uranium y est seulement de 5 dollars[21]»? Invraisemblable, l'explication de la COMUF l'est pour deux raisons au moins. D'abord l'uranium produit dans les divisions minières de France (G. Chapot 1996; B. Bavoux et P.C. Guiollard 1998; P.C.

---

17. CEA, L'industrie française du cycle des combustibles nucléaires, Paris, 1971, p. 11.

18. *Idem.*

19. CHAN-Paris, Fonds Jacques Lucius 606AP/25, Aide-mémoire sur la commercialisation de l'uranium naturel de la COMUF.

20. *Idem.*

21. Agence pour l'énergie nucléaire/Agence internationale pour l'énergie nucléaire (AEN/AIEA), Un bilan de 40 ans du livre rouge, Paris, 2007, p.36.

Guiollard, 2002) est destiné exclusivement aux besoins du pays. Ensuite depuis le début de son exploitation en 1961 jusqu'au début des années 1980, l'uranium du Gabon est consommé en France. En d'autres mots, l'uranium gabonais n'est pas ouvert au marché international de l'uranium durant cette période. URANEX apparaît plutôt comme un instrument mis en place pour contrecarrer le désir du Gabon — ultérieurement du Niger[22] — de vendre directement son uranium à des pays autres que ceux choisis par la France.

2.2. Un instrument visant à contrecarrer la volonté de vente directe du Gabon de son uranium à d'autres pays

Que ce soit sous le président Léon Mba, avec la tentative de vente à Israël et, surtout, sous le président Bongo, aux premières années de son arrivée à la tête du pays, le Gabon manifeste son désir de vendre son uranium à d'autres pays. En effet, aux premières années de son arrivée à la tête du Gabon, le président Bongo suit le mouvement des pays en développement de se réapproprier la souveraineté de leurs richesses naturelles. C'est ainsi qu'en décembre 1973, alors que le prix de vente du pétrole commence une ascension vertigineuse et que l'uranium constitue une énergie de substitution pour nombre de pays industrialisés, le président gabonais prend conscience de l'exceptionnel intérêt de l'uranium. À cet effet, il déclare lors d'une visite à Paris que «le Commissariat français à l'énergie atomique, qui avait été jusque-là le principal client, sinon l'unique utilisateur, n'en était pas le propriétaire et que désormais, on ne pourrait utiliser cet uranium sans que le Gabon fasse connaître son point de vue notamment en matière de prix.» (Anonyme, 1977, p.1354).
La préoccupation du Gabon ne concerne pas seulement le prix. Elle porte également sur la recherche d'autres débouchés pour son uranium, car malgré l'adhésion de la COMUF à URANEX en 1970, la France demeure effectivement le seul client et consommateur. Le

---

22. Au Niger l'exploitation de l'uranium démarre en 1971, avec la société des mines de l'Air (SOMAIR). En 1978, la compagnie des mines d'Akouta (COMINAK), constituée en 1974, lance ses activités.

président gabonais demande donc aux ambassadeurs du Gabon en Israël, en Italie, en Allemagne, aux États-Unis, en Espagne et au Japon d'entreprendre des démarches auprès de ces pays en vue de trouver des clients[23].

Dans le cadre de cette recherche personnelle de clients en dehors d'URANEX, le président Bongo prend lui-même des contacts avec des acheteurs potentiels. C'est ainsi que lors d'une visite aux États-Unis, Union Carbide se dit intéressée par les concentrés uranifères gabonais. D'où, la demande de concentrés faite par le Président gabonais à la COMUF, le 12 juillet 1974, afin de les présenter aux États-Uniens[24]. Mais, le rapprochement direct Union Carbide/Gabon ne va pas sans offusquer les responsables de la COMUF, pourtant censés défendre les intérêts de la compagnie. Dans une lettre adressée le 17 décembre 1974 à Peccia Galetto, directeur général de Mokta El Hadid, Henri Basset, directeur général de la COMUF, écrit :

> J'ai rencontré à Libreville les 13 et 14 décembre derniers Monsieur DAVID H. PARENT, Directeur Général pour l'Afrique Centrale et Occidentale de TEMPELMANN & SON, qui accompagnait les dirigeants d'UNION CARBIDE lors de leur visite à Mounana le 19 novembre. J'en ai profité pour lui demander des explications au sujet d'UNION CARBIDE […] Je me suis étonné qu'UNION CARBIDE ait emprunté une voie aussi "tortueuse" pour se porter acquéreur de concentrés uranifères alors qu'il était très simple de s'adresser à URANEX.
>
> Monsieur PARENT ne m'a pas donné d'explication si ce n'est "qu'ils" (TEMPLELMANN et UNION CARBIDE) ne faisaient que répondre à un souhait du Président BONGO de diversifier les investissements au Gabon et que les premiers pas n'étaient pas de leur fait.
>
> Il m'a confirmé par ailleurs qu'UNION CARBIDE allait effectivement soumettre au Président BONGO des propositions pour une production de "yellow cake" à Mounana.

---

23. CHAN-Paris, Fonds Jacques Lucius, 606 AP/24, Lettre (confidentielle) du Président gabonais au PCA de COMUF, Libreville le 28 décembre 1973.

24. CHAN-Paris, Fonds Jacques Lucius, 606AP/24, Lettre de H. Basset à Peccia Galetto, Mounana, le 17 décembre 1974.

> Il m'a annoncé de même la visite de "techniciens" d'UNION CARBIDE qui viendraient à MOUNANA courant Janvier pour voir sur place ces problèmes.
>
> J'ai dit alors à Monsieur PARENT que je trouvais pour le moins surprenante la manière de procéder d'UNION CARBIDE étant donné que ses dirigeants ne semblaient pas éprouver le besoin de demander au préalable aux participants majoritaires de COMUF (autre que l'État gabonais) ce qu'ils pensaient de cette affaire, ajoutant que pour ma part je n'aurais pas grand-chose à dire aux "techniciens" qui viendront en Janvier hors instructions reçues de mon conseil d'administration.
>
> Monsieur PARENT s'en est tiré par une plaisanterie sur les mauvaises habitudes des "Amerlocks comme disent les Belges" et a convenu qu'effectivement les dirigeants d'UNION CARBIDE devraient prendre contact au préalable avec le Conseil d'Administration de COMUF — Il m'a demandé les adresses nécessaires que je lui ai données — […][25].

Malgré l'avantage financier qu'est susceptible de retirer la COMUF d'un éventuel contrat avec Union Carbide, H. Basset se positionne clairement contre tout achat en dehors d'URANEX. En dépit de la présence certes récente — depuis mars 1974 — du Gabon dans son capital social[26], la COMUF reste bien contrôlée par la France. Le pouvoir décisionnel du Gabon au sujet de la vente de son uranium demeure inexistant ; d'où, sans surprise, l'interruption des négociations commerciales entre les autorités gabonaises et les responsables d'Union Carbide.

Décryptée le plus finement possible, en plus des accords de coopération qui obligent Libreville à demander l'avis de Paris avant la commercialisation de son uranium à d'autres pays, la position de H. Basset est, *a priori*, une défense de la stratégie commerciale du cartel de l'uranium dont est membre URANEX, représentant officiel sur le marché international de l'uranium des producteurs africains de la France ; à savoir le Gabon et le Niger.

Baptisé *Uranium Market Research Organisation* (UMRO), le cartel de l'uranium est constitué à Paris en février 1972. Réunissant des

---

25. *Idem.*
26. Le Gabon détient 25 % du capital social de la COMUF.

entreprises d'Australie, du Canada, d'Afrique du Sud, de France et de Grande-Bretagne, le cartel de l'uranium a un double objet : attribuer des quotas d'exportation et fixer des prix communs. En prenant attache directement avec Union Carbide, le Gabon s'inscrit en faux dans cette stratégie. Or dans le cartel, toute indiscipline d'un membre entraînant une diminution de ses quotas de vente — c'est le cas de Rio Tinto Zinc — (J.P. Olsem, 1984, p.161.), l'attitude du Gabon risquerait d'entraîner une diminution des quotas d'URANEX et, par conséquent, occasionner un manque à gagner financier certain pour la partie française. En réalité, une sanction disciplinaire n'aurait pas affecté URANEX puisqu'en 1974, année du rapprochement Gabon/ Union Carbide, l'uranium gabonais n'est pas encore ouvert au tout jeune marché international de l'uranium. Il en est de même pour l'uranium nigérien, dont l'exploitation a démarré en 1971.

Suite à l'échec de sa négociation commerciale avec le Gabon, Union Carbide bâtit une autre stratégie en vue d'acquérir l'uranium gabonais. Début 1975, elle demande à la direction des Mines du Gabon l'autorisation d'entreprendre des recherches, «en déplorant que les zones intéressantes ne soient couvertes que par les permis du CEA» (A. Paucard, 2008, p.63). La direction des Mines suggère à Union Carbide de prendre contact avec le CEA. C'est chose faite après l'envoi d'une lettre du Président Bongo recommandant au CEA de réserver le meilleur accueil à Union Carbide. Ainsi en août et septembre 1975 ont lieu deux réunions à Marseille qui se soldent les 20 octobre et 18 novembre 1978 respectivement par la signature à Libreville d'un protocole d'accord et d'une convention portant sur l'association de Booué, dite accord final. Les recherches effectuées seront infructueuses ; d'où l'abandon de la zone de Booué en 1980.

En définitive, les multiples démarches de vente directe du Gabon de son uranium à d'autres pays, sous l'impulsion de ses deux premiers présidents, seront vaines. URANEX sera, en revanche, l'instrument d'ouverture de l'uranium gabonais à d'autres pays, notamment aux pays à économie de marché.

2.3. L'ouverture de l'uranium gabonais aux pays à économie de marché, conséquence des chocs pétroliers

Dans les années 1970, les tensions politiques au Moyen-Orient et au Proche-Orient sont à l'origine, d'abord en 1973 puis en 1979, des hausses spectaculaires et brusques du prix du pétrole. Dénommés chocs pétroliers, ces moments de hausses vertigineuses du prix du pétrole provoquent des bouleversements considérables dans tous les secteurs de l'économie mondiale (P. Copinschi, 2012, p.68). Ils mettent également en lumière la forte dépendance des pays industrialisés au pétrole et révèlent le risque qui pèse sur les approvisionnements en pétrole du monde occidental (L. Carroué et *al.*, 2005, p.321).

Années	Pays		
	Belgique	Italie	Japon
1981	100	49	109
1982	100	138	120
1983	100	0	125
1984	140	0	145
1989	80	200	220
1990	40	50	220
1991	100	0	170
1992	100	0	80
1993	100	0	150
1994	70	0	120

(Sources : Ministère de Mines, Revue du Ministère de Mines et du Pétrole, 1985, p. 12 ;
Direction de l'Économie minière du Ministère de Mines du Gabon, statistiques minières 2000)

Tabl. 2. Clients de l'uranium gabonais sur le marché international de l'uranium (Hors France), 1981-1994

Affectés par les chocs pétroliers, les pays industrialisés recherchent des alternatives pour satisfaire leurs besoins énergétiques. Plusieurs optent pour le développement de l'électronucléaire. C'est dans ce contexte mondial de crise énergétique que les 20-30 % de l'uranium gabonais non absorbés par les besoins français sont ouverts au marché international de l'uranium via URANEX.

L'uranium gabonais écoulé sur le marché international est exclusivement destiné aux pays industrialisés (tabl.2, page précédente). Il s'agit, d'une part, des pays de la Communauté économique européenne (CEE) — devenue Union européenne en 1992 — : Belgique et Italie et, d'autre part, du Japon. Tous ces pays sont membres de l'Agence de l'Organisation de coopération et de développement économique (OCDE) pour l'énergie nucléaire. Instituée le 20 mars 1972, en remplacement de l'Agence européenne pour l'énergie nucléaire de l'OCDE, l'Agence de l'OCDE pour l'énergie nucléaire regroupe la majorité des États de l'OCDE. Elle a pour objectif de promouvoir la coopération entre les gouvernements des pays membres pour le développement de l'énergie nucléaire en tant que source d'énergie sûre, acceptable du point de vue économique et environnemental[27].

Conclusion

La forme de colonisation qu'a subie un pays déterminé exerce une influence directe sur les structures juridiques et économiques. Souvent la forme de sa décolonisation sera encore plus décisive en ce qui concerne ses structures politiques et la façon dont il envisagera ses relations avec l'extérieur. En effet, si son indépendance a été acquise par une guerre de libération, ce pays définira ses relations avec l'ex-métropole d'une manière tout autre que si l'ancien pouvoir colonisateur a cédé sa place dans un climat plus ou moins paisible. [...] (C. Häberli, 1979, p. 4).

En octroyant l'indépendance à ses territoires africains subsahariens, la France n'a pas omis de dicter les conditions de conservation de ses privilèges acquis de longue date. Ses rapports avec le Gabon autour de la commercialisation de l'uranium extrait du sous-sol de ce pays africain sont l'expression du «changement dans la continuité» (P. Dramé, 2014, p.103). Ce changement dans la continuité a un nom : le néocolonialisme.

Deux types d'instruments rendent effective l'emprise française sur la gestion commerciale de l'uranium gabonais. Le premier type d'instrument consiste en des instruments contractuels dans lesquels il faut distinguer d'un côté le contrat industrialo-industriel COMUF/CEA. Celui-ci n'est rien d'autre qu'un contrat d'exclusivité que l'organisme d'État conclut avec la fille aînée des entreprises uranifères françaises en Afrique francophone et dont il est à l'origine de la création. D'un autre

---

27. AEN/AIEA, *Uranium. Ressources, production et demande*, Paris, OCDE, 1973, p.4.

côté, il y a les accords dits de coopération. Élaborés unilatéralement par l'ancienne puissance tutélaire, ces accords se présentent comme des obligations d'adhésion à une France, dont la décolonisation a triomphé de la Communauté franco-africaine mise en place en 1959. Par ces accords de coopération, la France se réserve la priorité d'acquérir, mais également décide du choix des clients de l'uranium gabonais. Quant au second type d'instrument, il s'agit d'un comptoir de vente : URANEX. Seul habilité à vendre «l'uranium africain de la France» à des pays autres que la France, URANEX achève la mise à l'écart du Gabon dans la gestion commerciale de son uranium.

En somme, propriétaire légal du sol et du sous-sol, mais aussi actionnaire de la COMUF à hauteur de 25 %, le Gabon n'a pas voix au chapitre sur la commercialisation de son uranium. Découvert par le CEA, l'uranium gabonais est destiné à servir, avant tout, les intérêts de la France : il contribue *à* son rayonnement nucléaire (G. Hecht, 2014). Lequel rayonnement nucléaire constitue un élément de son idée de grandeur. *À la lumière de* l'emprise française sur la commercialisation de l'uranium du Gabon, l'on peut se demander si la situation est la même concernant le manganèse de Moanda, passé en 1995 sous contrôle d'ERAMET, géant minier et métallurgiste français.

Sources et bibliographie

Sources d'archives

CHAN-Paris, Fonds Jacques Lucius, 606AP/20, Statuts de la campagne des mines d'uranium de Franceville.
CHAN-Paris, Fonds Jacques Lucius, 606/AP-20. Dossier Franceville 1959, Compagnie des Mines d'Uranium de Franceville, société anonyme au capital de 400 000 000 de FCFA, divisé en 80 000 actions.
CHAN-Paris, Fonds Jacques Lucius, 606AP/20, Note sur le contrat d'achat signé avec le CEA, le 22 septembre 1959.

CHAN-Paris, Fonds Jacques Lucius, 606AP/21, Lettre (confidentielle) de L. Mba au Président de la République française (Charles de Gaulle), Libreville le 28 février 1963.

CHAN-Paris, Fonds Jacques Lucius, 606AP/23, Lettre de J. Lucius au Ministre gabonais des Mines, de l'Énergie et des Ressources hydrauliques du Gabon, Paris, le 5 novembre 1969

CHAN-Paris, Fonds Jacques Lucius, 606 AP/24, Lettre (confidentielle) du Président gabonais au PCA de COMUF, Libreville le 28 décembre 1973.

CHAN-Paris, Fonds Jacques Lucius, 606AP/24, Lettre de Henri Basset à Peccia Galetto, Mounana, le 17 décembre 1974.

CHAN-Paris, Fonds Jacques Lucius 606AP/25, Aide-mémoire sur la commercialisation de l'uranium naturel de la COMUF.

Sources imprimées

AEN/AIEA, Uranium. Ressources, production et demande, Paris, OCDE, 1973, 153 p.

AEN/AIEA, Un bilan de 40 ans du livre rouge, Paris, 2007, 273 p.

CEA, L'industrie française du cycle des combustibles nucléaires, Paris, 1971, 55 p.

COMUF, Rapport annuel 1977, 23 p.

Direction l'Économie minière du Ministère de Mines du Gabon, statistiques minières 2000.

Ordonnance n° 45-2563 du 18 octobre 1945 instituant le Commissariat à l'énergie atomique. JORF du 31 octobre 1945, p.7065-7066.

Décret n° 46-614 du 5 avril 1946 relatif à l'exploitation des substances utiles aux recherches et réalisations concernant l'énergie atomique dans les territoires relevant du ministère de la France d'outre-mer autres que les Antilles et la Réunion. *JORF* du 7 avril 1946, p.2904-2905.

Décret-programme n° 55-548 du 20 mai 1955 relatif au plan de développement de l'énergie atomique, *JORF* 1955, p.5021.

Ministère de Mines, Revue du Ministère de Mines et du Pétrole, 1985, 53 p.

République française, «Accords particuliers conclus le 17 août 1960 entre le Gouvernement de la République française et le Gouvernement de la République gabonaise», *Recueil des Traités et accords de la France*, Imprimerie Nationale, Paris, 1960 — Tome 2, p.658-659.

Bibliographie

ANONYME, 1977, «Gabon», *Marchés tropicaux*, 27 mai, p.1354.

BAVOUX Bernard et GUIOLLARD Pierre-Christian., 1998, *L'uranium de la Crouzille, Haute-Vienne : un demi-siècle d'aventure minière et industrielle en Limousin*, Fichou, Éditions P-C. Guiollard.

CARROUÉ Laurent et *al.*, 2005, *Les mutations de l'économie mondiale au début du XXe siècle aux années 1970*, Rosny-sous-Bois, Bréal.

CHAPOT Georges, 1996, *L'uranium vendéen. 40 ans de recherches et d'exploitations minières dans le sud du Massif armoricain, Cahier du patrimoine*, inventaire général, Nantes, ADIG.

CHIPMAN John, 1989, *French Power in Africa*, Oxford, Basil Blackwell.

COPINSCHI Philippe., 2012, *Le pétrole. Une ressource stratégique*, Paris, La documentation française.

DRAMÉ Patrick, 2014, «Indépendance et dépendance : les intérêts économiques français en Afrique de l'Ouest (1960-1980)», dans Dramé Patrick et Demers Maurice (dir). *Le Tiers-Monde postcolonial : espoirs et désenchantements de la décolonisation en Amérique latine, en Asie et en Afrique*, Montréal, PUM, p.81-105.

HÄBERLI Christian, 1979, *L'investissement étranger en Afrique*, Paris, Bibliothèque africaine et malgache, La Librairie générale de droit et de jurisprudence.

HECHT Gabrielle, 2014, *Le rayonnement de la France. Énergie nucléaire et identité nationale après la Seconde Guerre mondiale*, Paris, Éditions Amsterdam.

GOLDSCHMIDT Bertrand, *Les pionniers de l'atome*, Paris, Stock, 1987.

GUIOLLARD Pierre-Christian, 2002, *L'uranium du Morvan et du Forez*, Éditions PC. Guiollard.

NDONG Robert Edgard, 2012, « La recherche de l'uranium en Afrique française et la naissance de la compagnie des mines d'uranium de Franceville (COMUF), 1946-1958 », *Outre-mers. Revue d'histoire,* T.100, n° 374-375, p.275-297.

OLSEM Jean-Pierre, *L'énergie dans le monde : stratégie face à la crise,* Paris, Hatier, 1984.

PAUCARD Antoine, 2008, *La mine et les mineurs d'uranium français. Tome IV, Volume I, D'une euphorie à l'autre, temps curieux, curieux temps (1974-1986 et après),* Paris, Areva.

TURPIN Frédéric, 2008, « Le passage à la diplomatie bilatérale franco-africaine après l'échec de la Communauté », *Relations internationales,* n°135, p.25-35.

La contribution du couvert forestier au développement économique de la Côte d'ivoire (1960-1980)

Dr Konan Alain BROU,
Assistant,
UFR des Sciences de l'Homme et de la Société,
Université Félix Houphouët Boigny d'Abidjan, Côte d'Ivoire.
e-mail: broukoanalain@gmail.com,

Samuel BOKA,
Doctorant,
UFR des Sciences de l'Homme et de la Société,
Université Félix Houphouët Boigny d'Abidjan, Côte d'Ivoire.
e-mail: shemouelboka@gmail.com

Résumé

L'exploitation des ressources forestières a été une activité importante tout au long des 67 (soixante-sept) années de colonisation française en Côte d'Ivoire. Cette exploitation, basée sur la coupe de bois et la mise en place d'une économie de plantation, avait permis à la métropole d'engranger des devises considérables. En 1960, lorsque la Côte d'Ivoire accède à l'indépendance, la préoccupation pour les nouveaux dirigeants était de penser autrement le développement du pays. Ils ont misé de prime abord sur l'agriculture avec le développement des plantations de café et de cacao ainsi que l'exploitation des bois de grume. Cette exploitation du couvert forestier a donné des résultats satisfaisants, car durant les deux premières décennies de l'indépendance, la Côte d'Ivoire a connu une embellie économique. Cependant, cette politique économique basée sur l'exploitation de la forêt a contribué à diminuer considérablement le couvert forestier de la Côte d'Ivoire. Pour remédier à cette situation, l'État ivoirien a initié plusieurs actions pour restaurer le couvert forestier du pays.

Mots clés : Agriculture, Côte d'Ivoire, Développement économique, Forêt, Reboisement.

Abstract

The exploitation of forest resources has been an important activity throughout the 67 years of French colonization in Ivory Coast. This exploitation based on logging and the establishment of the plantation economy had enabled the metropolis to earn considerable foreign exchange. In 1960, when Ivory Coast gained independence, the concern for the new leaders was to think differently about the country's development. They initially focused on agriculture with the development of coffee and cocoa plantations and the exploitation of log wood. This exploitation of the forest cover has yielded satisfactory results because during the first two decades of independence, Ivory Coast experienced an economic upturn. However, this economic policy based on forest exploitation has contributed to a considerable reduction in Ivory Coast's forest cover. To remedy this situation, the Ivorian State has initiated several actions to restore the country's forest cover.

Keyword: Agriculture, Ivory Coast, Economic development, Forestry, Reforestation.

Introduction

En 1960, la majorité des colonies françaises d'Afrique accède à l'indépendance. Il faut maintenant penser au développement. Pour ce faire, des politiques économiques ont été mises en place. Mais pour ces «jeunes États», réaliser un développement économique relève d'un exploit au regard des difficultés rencontrées pour atteindre un tel objectif. Les deux premières décennies après son indépendance ont été révélatrices pour ce pays qui a connu une performance économique considérable. Cela a été possible grâce aux exportations qui ont atteint environ 40 % du Produit Intérieur Brut (PIB). Quant au taux d'investissement, il s'est élevé à 25 % et la productivité du capital a avoisiné 30 % (Minigra, 1999, p. 12). Lorsqu'il s'agit de développement économique, il importe de connaître ses fondements. En ce qui concerne la Côte d'Ivoire, son développement s'est largement basé sur l'agriculture et l'exploitation forestière. Cependant, cette dynamique du développement focalisée sur ces deux secteurs d'activité économiques a fortement dégradé le couvert végétal. C'est ainsi que vu l'importance que représente le couvert forestier pour l'économie, l'État de Côte d'Ivoire a mené des actions pour sa restauration. L'étude sur l'importance de la forêt dans le développement économique de la Côte d'Ivoire a fait l'objet de recherches de la part des auteurs, à l'instar d'A.A. Hauhouot (1992) qui s'est intéressé à la régression du couvert forestier ivoirien due à l'agriculture intensive et à l'exploitation forestière. C'est aussi le cas de J.C. Arnaud et G. Sournia (1979). Ces deux auteurs ont montré l'importance que revêt l'exploitation du bois dans l'économie de la Côte d'Ivoire. Cette exploitation, combinée au développement de l'économie de plantation, a été à la base de la diminution du couvert forestier de la Côte d'Ivoire. Quant à A. Sawadogo (1974), il s'est penché sur l'agriculture comme pilier du développement économique de la Côte d'Ivoire. Or qui dit agriculture, dit occupation tous azimuts des zones forestières du pays. Ce qui allait conduire inéluctablement à la régression du massif forestier des différentes régions de la Côte d'Ivoire. Lorsque l'on décide de se pencher sur la contribution du couvert forestier au développement économique de la Côte d'Ivoire, cela revient à emboîter le pas à ces éminents auteurs, afin de percevoir l'importance de la forêt dans la croissance économique de ce pays durant les deux premières décennies après les indépendances. Cela dit, l'objectif de cette étude est de montrer la place qu'occupait la forêt dans la politique de développement économique de la Côte d'Ivoire de 1960 à 1980, mais aussi les actions menées par l'État ivoirien pour tenter de reconstituer le couvert forestier en régression. En 1960, la Côte d'Ivoire indépendante devait penser à construire un État moderne dont les bases devraient être assurées par une économie dynamique et durable. L'économie coloniale étant en grande partie focalisée sur l'économie de plantation et d'exploitation des ressources de la forêt, les nouveaux dirigeants décidèrent de faire de ces deux activités les bases du décollage de l'économie postcoloniale en l'absence d'un secteur industriel. Partant de ce fait, l'on se pose la question : quelle a été la contribution de la forêt à l'essor économique de la Côte d'Ivoire de 1960 à 1980 et quelles actions l'État a-t-il menées pour sa préservation ? Pour mener à bien cette étude empirique, nous avons collecté à la bibliothèque de la Faculté des Lettres et Sciences Humaines (FLASH), mais aussi sur internet, les documents relatifs au développement économique de la Côte d'Ivoire, des rapports d'activité des structures en charge de la gestion forestière, des rapports de fin de stage sur le développement et les activités pour préserver la forêt. Ils ont contribué à mieux apprécier la contribution de la forêt au développement de la Côte d'Ivoire et les actions de l'État pour sa restauration. Par ailleurs, nous avons eu recours à des tableaux et à des graphiques pour analyser des phases de croissance et de décroissance au niveau des activités économiques liées à l'exploitation de la forêt. Dans cet article nous évoquerons de prime abord la place de la forêt dans le développement économique de la Côte d'Ivoire. Ensuite l'on s'intéressera à l'impact de ce développement sur le couvert forestier et les actions des autorités en vue de sa restauration.

1. L'apport de la forêt au développement de la Côte d'Ivoire

La forêt ivoirienne selon le directeur de Cabinet du ministère en charge de l'Environnement, B. Fofana (2018) était estimée à *plus* de 16,5 millions d'hectares (ha) à l'indépendance en 1960. Ce couvert forestier qui regorge assez d'essences de valeur présente selon A.A. Hauhouot (1992, p. 359) d'importantes nuances dues aux particularités des domaines climatiques et à la diversité des formations édaphiques. En effet la forêt ombrophile ou primaire occupe les zones à forte pluviométrie. Elle couvre les régions du Sud, de l'Ouest et du Sud-ouest. Quant à la forêt mésophile, on la rencontre de préférence dans les zones marquées par une faible pluviométrique, à savoir les régions d'Abengourou, de Divo, de Gagnoa et de Daloa (A.A. Hauhouot, 1992, p. 359). Les forêts claires quant à elles, sont localisées au nord de la Côte d'Ivoire. Elles ont la particularité d'être dépourvues d'essences précieuses, mais jouent un rôle dans le maintien de l'équilibre écologique. L'apport de la forêt au développement économique de la Côte d'Ivoire apparaît au niveau de l'activité liée à l'exploitation forestière et à celle de l'agriculture.

1.1. L'exploitation forestière en Côte d'Ivoire de 1960 à 1980

L'exploitation forestière peut se définir comme l'ensemble des opérations relatives à l'abattage des arbres et à l'extraction hors de la forêt de leurs troncs, ou d'autres parties utilisables, aux fins de leur transformation successive en produits industriels (Eaux et forêt, 2018, p. 17). En Côte d'Ivoire, l'exploitation commencée pendant et après la colonisation s'est intensifiée à partir de 1960. Au départ, c'était l'acajou de Bassam qui faisait l'objet d'une exploitation intensive. Mais, suite à l'épuisement de l'acajou dans la région d'Assinie, l'exploitation s'est étendue à d'autres régions et par la même occasion, d'autres essences ont commencé à intéresser les exploitants pour leur valeur sur le marché international. Si des essences comme l'avodiré, le makoré, le niangon, l'azobé, le bodia, et le melegba sont propres à la zone de forêt dense ombrophile comme le soulignaient J. C. Arnaud et G. Sournia (1980, p. 30), il faut tout de même noter que certaines essences exploitées étaient indifférentes aux zones climatiques et se rencontraient à l'Est, au Sud-est, à l'Ouest et au Sud-ouest. Il s'agit du fromager, le tiama, le kossipo, le movingui, l'amazakoué, l'aïele, l'Azodaudoussio, l'iroko (J. C. Arnaud, G. Sournia, 1980, p. 30). L'exploitation de ces essences a joué un rôle indéniable dans l'essor économique que la Côte d'Ivoire a connu entre 1960 et 1980. La production de bois s'est surtout développée à partir de l'indépendance pour répondre aux besoins croissants du marché national en pleine extension, mais aussi à la forte demande des pays industrialisés. Cette évolution de l'industrie du bois fait ressortir quelques périodes décisives.

	Consommation locale en M³	Exporté en M³	Total en M³	Valeur en milliards FCFA
Sciage	268 000	284 000	552 000	12 530
Déroulés tranchés	700	37 000	37 700	1 020
Contreplaqués	24 200	14 600	38 800	1 143
Total	292 900	335 600	628 800	15 693

(Source : J. C. Arnaud et G. Sournia G., 1979, p. 296)

Tabl. 1. Production et valeur de bois œuvré en 1976

De 1960 à 1964, l'approvisionnement du marché domestique fit un progrès remarquable avec une vingtaine d'usines de transformation du bois. Vint ensuite une période de plafonnement de 1965 à 1972. Mais de 1972 à 1977, on note une brusque augmentation du nombre des usines, qui passe à 80. La capacité de traitement qui avoisinait le million m³ auparavant atteignait durant la période 1972-1977 environ 2 millions de m³ (A.A. Hauhouot, 1992, p. 361). En effet, de 650 000 m³ en 1958, la production est passée à 4 275 000 m³ en 1969, puis à plus de 5 100 000 m³ en 1973 et 1976 (J. C. Arnaud, G. Sournia, 1979, p. 294). L'on constate que le bois scié est utilisé en grande quantité en Côte d'Ivoire. Il sert dans la fabrication des meubles, mais aussi dans le bâtiment (charpente). Cependant, la quantité exportée est supérieure à la consommation locale. Elle occupe 51,44 % de la production totale de bois sciés. Les contreplaqués représentent une part importante de la production de bois œuvré. À ce niveau, la consommation intérieure est supérieure à la quantité exportée. Cela s'explique par l'existence d'un marché intérieur «prolifique» pour cette matière, surtout dans le domaine du bâtiment et des meubles. Quant aux déroulés tranchés, l'exportation est privilégiée au détriment du marché local. Dans l'ensemble, la production de bois œuvré a procuré des revenus substantiels à la Côte d'Ivoire. On a comptabilisé des recettes de 15 693 milliards de FCFA, dont 12 530 milliards de FCFA pour le bois scié, soit 79,84 % des recettes totales. L'industrie du bois était en pleine croissance en Côte d'Ivoire. Que ce soit les entreprises familiales européennes, les exploitations individuelles tenues par les Libanais et surtout des Ivoiriens, la transformation et la commercialisation du bois en grume ou débité étaient assurées (J. C. Arnaud, G. Sournia, 1979, p. 292). L'importance de l'activité était telle que l'on comptabilisait 80 scieries et usine en 1977. Elles étaient par ailleurs de grandes pourvoyeuses d'emplois. En la matière, elles occupaient en 1977, une main-d'œuvre estimée à 13 000 personnes dont 70 % sont constitués de manœuvres sans qualification, en général étrangers à la région (J. C. Arnaud, G. Sournia, 1979, p. 292). En outre, l'accroissement de la demande de bois, à l'intérieur comme à l'extérieur de la Côte d'Ivoire, et l'épuisement d'anciennes zones d'exploitation ont contraint les exploitants à se diriger vers le Nord-ouest, l'Ouest et le Sud-ouest du pays à la faveur de la construction du port de San Pedro en 1971 et du bitumage de la route San Pedro-Biankouma en 1978. En effet ces nouvelles zones d'exploitation, surtout l'ouest et le Sud-ouest ont attiré les exploitants plus qu'auparavant parce qu'on y trouvait les essences qui se faisaient rares dans les anciennes zones d'exploitation. En outre, les conditions d'exploitations se sont améliorées et l'écoulement du bois se faisait aisément avec la création du port de San-Pedro. Cela dit, l'exploitation forestière a apporté d'énormes dividendes à la Côte d'Ivoire comme l'atteste le graphique n° 1.

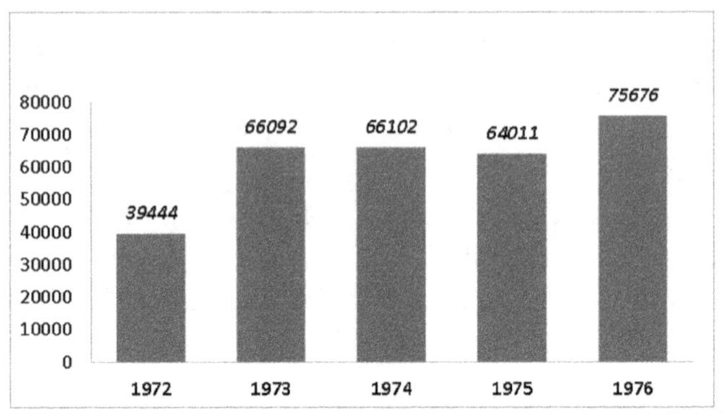

(Source : J. C. Arnaud et G. Sournia, 1979, p. 298)

Graph. 1. Valeur du bois exporté par la Côte d'Ivoire de 1972 à 1976 en milliards de FCFA

De 1972 à 1974, la valeur des exportations du bois de la Côte d'Ivoire a connu une hausse. En effet, de 39 444 milliards de FCFA, l'on est passé à 66 102 milliards de FCFA, soit une augmentation de 26 658 milliards de FCFA. Cette augmentation des revenus tirés de l'exportation trouve son explication dans le développement de l'industrie de bois. Le couvert forestier procurait des essences en quantité suffisante pour satisfaire le marché extérieur en hausse. Cependant, une baisse fut constatée au niveau de la valeur des exportations en 1975 liée à la diminution des quantités exportées, mais aussi au déplacement des zones de production vers l'ouest et le Sud-ouest. La reprise a été « fulgurante » avec des exportations atteignant une valeur de l'ordre de 75 676 milliards de FCFA en 1976. Lorsque l'on compare cette valeur à celle de 1975, l'on remarque une augmentation de 11 665 milliards de FCFA. Ce qui avait permis de compenser les pertes subies un an plus tôt. En somme, les industries du bois ont constitué jusqu'en 1967 le premier secteur industriel du pays. En 1976 avec un chiffre d'affaires 75 676 milliards de FCFA (7,4 % du total des industries ivoiriennes), elles occupaient la dixième place dans les secteurs industriels du pays. Leur importance économique était essentielle en dehors d'Abidjan et de Bouaké où, avec 25 % du chiffre d'affaires réalisé, elles occupaient la première place (J. C. Arnaud, G. Sournia, 1979, p. 298). Par ailleurs, avec 13 500 travailleurs en 1976 elles constituaient le premier secteur industriel ivoirien pour l'emploi avec 23,4 % des emplois industriels ivoiriens (44,3 % des emplois industriels en dehors d'Abidjan et de Bouaké) (J. C. Arnaud, G. Sournia, 1979, p. 298). Du fait que la Côte d'Ivoire est connue pour le dynamisme de son agriculture, il importe de souligner que ce secteur agricole a été une des bases de l'économie ivoirienne grâce au couvert forestier.

1.2. Le développement agricole durant les vingt premières années de l'indépendance

Le succès économique de la Côte d'Ivoire est lié en partie au dynamisme de son secteur agricole. Le pays a pu compter sur le couvert forestier pour son développement grâce à l'économie de plantation depuis la période coloniale. Quand on parle de l'agriculture en Côte d'Ivoire, il y a d'un côté les cultures vivrières et de l'autre les cultures industrielles ou d'exportation. Les cultures vivrières assurent l'autosuffisance des ménages. Elles procurent également des revenus à certaines catégories de la population surtout les femmes qui se sont spécialisées dans la production, la commercialisation et la distribution de cultures vivrières. Quant aux cultures de rente ou d'exportation qui nous intéressent particulièrement dans cette étude, elles sont dominées par le binôme café-cacao. Ces deux cultures constituent le pilier même de l'économie de la Côte d'Ivoire par les superficies plantées comme le montre le tableau n° 2.

	1971	1973	1975	1977	1979	1980
Café	841	6 645	7 361	8 903	9 478	9 157
Cacao	6 817	8 071	16 126	20 930	-	-

(Source : Ministère de l'Agriculture, annuaire des statistiques agricoles, 1978, Abidjan, 100 p, pp.87-88)

Tabl. 2. Évolution des superficies de café et cacao encadré par la SATMACI de 1971 à 1980 en hectares (ha)

Le constat est que les superficies de café et de cacao encadrées par la Société d'Assistance Technique et la Modernisation de l'Agriculture en Côte d'Ivoire (SATMACI) ont été en nette évolution de 1971 à 1980. Cette évolution s'explique par l'importance que revêtent ces deux cultures pour les populations et pour l'État de Côte d'Ivoire. L'on remarque qu'une part belle est faite au cacao par rapport au café. En effet, la culture du cacao a supplanté celle du café après le déplacement du front pionnier des forêts de l'Est et du Sud-est en direction de l'Ouest, du Sud-ouest et du Nord-ouest à partir de 1970. En outre, les paysans trouvaient difficile le travail dans les champs de café, sans oublier la différence au niveau du prix d'achat qui était souvent favorable au cacao. De ce fait, bon nombre se sont tournés vers la culture du cacao. Durant les deux premières décennies de l'indépendance, le café et le cacao étaient les produits les plus importants de la Côte d'Ivoire ; par ricochet, ces cultures ont permis à l'État d'engranger des recettes considérables.

Cependant, pour ne pas être dépendant de ces deux cultures du fait de la fluctuation des cours mondiaux, l'État a mené une politique de diversification des produits agricoles[1]. L'objectif de cette politique était de rééquilibrer l'économie et d'éviter la chute des recettes d'exportation des produits agricoles. Pour soutenir cette politique de diversification et vulgariser ces nouveaux produits agricoles, l'État a créé des entreprises publiques dont les actions ont porté sur la production, l'encadrement, la transformation et la commercialisation. L'État, connaissant la mentalité des paysans et leur pragmatisme, a voulu susciter, enseigner, éduquer, le monde paysan dans le domaine de la production par des exemples pratiques. Il s'est doté à cet effet des structures d'encadrement du monde paysan et en même temps a doté l'État de nouvelles sources de revenus (L. E. Settié, 1997, p. 114). Il s'agissait entre autres de la Société pour le Développement du Palmier (SODEPALM) ; la SATMACI ; de la Motorisation de l'Agriculture (MOTORAGRI). Ces sociétés dont la participation était assurée à 100 % par l'État ont permis dans un premier temps à celui-ci de combler le déficit industriel

---

1. La diversification des produits s'est entendue à l'ensemble du pays. Elle a concerné en zone forestière les cultures comme le palmier à huile, le cocotier et l'hévéa. Dans la zone savanicole, nous avons le coton, l'anacarde, la canne à sucre.

hérité de la colonisation[2]. Dans un deuxième temps, elles ont permis non seulement de créer des emplois, mais de redynamiser également la production des paysans dont les revenus générés par les exportations ont fortement financé le développement et contribué au bien-être de la population comme l'indique le graphique n° 2.

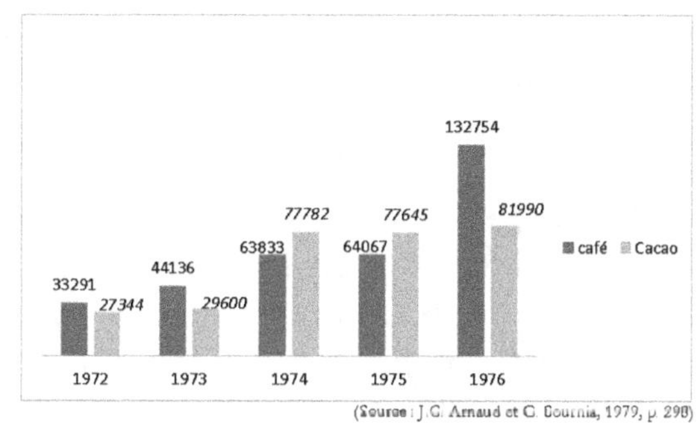

(Source : J.C. Arnaud et C. Cournia, 1979, p 298)

Graph. 2. Valeur des exportations de café et cacao de Côte d'Ivoire de 1972 à 1976
en milliards de FCFA

Les données du graphique indiquent une croissance de la valeur des exportations de café et de cacao en Côte d'Ivoire. De 33 291 milliards de FCFA en 1972 pour le café, l'on atteint 132 754 milliards de FCFA en 1976. Cette augmentation résultait de l'évolution des superficies et de la production, mais surtout du prix pratiqué qui donnait satisfaction. Le même constat est fait au niveau du cacao. La valeur des exportations du cacao était en nette évolution même si une légère baisse a été enregistrée entre 1974 et 1975. Les cours ont repris de plus belle en 1976 avec un montant de 81 990 milliards de FCFA, soit une augmentation de 4 345 milliards de FCFA par rapport aux montants de 1975 qui était 77 645 milliards de FCFA. La contribution du couvert forestier au développement de l'agriculture en Côte d'Ivoire est indéniable. Elle a permis à la Côte d'Ivoire de se classer parmi les pays à revenu intermédiaire. Son PIB a ainsi connu une augmentation en terme réel de 7 % par an durant les années 60 et 70 (A. H. Koua, 2007, p. 1). Ce

---

2. La politique coloniale de la France dénie le développement industriel dans ses colonies afin d'éviter la concurrence avec la métropole. Elles ont pour rôle de fournir aux industries de la métropole des matières premières.

secteur représentait plus de 30 % du PIB et employait plus de 50 % de la population active. En d'autres termes, ce sont par exemple plus de 2 350 000 personnes qui sont concernées par la production du café et de ses activités annexes comme le transport des produits, l'industrie, la commercialisation (Ministère de l'Économie et des Finances : la Côte d'Ivoire en chiffre, édition 80-81, 1980, p. 117).

En somme, les recettes provenant des exportations du café, du cacao et du bois ont largement alimenté les caisses de l'État notamment la Caisse de Stabilisation et de Soutien des Prix des Produits Agricoles (CSSPPA). Cette caisse à travers le Budget Spécial d'Investissement et d'Équipement (BSIE) a permis le financement de plusieurs projets. Elle a permis à la Côte d'Ivoire de se doter en infrastructures économiques et sociales. Les avoirs de ce budget qui étaient de 20 000 millions en 1968 ont atteint les 257 215 millions en 1978 (Ministère de l'Économie et des Finances : la Côte d'Ivoire en chiffre, édition 80-81, 1980, p. 63). Ces chiffres ont montré le dynamisme des activités forestières dans le développement économique de la Côte d'Ivoire. En effet, le PIB du secteur primaire est passé de 1 220 000 000 à 2 253 720 000 FF, soit une progression de 6,4 % l'an (A. Sawadogo, 1974, p. 88). En matière de distribution de revenus, l'agriculture fournit à une bonne partie de la population les ressources de son autoconsommation et ses rentrées d'argent. L'intensité des efforts déployés par la Côte d'Ivoire en faveur du développement de son agriculture s'explique par l'absence d'autre alternative et par la place de ce secteur dans la vie politique (A. Sawadogo, 1974, p. 89). Malgré le fait que le couvert forestier ait été indispensable au développement de la Côte d'Ivoire, il faut tout de même noter que la surexploitation dont il a été l'objet de 1960 à 1980 a causé sa dégradation ; d'où des actions de la part de l'État pour tenter de le restaurer.

2. Les conséquences du développement sur la forêt et les solutions de l'État

Les activités forestières (exploitation forestière et agriculture) ont largement contribué à l'essor économique de la Côte d'Ivoire. Cet essor économique s'est opéré au détriment de la forêt. Ce qui a conduit les autorités à mener des actions en vue de sa restauration.

2.1. La dégradation du couvert forestier ivoirien

Selon G. Buttoud (2001, p. 248), la déforestation est «un phénomène ou des phénomènes conduisant à la disparition de la forêt sur un espace donné». Ce phénomène a eu pour principaux acteurs l'État ivoirien de prime abord à travers ses sociétés d'intervention et ses programmes de développement, ensuite les exploitants forestiers, enfin les agriculteurs (A.A. Hauhouot, 1992, p. 361). À partir de 1970, la combinaison des actions des sociétés d'intervention telles que l'Aménagement de la Vallée du Bandama (AVB), l'Aménagement de la Région du Sud-Ouest (ARSO) et des grandes entreprises agricoles à participation étatique ont accentué le processus de déforestation. Par ailleurs, la délivrance par les pouvoirs publics de permis d'exploitation de façon massive a contribué à la dégradation des couverts forestiers. En effet, pour répondre à l'appel du marché par le biais des cultures d'exportation, la ruée paysanne sur les massifs forestiers est allée dans le même sens que l'action des pouvoirs publics. Elle fut intense à partir de la seconde décennie de l'indépendance. Ainsi, les fronts pionniers ont été à la base de la déforestation de l'Est et du Sud-est par les défrichements expéditifs et les grandes exploitations agricoles. Le déplacement de ce front pionnier à l'Ouest et au Sud-ouest a eu aussi le même effet. Enfin, l'une des principales utilisations de la forêt par les populations ivoiriennes a été l'extraction des ligneux sous la forme de bois de feu ou de charbon de bois. La consommation de ces combustibles ne cesse de croître (A.A. Hauhouot, 1992, p. 362). Estimée à environ 16 millions d'hectares (ha) au début de l'indépendance, la superficie forestière s'est dégradée pour atteindre près de 5 millions d'hectares (ha) en 1980. Tout débute au lendemain de l'indépendance, lorsque l'exploitation forestière a connu sa «*vitesse de croisière*» du fait de la politique du développement économique basée sur les produits d'exportation, dont le bois. Les premiers chantiers du fait de leur épuisement en bois d'œuvre ont conduit à l'ouverture d'autres chantiers dans d'autres régions forestières du pays. Le tableau n° 3 nous donne un aperçu de la disparition du couvert forestier de la Côte d'Ivoire dans chaque grande région.

Nous remarquons une évolution très rapide de la dégradation du couvert forestier. Les régions du Centre-nord, du Nord-est et du Sud-est avec respectivement des taux de disparition de 6,9 % ; 7,5 % et 7,5 % sont les régions les plus touchées par la déforestation. Cela s'explique par le fait que ces régions furent les points de départ des exploitations forestières, mais également des cultures d'exportation. Le Centre-sud et l'Ouest n'ont pas connu une forte exploitation forestière comme à l'Est. Cela est dû probablement à la forte densité de la forêt qui ne favorisa pas la pénétration de l'homme. Il y avait aussi le problème d'évacuation des billes de bois à cause du manque d'infrastructures routières et les cours d'eau n'étaient pas aisément praticables comme ceux de l'Est. Cette situation allait littéralement changer lorsque l'épuisement des terres cultivables et des essences de bois a été constaté dans ces zones précitées.

Zone d'inventaire	Surface totale	Surface en 1966	Surface en 1977	Taux de déforestation en %
Nord-ouest	2.132.000	746 000	615 000	1,6
Sud-ouest	2.582.000	1.960.000	170 000	1,2
Centre-nord	3.612.400	2.390.000	490 000	6,9
Centre-sud	1.730.000	1.209.000	849 000	2,7
Nord-est	3.600.000	1.373.000	240 000	7,5
Sud-est	2.554.000	1.652.000	290 000	7,5
Total	15.671.300	8.979.000	4.184.000	4,8

(Source : Encyclopédie générale de la Côte d'Ivoire, NEA, Abidjan, T II : *l'État et l'économie*, 1978, 1187, p.519)

Tabl. 3. Dégradation du couvert forestier par région en 1966 et en 1977 en hectare (ha)

Ce qui avait conduit les exploitants forestiers et les paysans à se tourner vers les zones forestières de l'Ouest et du Sud-ouest. Dans l'ensemble, la dégradation a été très rapide, car la Côte d'Ivoire a connu l'un des taux de déboisement les plus rapides au monde (UICN, 1996, p. 154). En effet, l'exploitation a ouvert la porte aux planteurs. Elle a ainsi fait perdre à la forêt son caractère sacré et à la merci des fronts pionniers sur toute l'étendue du territoire (F. Lauginie, 2007, p. 21). De très grandes superficies de forêts ont été défrichées pour créer des plantations de café et de cacao. En 1979, comme le soulignait B. Dian (1985, p. 23), les superficies occupées par ces deux cultures étaient estimées à 2 308 500 hectares (ha), dont 1 596 000 hectares (ha), soit 69,1 % en production. En outre, la politique de diversification des cultures surtout en zone forestière a été aussi dévoreuse d'espace. C'est le cas du plan palmier qui a connu un véritable succès au détriment du couvert forestier. Ce sont 89 904 hectares de forêts qui ont été détruits en 1978 pour créer des plantations. Au total, la politique de développement économique basée sur l'agriculture et l'exploitation de bois a permis à la Côte d'Ivoire, durant les deux premières décennies de son indépendance, de se hisser au rang des pays à économie intermédiaire. Cette embellie économie a cependant contribué à la dégradation du couvert forestier du pays. Face aux dangers qui se profilaient à l'horizon (désertification, problème climatique, baisse des productions agricoles), les autorités ivoiriennes ont jugé bon de s'attaquer aux problèmes de la déforestation afin de restaurer quelque peu le couvert forestier de la Côte d'Ivoire.

2.2. Les actions de lutte contre la déforestation en Côte d'Ivoire

Le gouvernement ivoirien ayant pris conscience de la tragédie que vivait la forêt ivoirienne jadis luxuriante; a décidé de réagir. Cette réaction dans un premier temps, s'est traduite par le renforcement de la réglementation forestière en Côte d'Ivoire, par l'adoption de deux importantes lois : la loi n° 65-255 du 4 août 1965, relative à la protection de la faune et à l'exercice de la chasse et la loi n° 65-425 du 20 décembre 1965, portant Code forestier (Ministère des eaux et forêts, 2015, p. 2). Cette dernière loi, en ses articles 5 et suivants, a défini le domaine forestier de l'État, les aires de protection et de reboisement, ainsi que les catégories de droits qui existent dans le domaine forestier. En outre, le Code forestier de 1965 qui a prévu la constitution de réserves et de forêts classées a aussi réglementé l'exercice des droits coutumiers et la délivrance des concessions d'exploitation forestière dans les forêts du domaine de l'État. D'autres textes d'application sont venus préciser plus tard l'esprit de protection du gouvernement de la forêt ivoirienne en dégradation continue. L'on peut citer l'un des plus importants, à savoir le décret n° 78-231 du 15 mars 1978 qui subdivise le domaine forestier de l'État en deux domaines. D'une part le domaine forestier permanent de l'État qui renferme les forêts classées et les sites écologiques protégés et d'autre part le domaine forestier rural de l'État qui initialement constituait une réserve de terres pour les opérations agricoles (Ministère des eaux et forêts, 2015, p. 3). Ce qu'il convient de retenir, c'est que devant le risque de disparition du patrimoine forestier, des actions ont été entreprises par les autorités politiques pour sauvegarder la forêt. Il s'agit entre autres de la protection de certains massifs forestiers appelés forêts classées et du reboisement. Des dispositions réglementaires tendant à préserver le couvert forestier et d'autres mesures visant à améliorer de l'état des forêts ivoiriennes ont été mises en place.

Ces dispositions ont été définies et conduites par des services publics parmi lesquels le Centre Technique Forestier Tropical (CTFT) et la Société de Développement des Forêts (SODEFOR) qui étaient les plus actifs (A.A. Hauhouot, 1992, p. 363). La SODEFOR, créée en 1966, avait pour mission la réalisation de 500 000 hectares (ha) de forêt au rythme de 10 000 hectares (ha) par an. Pour réussir sa mission, la replantation devait se faire à partir d'essences à haut rendement que le CTFT était censé mettre au point. En outre, les autorités ivoiriennes ont jugé utile d'associer les populations rurales à la lutte contre la déforestation par la sensibilisation. Elles étaient déjà engagées sans le savoir peut-être avec la création des forêts sacrées qui constituent des sanctuaires pour la conservation de la biodiversité. Le classement et la protection de massifs forestiers de la Côte d'Ivoire qui dataient de la colonisation ont été poursuivis à l'indépendance. Dans cette politique de restauration du couvert forestier, le reboisement a été une des actions maîtresses. En effet, la reconstitution forestière par plantations industrielles a été une priorité. Commencée à l'époque coloniale, la création de plantations forestières a été vulgarisée et intensifiée par les autorités pour faire face à la dégradation du couvert forestier. Cette stratégie de création de plantations forestières a été menée par la SODEFOR qui détermine la technique et la méthode appropriées pour mener de telles opérations. Pour ce faire, elle a adopté la technique de haute densité qui a consisté à créer des plantations industrielles, c'est-à-dire des plantations de très grandes densités appelées aussi reboisement intensif. Ces plantations peuvent atteindre 500 hectares (ha) d'un seul tenant par la méthode manuelle et 100 hectares (ha) d'un seul tenant selon la méthode mécanisée. En matière de résultats, ce sont 37 826 hectares (ha) de plantations forestières que la SODEFOR a créées vers la fin des années 70. Le teck sera l'espèce la plus plantée dans ce reboisement. La SODEFOR n'a certes pas pu planter 500 000 hectares (ha) de teck comme prévu, mais 63 000 hectares (ha) d'essences diverses ont été réalisés tout de même. Le deuxième volet dans la protection du couvert forestier ivoirien a concerné la création des parcs et réserves. Pour ce faire, les autorités ont mis en place le Code forestier de 1965. Celui-ci, reprenant les forêts classées, a reparti le couvert végétal en trois domaines comme noté plus haut. Concernant le Domaine Forestier Permanent (D.F.P) de l'État (constitué essentiellement de forêts classées et parcs nationaux), il devait permettre de produire et garantir l'équilibre écologique du pays. Il fallait donc mettre en réserves certains massifs pour les générations futures. Ce domaine qui comprend les forêts classées et les réserves devrait couvrir 3 millions d'hectares (ha) en zone de forêt dense et 1,7 million d'hectares (ha) en zone de savane (Ministère de l'Agriculture et des eaux et forêts, 1984, p. 30). Pour ce qui est du Domaine Forestier des Collectivités et des Particuliers (D.F.C.P) et du Domaine Forestier Rural (D.F.R), ils devaient constituer une réserve de terre pour les opérations agricoles. Et en attendant leur aménagement, ils sont exploités pour leurs bois. Ces domaines couvraient une superficie de 731 750 hectares (ha) répartis en 53 massifs du domaine classé. Bien que classés, ces domaines n'étaient pas interdits aux exploitations de bois, mais interdits à l'agriculture qui était dévoreuse d'espace. Ces classements n'ont été en partie possibles que grâce aux opérations de délimitation menées par la SODEFOR. L'importance des forêts classées pour la préservation du couvert forestier était telle que dès 1960, la Côte d'Ivoire a classé 324 forêts d'une superficie de 4,2 millions d'hectares (ha) (T. Kassoum, 2018, p. 4389).

Conclusion

Au terme de cette étude, nous pouvons retenir que le couvert forestier en Côte d'Ivoire a été indispensable à son développement économique. D'une superficie de 15,6 millions d'hectares (ha) en 1960, la « générosité » de « dame nature » a favorisé de prime abord une intense activité d'exploitation forestière débutée pendant la période coloniale. Cette activité s'est intensifiée durant les deux premières décennies de l'indépendance. Commencée dans les zones forestières du Sud, de l'Est et du Sud-est, l'exploitation s'est déplacée à partir de 1970 vers les zones forestières de l'Ouest, et du Sud-ouest à cause de la diminution des superficies et des essences exploitables. Au regard des quantités de bois exploitées qui avaient atteint leur niveau le plus élevé en 1977 (5 321 000 m 3), l'on peut affirmer que l'exploitation forestière a été une activité importante dans l'économie ivoirienne. Ce fut aussi le cas de l'économie de plantation. L'agriculture avec le binôme café-cacao a permis à la Côte d'Ivoire d'engranger d'énormes bénéfices de la vente de ces deux produits de rente. Ce succès est à mettre au compte du couvert forestier qui a favorisé le développement de cette économie de plantation depuis la période coloniale. Il n'était pas étonnant de constater que de 1960 à 1980, la Côte d'Ivoire soit le premier producteur mondial de cacao, place qu'elle conserve encore actuellement et le troisième producteur mondial de café et sixième mondial à l'heure actuelle. Ce classement flatteur n'a pas été sans conséquence pour le couvert forestier ivoirien. En effet, les défrichements et l'exploitation forestière qui se pratiquaient dans l'anarchie la plus complète ont été responsables d'une extraordinaire dégradation de la forêt en Côte d'Ivoire. L'on a constaté une baisse des superficies de forêts dans les différentes zones forestières. La conséquence a été la diminution des essences exploitables, la diminution de la pluviométrie et la grande sécheresse de 1983 qui a un impact considérable sur les productions agricoles. Pour faire face à la perte du couvert forestier, L'État par l'entremise de la SODEFOR a engagé des politiques de reboisement, ainsi que la création des forêts classées et des réserves forestières. Certes, ces actions ont permis de restaurer des milliers d'hectares de forêts. Cependant, les objectifs de l'État de Côte d'Ivoire ont-ils été atteints ?

Sources, bibliographie et webographie

Sources

Ministère de l'Agriculture, 1978, *Annuaire des statistiques agricoles*, Abidjan, 100 p.
Ministère de l'Agriculture, 1999, *Rapport d'activité*, Abidjan, 80 p.
Ministère de l'Agriculture et des eaux et forêts, 1984, *Plan quinquennal (1986-1990), bilan diagnostic, 1ère partie : les forêts et la production forestière*, Abidjan, 115 p.
Ministère des eaux et forêts, 2015, *Le nouveau code forestier : Enjeux et Perspectives pour une gestion durable du patrimoine forestier ivoirien*, Abidjan, 65 p.
Ministère de l'Économie, des Finances et du plan, 1980, *La Côte d'Ivoire en chiffres édition 80-81*, Abidjan, 324 p.

Bibliographie

ARNAUD Jean-Claude, SOURNIA Gérard, 1979, «Les forêts de Côte d'Ivoire : une richesse naturelle en voie de disparition», *Cahiers d'outre-mer*, n° 127 - 32e année, Juillet-septembre, p. 281-301.
ARNAUD Jean Claude, SOURNIA Gérard, 1980, «Les forêts de Côte d'Ivoire ; essai de synthèse géographique», *Annales de l'Université d'Abidjan*, série G-Géographie, p. 5-93.
BUTTOUD Gérard, 2000, *Gérer les forêts du Sud*, Paris, l'Harmattan.
DIAN Boni, 1985, *L'économie de plantation en Côte d'Ivoire forestière*, Abidjan, NEA.

Eaux et forêts, 2018, «L'exploitation forestière en Côte d'Ivoire», *Magazine d'information du ministère des eaux et forêts*, n° 2, février, Abidjan, p.17.

Encyclopédie générale de la Côte d'Ivoire, 1978, *l'État et l'économie,* Tome II, Abidjan, NEA, Abidjan.

HAUHOUOT Asseypo Antoine, 1992, «Les ressources forestières dans la problématique du développement en Côte d'Ivoire», *Espace géographique*, tome 21, n° 4, p. 357-365;

KASSOUM Traore, 2018, «Le couvert forestier en Côte d'Ivoire : une analyse critique de la situation de gestion des forêts (classées, parcs et réserves)», *The International Journal of Social Sciences and Humanities Invention* 5 (02), p. 4387-4397.

KOUA André Hugues, 2007, *Situation de la production de café en Côte d'Ivoire : cas d'Aboisso, état des lieux et perspectives*, Mémoire de fin d'études pour l'obtention du Diplôme d'Agronomie Approfondie, Agroéconomie, INPHB.

LAUGINIE Francis (2007), *Conservation de la nature et des aires protégées en Côte d'Ivoire*, Abidjan, CEDA/NEI.

SAWADOGO Abdoulaye, 1974, «La stratégie du développement de l'agriculture en Côte d'Ivoire», *Bulletin de l'Association de géographes français*, n° 415-416, 51e année, Mars-avril p. 87-103.

SETTIE Louis Édouard, 1997, *L'État et le processus de développement en Côte d'Ivoire : 1960-1980*, Abidjan, IPNEPT.

UICN, 1996, *Atlas pour la conservation des forêts tropicales d'Afrique*, Paris, Jean-Pierre de Monza.

Webographie

HTTP://www.commodafrica.com/19-02-2018-la-cote-divoire-perdu-pres-de-90-de-ses-forets-en-50-ans, (consulté le 6 novembre 2019).

Les parcours professionnels des cadres de la Gendarmerie nationale : miroir de la politique de formation et de gestion des élites militaires au Gabon (1960-1990)

Dr Sidina Noël MVOU KOUNTA,
Chercheur associé à LAM - *Les Afriques dans le monde*,
UMR 5115, Sciences Po Bordeaux, France.
e-mail: mvounoel@gmail.com

Résumé

En s'appuyant sur les trajectoires professionnelles de quelques officiers de la Gendarmerie nationale gabonaise, cette étude pose la question de la formation des cadres militaires gabonais, celle de la gestion de leurs carrières et, *in fine*, de leur place dans la construction de l'État. Amorcée dans le cadre de l'Union française, la formation des militaires gabonais est revisitée par les accords de défense franco-gabonais de 1960. Les militaires Jacques Mombo, Daniel M'bene, Raphaël Mamiaka et Georges N'Koma font partie de la première génération des Gabonais formés aussi bien dans les centres d'instruction de l'AEF que dans les écoles militaires françaises au tournant de l'indépendance. Si leurs profils ne sont pas très variés, ils font des carrières distinctes. Celles-ci sont influencées aussi bien par les tensions qui surgissent dans leurs rapports avec le chef suprême des armées et les assistants militaires techniques français que les calculs politiques des dirigeants de l'État gabonais. Pendant que certaines élites militaires sont rejetées par le pouvoir politique, d'autres sont récupérées. Par la suite, leurs rapports sont dominés par la collaboration, voire le détournement de certains cadres militaires vers les fonctions politiques.

Mots clés : Gabon, élite, militaire, Gendarmerie, politique, État.

The professional career of the Gabonese Gendarmerie executives: mirror of the training and management policy of military elites in Gabon (1960–1990)

Abstract

Based on the careers of some officers of the Gabonese national gendarmerie, this study raises questions about the creation of Gabonese military leaders, the management process of their careers, and ultimately their place in the construction of the state. The training of Gabonese soldiers that started within the framework of the French Union is revised by the French-Gabonese agreements on defence from 1960. The soldiers Jacques Mombo, Daniel M'bene, Raphaël Mamiaka and Georges N'Koma belong to the first generation of Gabonese who were trained at the AEF training centres and at the French military schools at the time of independence. If their profiles are not very different, they have separate careers. These are influenced as much by the tensions that arise in their relations with the chief of the army and the technical French military assistants, as by the political calculations by the heads of state of Gabon. While some military elites are rejected by political power, others are coopted. As a result, their relationships were shaped by the collaboration, in some cases, some of the military chiefs were engaged into political function.

Keywords: Gabon, elite, military, gendarmerie, politics, state.

Introduction

Comme les autres États africains nés de l'éclatement de l'Empire colonial français, le Gabon se dote des institutions militaires quelques mois après son accession à la souveraineté internationale. Certes, la création hâtive des armées africaines a conduit certains auteurs à affirmer qu'elles ne répondent pas à une nécessité sécuritaire et apparaissent comme un simple signe de souveraineté (M. Fontrier, 2005, p. 355), mais leur mise sur pied trouve sa légitimité dans leur lien avec l'État. À l'instar des autres institutions et services publics, les jeunes nations africaines ne devraient-elles pas mettre immédiatement sur pied des institutions chargées de leur défense et de leur sécurité ? Bien qu'elles soient organisées selon les enjeux de la colonisation, les forces militaires et policières créées sur les territoires africains depuis la période coloniale n'implantent-elles pas quelques bases nécessaires à l'édification des institutions modernes de défense et de sécurité ?

Si la nécessité, ne serait-ce que symbolique, des armées et des forces de police dans les États nouvellement indépendants peut-être prouvée, il faut ajouter que les gouvernements africains sont rapidement confrontés au défi de leur construction et/ou leur développement. La formation des cadres militaires locaux, rares à cette période semble être l'un des grands challenges urgents. Pour le relever, le Gabon bénéficie de l'assistance militaire de la France.

Effectivement, il n'est pas inopiné de rappeler que les indépendances n'abrogent pas les relations des nouveaux États avec leurs anciennes puissances coloniales. Elles se poursuivent et se pérennisent par le biais des accords de coopération conclus à cette période. C'est donc au nom des accords de défense et d'assistance militaire technique que la France accompagne son partenaire gabonais dans la construction de ses forces armées. Les responsabilités étant désormais partagées avec les élus locaux, il s'ensuit une gestion commune marquée par des pratiques néocolonialistes, des rapports complexes d'amitié et d'inimité qui ont un impact sur l'édification des institutions militaires, les carrières de leurs personnels et leur place dans l'État.

Qu'est-ce qu'une élite militaire? Comment se fabriquent les élites militaires gabonaises dans la décennie 1960? À la suite de leur formation, comment ces hommes sont-ils employés dans leur domaine de prédilection? Comment comprendre la diversité de leur parcours initialement homogène et les enjeux qui les entourent?

Les travaux pionniers de Jean-François Owaye (J-F. Owaye, 1997) et Frederick Mba Missang (F. Mba Missang, 2015) donnent des informations générales intéressantes sur la formation des militaires gabonais à l'aube des indépendances. Ils renseignent aussi sur les rapports civils-militaires au Gabon. En raison de l'absence des témoignages des acteurs étudiés, notre contribution privilégie les sources de première main et les dossiers individuels de la première génération d'officiers de la Gendarmerie nationale gabonaise.

À partir de l'examen des parcours professionnels de Jacques Mombo, Daniel M'bene, Georges N'Koma et Raphaël Mamiaka, cette étude se propose, d'une part, de revisiter la politique de formation des élites militaires gabonaises au cours de la première décennie suivant l'indépendance. D'autre part, elle montre les difficultés qui surviennent au cours de cette période ainsi que la diversité des trajectoires des militaires pilotées par les nouvelles autorités politiques.

1. L'assistance militaire technique française et la formation des élites militaires gabonaises

Si le 17 août 1960 est la date de l'indépendance du Gabon, c'est aussi celle de la signature officielle des accords de coopération entre cet État et l'ex-puissance coloniale qui est la France. Loin d'être des simples pans de la politique extérieure du jeune État gabonais, ces accords ont profondément influencé son fonctionnement pendant plusieurs décennies post-indépendance. Dans le domaine militaire, la coopération est entérinée par l'accord de défense et l'accord d'assistance militaire technique. Avec le premier, le Gabon partage la responsabilité de sa défense extérieure et, dans certaines conditions, intérieure avec la France. Le second lui garantit l'investissement de son partenaire dans la mise sur pied de ses institutions militaires, notamment les armées et la gendarmerie, et partant la construction de l'État par la sécurité nationale. La formation des élites militaires constitue un aspect urgent de ce partenariat.

1. 1. La Gendarmerie nationale gabonaise en 1960 : un observatoire privilégié de la carence des cadres militaires africains au temps des indépendances

À la veille de la signature des accords de défense de 1960, il semble que les autorités militaires françaises aient présenté aux Premiers ministres des États africains un programme de mise sur pied et de développement des armées nationales dit «Plan raisonnable». Globalement, il définit les effectifs éventuels des forces locales à transférer aux armées de nouveaux États, les principes de leur organisation et les moyens techniques et financiers (J-F. Owaye, 1997, p. 234).
Mais, c'est précisément à travers l'article 3 de l'accord d'assistance militaire technique que la France s'engage à exécuter ce que l'on pourrait considérer comme la première étape suivant la création des institutions militaires gabonaises, notamment le transfert au Gabon des militaires en service dans les forces armées françaises :

> Les nationaux gabonais servant actuellement dans les forces armées françaises seront libérés, à la demande du Gouvernement de la République gabonaise, de leurs obligations à l'égard de ces forces afin de servir dans les forces armées gabonaises. En particulier, les nationaux gabonais en service dans la gendarmerie française seront transférés au début de l'année 1961 [...][1].

Considérant le plan raisonnable et les dispositions de l'article 3 susvisées, le Premier ministre, chef de l'État Léon M'Ba prend à la même date le décret-loi n° 0019/PM du 30 décembre 1960 portant création de la Gendarmerie nationale gabonaise et la décision n° 2397/MDN-AN portant intégration à cette institution du personnel précédemment en service au Groupement de gendarmerie du Gabon. C'est l'analyse du

---

1. Accord d'assistance militaire technique entre la République française et la République gabonaise, 17 août1960.

contenu de cette décision qui met en lumière le statut des premiers militaires de la force publique gabonaise.

Peut-on parler d'élite militaire gabonaise dans les années 1960? La France a-t-elle réellement anticipé l'édification des armées africaines par la formation des cadres au moment de l'Union française? Ou au contraire, la promotion des auxiliaires africains exclut l'idée d'une indépendance envisagée et révèle les contradictions de la politique française?

Si l'on admet avec Frédérique Leferme-Falguières et Vanessa Van Renterghem (2001, p.62-63) que la relativité de la notion d'élite dépend du type de société étudiée et que ce groupe social n'a de sens que lorsqu'il y a une reconnaissance des autorités en place, on peut dire que l'élite militaire au temps des indépendances africaines n'est rien d'autre que celui que le discours militaire désigne par «cadre». À côté du poste de responsabilité au sein de l'armée, les deux principaux critères attachés à cette notion sont la formation dans une grande école militaire et le grade. De fait, les élites ou cadres de la Gendarmerie nationale gabonaise dans les années 1960 sont les hommes qui possèdent le grade de lieutenant et qui ont généralement suivi une formation ou un stage dans les grandes écoles militaires françaises.

Sur un effectif de 264 militaires affectés à la Gendarmerie nationale gabonaise au 1er janvier 1961, dix-huit intègrent cette «arme» avec le grade de maréchal des logis, quinze avec celui de gendarme de classe exceptionnelle, dix-huit avec celui de gendarme de 1ère classe et 213 avec le grade de gendarme de 2ème classe. Avec le grade de maréchal des logis, le militaire de la Gendarmerie nationale gabonaise le plus gradé, au moment de sa création, est donc un sous-officier. Il n'y a aucun Gabonais possédant le grade de lieutenant.

L'explication de cette situation peut être trouvée dans l'étude de l'émancipation des auxiliaires de la Gendarmerie pendant la période coloniale. Selon Mustapha Benchenane (1983, p. 29), «La promotion des soldats indigènes ne s'inscrivait pas dans le cadre d'une politique visant à créer le noyau des futures armées nationales.» Cette thèse qui peut ailleurs être nuancée semble plausible au regard des résultats obtenus pour le Gabon lors de la création de sa Gendarmerie.

Il n'est pas fortuit de rappeler qu'en matière d'organisation, le personnel de la gendarmerie comprend en situation coloniale deux groupes : d'une part, les officiers et sous-officiers provenant de la Gendarmerie métropolitaine mis par le département des Forces armées à la disposition de celui de la France d'outre-mer ; d'autre part, les auxiliaires de la gendarmerie recrutés dans les colonies. Avec cette ségrégation, la fameuse politique d'assimilation est altérée, car, quel que soit leur évolution en grade ou le savoir-faire acquis dans les centres d'instruction, le traitement conféré aux autochtones fonctionnaires des forces de sécurité ne leur permet pas d'avoir le statut de leurs collègues français ni de prendre le commandement d'une unité. Au sortir de la Seconde Guerre mondiale, la politique d'émancipation des colonisés proclamée dans le cadre de l'Union française ne s'applique véritablement dans le domaine militaire qu'au milieu des années 1950. Mais contrairement à leurs homologues de l'armée coloniale dont la campagne de promotion est amorcée peu avant la promulgation de la Loi-cadre du 26 octobre 1956 (M. Echenberg, 2009, p.214-215.), la Gendarmerie d'outre-mer accuse un retard dans la politique d'africanisation des cadres (C. Evrard, 2016, p. 327). Officiellement, c'est le décret n° 57-1284 du 16 décembre 1957 portant création d'un cadre d'outre-mer de la gendarmerie nationale qui transforme considérablement le statut du personnel auxiliaire. À partir de cette date, ils ont la possibilité d'avoir les mêmes droits que le personnel européen en matière de grade. Autrement dit, les auxiliaires africains peuvent poursuivre une carrière conduisant à l'échelon d'officier. C'est dans cette perspective qu'un centre d'instruction de la gendarmerie d'outre-mer est ouvert à Fréjus, avant la publication du décret, le 15 mars 1957.

Au Gabon, le cas d'Ayenoue Denis relativise toutefois la thèse de la création du cadre d'outre-mer comme point de départ de la promotion des personnels africains de la Gendarmerie d'outre-mer. De profession civile secrétaire dactylo au départ, il est appelé pour l'effort de guerre à partir du 9 septembre 1939. Libéré le 20 juin 1944, il obtient quatre décorations, à savoir la médaille des services volontaires des Forces Françaises Libres (FFL), la médaille commémorative de Guerre, la médaille coloniale avec agrafe Tunisie 1942-1943 et la croix du combattant 1939-1945. En 1952, il est admis dans la gendarmerie comme auxiliaire de 3ème classe. Or, à partir de 1955, il n'est pas rare de voir des auxiliaires adresser des demandes d'accès au grade de gendarme conformément aux conditions prévues par l'article 24 du décret du 2 août 1949 fixant le statut particulier des auxiliaires de gendarmerie en AEF. En engageant cette procédure, sa demande est agréée comme l'atteste cette décision du ministère de la Défense et des forces armées françaises en date du 19 octobre 1956 :

> La demande d'accession au grade de gendarme formulée par l'auxiliaire Ayenoue Denis, du Détachement de gendarmerie de l'AEF-Cameroun, à Libreville, est agréée. L'intéressé sera vraisemblablement convoqué au cours du 1er trimestre 1957 pour suivre au Centre d'Instruction d'Aubagne le stage d'instruction réglementaire[2].

Finalement, avec les gendarmes ayant fait l'objet de la décision n° 03740 DN/GEND-PSO du 30 janvier 1957, il est admis à suivre un stage au centre d'instruction de la 9ème Légion de gendarmerie mobile à Aubagne (Bouches-du-Rhône) le 1er mars 1957. À la fin dudit stage, il est muté à Libreville à compter du 24 septembre 1957.

Nonobstant cette exception et l'admission de quelques Gabonais au stage d'élèves gendarmes du cadre d'outre-mer en France à partir de janvier 1958, la métropole ne parvient pas à former des ressources humaines aptes à prendre en charge le destin de la gendarmerie à l'indépendance. Comme nous l'avons indiqué plus haut, sur les dix-huit sous-officiers intégrés à cette force avec le grade de maréchal des logis, neuf sont gendarmes du cadre d'outre-mer. Aucun militaire recruté à l'époque coloniale n'a eu l'occasion ou le temps de dépasser cet échelon. Du côté des troupes militaires, la situation peu avantageuse est néanmoins différente avec un officier inscrit au tableau des forces originaires du Gabon en 1960, notamment le sous-lieutenant Jacques

---

2. SHD, 2007 ZM1/4472 : Dossier individuel d'Ayenoue Denis.

Mombo. Eu égard à cette carence d'élite autochtone et conformément aux accords conclus le 17 août 1960, la France et le gouvernement gabonais mettent en œuvre la politique de formation de cadres gabonais visant à rattraper le retard accusé pendant la période coloniale, puis doter le jeune État des élites militaires.

1. 2. L'exécution de la politique de formation des cadres militaires gabonais

L'article 4 de l'accord d'assistance militaire technique dispose:

> La République française s'engage à apporter son concours à la République gabonaise pour la formation des cadres de son armée. La République gabonaise s'engage en retour à ne faire appel qu'à la République française pour la formation de ces cadres[3].

Les Gabonais sont admis dans les grandes écoles et établissements militaires français, soit par concours dans les mêmes conditions que les nationaux français, soit dans la limite d'un contingent particulier impliquant un aménagement de ces conditions. Suite à l'urgence de la formation des cadres, les Gabonais désignés par leur gouvernement, en accord avec le gouvernement français, peuvent être admis comme stagiaires dans les établissements militaires français. La République française prend à sa charge leurs frais d'instruction.

L'article 5 du même accord stipule :

> La République française met à la disposition de la République gabonaise, en fonction des besoins exprimés par celle-ci, les officiers et les sous-officiers français dont le concours lui est nécessaire pour l'organisation, l'instruction et l'encadrement de ses forces armées [...].

La lecture de ces dispositions permet de souligner deux évidences : en premier lieu, l'engagement de la France dans la formation des élites militaires gabonaises ; en second lieu, celui du Gabon de coopérer exclusivement avec le pays qui vient de lui accorder l'indépendance. À l'instar des «clauses léonines», ce monopole de la France a fait

---

3. Accord d'assistance militaire technique entre la République française et la République gabonaise, 17 août1960.

l'objet de critique dans la mesure où il empêche d'emblée à l'État gabonais souverain de diversifier ses partenaires à son gré, et l'oblige à soumettre son développement à la seule volonté de l'État français. Mais cette ambiguïté ne retarde pas la mise en œuvre de la coopération. Concrètement, la politique de la France se traduit par deux actions : l'instruction du personnel gabonais dans les écoles et/ou centres d'instruction de gendarmerie ouverts sur leur territoire et l'envoi en métropole des élèves officiers.

Selon le *Mémorial de la Gendarmerie nationale gabonaise*, il semble qu'un centre d'instruction rattaché à la brigade de Libreville à Gros-Bouquet fonctionne avant la création effective de cette force militaire. L'instruction de base des recrues, la préparation au concours d'entrée aux écoles de Gendarmerie française et les stages de perfectionnement sont assurés au sein de cet établissement. Les sous-officiers français, précisément l'adjudant-chef Proriol, le maréchal des logis-chef Forest et le gendarme Cazalot en sont les instructeurs (A. N'zong et *al*, 1986, p. 49.) Ce n'est qu'environ deux ans plus tard que l'innovation intervient dans ce domaine par la création, en septembre 1962, du centre de formation des élèves gendarmes. Avec un effectif de soixante-dix élèves dès son ouverture, ce centre est le lieu où est désormais assurée la formation des recrues pendant un an à raison de trois mois consacrés à la formation commune de base, six mois de stage dans les brigades et/ou les pelotons, puis trois mois de perfectionnement.

La formation des sous-officiers étant effective sur le sol gabonais[4], leur admission dans les écoles militaires françaises, telle que nous l'avons déjà évoquée, se présente comme la voie salutaire pour la formation des officiers. Mais en procédant à la sélection des candidats, le personnel de l'assistance technique, accompagnée du gouvernement gabonais, se confronte à nouveau à une difficulté : la carence des sous-officiers gradés aptes à suivre le stage d'élève — officier. À l'exception de l'adjudant Angome Minso, aucun autre ancien militaire de la gendarmerie d'outre-mer n'est visé en 1963. Pour surmonter cet obstacle, l'assistance technique met sur pied la politique d'enrôlement

---

4. Certains sont envoyés en France.

initiée depuis l'époque coloniale, à savoir le recrutement dans les rangs de l'armée qui semble plus nantie en militaires gradés.

À ce niveau, il est intéressant de rappeler qu'à l'exception des anciennes forces coloniales affectées à la Gendarmerie gabonaise, les conditions de recrutement des nouveaux personnels sont énoncées dans un décret dès 1960[5]. Selon ce texte qui enregistre quelques modifications en 1966, les gendarmes sont recrutés parmi les candidats satisfaisant aux conditions suivantes : être citoyen gabonais ; posséder une instruction générale d'un niveau au moins égal à celui du CEP ; être âgé de 18 ans au moins et 25 ans au plus ; être sain, robuste, bien constitué ; avoir une taille minimale de 1, 66 m ; n'avoir encouru aucune condamnation ; justifier d'une bonne conduite et d'une excellente moralité. Les sous-officiers de gendarmerie sont choisis parmi les gendarmes brevetés et les gendarmes ayant une instruction générale et professionnelle équivalente au niveau du concours de l'École de formation des officiers de la Gendarmerie nationale. Les officiers de gendarmerie, quant à eux, sont recrutés chez les officiers des Armées de terre, de mer et de l'air qui ont satisfait aux épreuves de l'examen de sortie du cours supérieur de l'École des officiers de Gendarmerie nationale ; les sous-officiers de gendarmerie qui ont réussi les épreuves de l'examen de sortie du cours de perfectionnement des officiers de Gendarmerie nationale ; les adjudants-chefs et les adjudants de gendarmerie aptes au commandement d'une section ou à la direction d'un service.

Jacques Mombo, Daniel M'bene, Georges N'Koma et Raphaël Mamiaka font partie des soldats mutés à la Gendarmerie nationale gabonaise à l'heure de l'indépendance. Si les archives ne permettent pas d'affirmer que ce passage de l'armée à la gendarmerie relève d'une initiative personnelle, que disent-elles de leur parcours ?

Jacques Mombo est né en 1934 à Libreville. Après ses études primaires dans sa ville natale, il poursuit au secondaire à l'école militaire préparatoire de Brazzaville. En 1953, il est appelé sous les drapeaux à la garnison de Pointe-Noire et sort avec le certificat interarmes et

---

5. Décret n° 238/PM du 15 décembre 1960 sur l'organisation et l'administration de la Gendarmerie nationale.

un brevet d'Arme. À l'instar de certains militaires africains de l'armée française, Mombo est ensuite admis à l'École de formation des officiers ressortissants des territoires d'outre-mer (EFORTM) d'où il sort sous-officier en 1960, puis à l'École d'application d'infanterie à Saint-Maixent en qualité d'élève officier. En 1961, il est transféré aux forces armées gabonaises (S.-N. Mvou Kounta, 2019, p. 250).

En ce qui concerne son intégration à la Gendarmerie nationale gabonaise et sa formation à l'EOGN, une opposition d'ordre diachronique apparaît dans les sources disponibles. Son curriculum vitae collecté aux archives diplomatiques françaises révèle qu'il effectue, entre 1961 et 1962, un stage préparatoire à Aubagne et un autre à l'École des officiers de Gendarmerie nationale de Melun. Il serait par ailleurs diplômé des sciences criminologiques de la faculté de droit de Paris. Entre 1962 et 1964, il commande l'escadron d'honneur de Libreville et exerce la fonction d'attaché militaire au ministère de la Défense nationale (S-N. Mvou Kounta, 2019, p. 250). Selon le *Mémorial de la Gendarmerie nationale gabonaise*, Mombo serait recruté dans ce corps en 1963 et est admis au cours supérieur de l'EOGN en 1964 pour une durée d'un an (A. N'zong et *al.*, 1986, p. 50).

En attendant l'apport d'autres instruments de travail comme son dossier individuel, certaines informations tirées de seconde source susévoquée semblent peu plausibles. Au début de 1964, cet officier est impliqué dans le plan de destitution du président de la République. Comment pouvait-il être à l'Hexagone et au Gabon à la même période ? De plus, dans une note sur l'état de l'africanisation des cadres gabonais en 1963, le chef d'escadron Haulin souligne, sans le nommer, qu'un officier originaire du Gabon a été affecté à la gendarmerie en 1961 après avoir suivi le cours de Melun. Mais il serait mis en non-activité au motif de son inadaptation à cette force et son incapacité à assurer le commandement (S.-N. Mvou Kounta, 2019, p. 233). S'agit-il de Jacques Mombo ? Bien que la réponse à cette question reste au stade de l'hypothèse, le croisement des sources disponibles laisse croire que le commandant de la Gendarmerie nationale gabonaise parle effectivement de ce militaire gabonais.

Le dossier individuel de Daniel M'bene est quasi vide. Il ne fournit pas assez d'information sur son parcours avant son intégration à la Gendarmerie nationale gabonaise. On ne saurait donc affirmer si ce militaire est un ancien de l'armée coloniale française, intégré aux forces armées gabonaises dès l'indépendance comme les autres nationaux, ou s'il est recruté en 1960. On sait néanmoins qu'après avoir effectué un stage à l'École militaire interarmes (EMIA) à Coëtquidan, il est nommé sous-lieutenant dans l'Armée gabonaise. En service au 1er bataillon, il est muté à l'état-major du commandement supérieur de Gendarmerie nationale le 19 septembre 1963[6]. Contrairement à Jaques Mombo, il n'effectue pas le stage d'officier à l'École d'application de Melun.

Georges N'Koma est né le 25 novembre 1933 à Port-Gentil. Après ses études primaires à l'école Montfort et secondaires au collège classique et moderne de Libreville (L-B. Mapangou, 1986, p. 88), il s'engage volontairement dans l'infanterie de la marine en 1953. Ce militaire de l'armée française séjourne en France, en Algérie et en Tunisie entre 1954 et 1959. Ensuite, il est admis à l'École générale Leclerc de Brazzaville pour suivre une formation d'une année. Après son intégration aux forces armées gabonaises le 1er octobre 1961 (A.N'zong et *al*, 1986, p.84), Georges N'Koma est sélectionné pour suivre un stage de deux ans à l'École de Formation des officiers du régime transitoire des troupes de la marine (EFORTDM). Il est promu sous-lieutenant en 1963 et sa mutation à la Gendarmerie nationale gabonaise est prononcée le 29 septembre de la même année. Il est admis au stage d'officier élève à l'EOGN à Melun du 15 septembre 1964 au 15 juillet 1965[7]. Selon le *Mémorial de la Gendarmerie nationale gabonaise*, il est nommé lieutenant le 1er octobre 1964 donc au moment où il est en formation en France.

Raphaël Mamiaka est né le 12 novembre 1936 à Lambaréné. Il fait ses études primaires à Ndjolé et est appelé dans l'Armée française en 1953. Ancien élève de l'École militaire préparatoire de Strasbourg, il étudie aussi à l'École d'Armes de Saint-Maixent et au centre de formation polyvalente de Maisons-Alfort avant de suivre les cours supérieurs de

---

6. SHD, 2007 ZM 1/4579 : Dossier individuel de Daniel M'bene.
7. SHD, 2007 ZM 1/4617 : Dossier individuel de Georges N'Koma.

l'École des officiers de la Gendarmerie nationale de Melun. Il serait aussi diplômé de la faculté de droit et de sciences économiques de l'Université de Paris 1 et de l'Institut de criminologie de Paris. Le 1er avril 1966, il est nommé au grade de lieutenant (A.N'zong et *al*, 1986, p.203).

Historiquement, ce sont ces hommes qui effectuent les premiers stages au centre d'instruction de Gendarmerie de Maisons-Alfort, pour les élèves officiers, et à l'École des officiers de la Gendarmerie nationale de Melun. En 1966, la formation dans les écoles ou centres d'instruction locaux et les grandes écoles militaires françaises donne un bilan plus ou moins meilleur comme le montre le tableau ci-après :

Grades	Effectifs
Lieutenant	1
Sous-lieutenant	6
Adjudant	9
Maréchal des logis-chef	18
Maréchal des logis	50
Gendarmes	458
Elèves-gendarmes	117
Recrues	62

(Source : S-N. Mvou Kounta, 2019, p. 337)

Tabl. 1. Situation de la Gendarmerie nationale gabonaise en 1966

Selon les autorités de la section gendarmerie de la Mission d'aide militaire au Gabon, ces effectifs d'officiers et sous-officiers gabonais correspondraient sensiblement aux nécessités comme aux possibilités actuelles du pays. Néanmoins, ils reconnaissent la nécessité d'améliorer la qualité des sous-officiers en remplaçant progressivement les illettrés[8]. Bien qu'elle enregistre des révisions au gré du développement des forces armées gabonaises et l'évolution de la coopération franco-gabonaise, la politique de «fabrication» des élites militaires par leur formation en France n'est pas abolie par la création de l'École nationale

---

8. On dénombre 142 illettrés parmi les sous-officiers.

de gendarmerie d'Owendo en 1975. D'ailleurs, dans une lettre adressée à l'ambassadeur de France au Gabon le 5 janvier 1982, le ministère de la Coopération française explique qu'

> Au cours des 9 dernières années d'une coopération très intense, 73 officiers et 186 sous-officiers de la gendarmerie gabonaise ont suivi un stage en France, ce qui a permis de mettre à la disposition des autorités gabonaises des effectifs suffisants de nationaux pour assurer l'essentiel des tâches[9].

À l'issue de leurs parcours scolaires, comment les carrières des cadres militaires ont-elles été gérées par les autorités gouvernementales ? Quel rôle ont-ils joué dans les institutions militaires ?

2. Les cadres militaires gabonais et le pouvoir civil entre exclusion, récupération et collaboration

On peut s'accorder avec Catherine Coquery-Vidrovitch pour dire que, «Les indépendances des années 1960 ouvrent tous les possibles : années de promesses et d'optimisme, mais aussi années de tensions, d'ambiguïtés et de complexités, années porteuses de conflits à venir». (O. Goerg et al, 2013, p. 13) L'instabilité politique observée dans nombre d'États africains au cours de la décennie 1960 corrobore les propos de cette auteure. Au Gabon, l'armée s'illustre par l'organisation d'un putsch qui a des conséquences sur les carrières de ses hommes. Les enjeux politiques qui surviennent au cours des années suivantes semblent militer pour l'intégration de certains militaires à la vie politique.

2. 1. La contestation de la gouvernance politique et militaire de Léon M'Ba et ses conséquences

La littérature consacrée à la crise politique de 1964 au Gabon montre qu'elle est essentiellement due à la gouvernance autoritaire du premier chef de l'État (W-A. Ndombet, 2009, p. 184-186). À côté de cette analyse, il faut dire que l'intervention ambiguë de l'ancienne

---

9. CADN, 362PO/1/69 : lettre n° 000053, 1982.

puissance coloniale dans la mise sur pied des institutions gabonaises, puis la proximité du président M'Ba avec les assistants techniques alimentent l'hostilité des élites civiles et militaires gabonaises.

Certes, la plupart des rapports du chef de la section gendarmerie de la Mission militaire française au Gabon soulignent, en dépit de quelques difficultés et revendications, que les relations des assistants techniques avec les autorités administratives et les militaires gabonais sont cordiales, mais ces affirmations ne doivent pas masquer les tensions qui surgissent au cours de cette période de mise en place des armées gabonaises. (S-N. Mvou Kounta, 2019, p. 247.)

Chez les militaires, le désaccord avec la classe politique serait, entre autres, lié au choix de Léon M'Ba de constituer un commandement militaire composé majoritairement des militaires français. (J-F. Owaye, 1997, p. 183 ; F. Mba Missang, 2016, p. 50). À cela s'ajoute l'état général des armées, notamment leur organisation hâtive, l'absence de modernisation, la lenteur des promotions des cadres militaires gabonais et d'autres problèmes corporatistes comme les soldes.

En clair, ce sont, entre autres, ces raisons qui alimentent la frustration des certaines élites militaires gabonaises. Elles choisissent la voie de la révolte pour exprimer leur désaccord avec la gouvernance politique et militaire de l'État en construction, notamment l'organisation d'un putsch militaire dans la nuit du 17 au 18 février 1964.

Au-delà du mécontentement des militaires, ce coup de force réussit, avant l'intervention française, révèle une certaine maturité des officiers gabonais ainsi que les conditions complexes dans lesquelles les armées africaines ont été mises sur pied. La Gendarmerie nationale gabonaise flanche et perd quelques cadres. Certains sont appelés à d'autres fonctions. Les parcours du sous-lieutenant Daniel M'bene et le lieutenant Jacques Mombo expliquent réellement cette situation.

En réponse aux questions posées pendant leur procès à Lambaréné, le sous-lieutenant M'bene évoque comme raison de son implication dans le coup d'État, le désir de réorganiser l'armée gabonaise[10]. En

---

10. CADN, 362PO/1/69 : Comptes rendus de Gaston Le Paudert consul-adjoint de Port-Gentil sur le procès de Lambaréné du 26 août au 10 septembre 1964.

d'autres termes, cet officier de gendarmerie estime que l'organisation de l'institution militaire gabonaise encadrée par le personnel français n'augure pas un avenir meilleur. Puisque Léon M'Ba est perçu comme le garant de «l'ordre français», son renversement se présente, selon cet officier, comme la voix congruente pour reformer les armées selon un modèle qui correspondrait aux attentes des militaires et la nation gabonaise.

En représailles à son implication dans le putsch, il est sévèrement sanctionné par les autorités gouvernementales. Initialement choisi pour effectuer un stage d'officier-élève (stage préparatoire du 1er juin au 15 septembre 1964) et un stage à l'École des officiers de Melun du 15 septembre 1964 au 15 juillet 1965, sa place est, en effet, supprimée du plan de formation des cadres de l'armée et de la Gendarmerie gabonaise[11]. À l'issue du procès, il est condamné à vingt ans de travaux forcés (M. N'Solé Biteghe, 1990, p. 105) puis radié des forces armées gabonaises.

Lorsque le président Léon M'Ba décide de prendre des mesures de clémence en faveur des détenus politiques, à l'occasion de son anniversaire le 9 février 1966, l'ancien sous-lieutenant M'bene bénéficie d'une réduction de peine de vingt ans à trente mois[12]. Mais cette grâce n'a vraisemblablement pas restauré son destin. Si les sources disponibles ne permettent pas de retracer avec exactitude sa vie de prisonnier après la vacance du pouvoir du président Léon M'Ba, une note diplomatique souligne que sa détention a connu une certaine notoriété. C'est pourquoi, lorsque sa santé décline, le président Bongo ne manque pas de se confier à l'ambassadeur de France au Gabon, Maurice Delauney, sur les conséquences qui pourraient surgirent s'il décède en milieu carcéral.

Le lieutenant Jacques Mombo connaît une trajectoire différente. Présenté comme le chef de file de la rébellion des forces gabonaises en 1964, il est condamné à 5 ans de prison avec sursis et radié lui aussi de la Gendarmerie nationale gabonaise. Si certains rapports de

---

11. SHD, 2007 ZM 1/4579 : Dossier individuel de Daniel M'bene.
12. CADN, 362PO/1/69 : Décret portant de remises gracieuses de peine, 1966.

l'ambassadeur de France au Gabon, Paul Cousseran, soulignent la bonne collaboration de Mombo dans le désarmement des putschistes et la recherche du Président Léon M'Ba, d'autres sources soulignent que sa peine minime d'emprisonnement serait due à une influence politique, notamment celle de son oncle Paul-Marie Yembit[13].

Assigné à résidence surveillée par la police en raison de ses activités suspectes, l'ex-lieutenant de gendarmerie est relâché par les autorités politiques en mai 1966. Cette initiative serait due à son repentir par écrit et au cours d'une interview organisée par les services de radiodiffusion et de la télévision gabonaise. À en croire la synthèse de renseignement sur la situation intérieure,

> celui qui fut, lors des événements de février 1964, le chef du comité ré-volutionnaire, a longuement exprimé son repentir et désir de contribuer désormais, par sa modeste part, à l'œuvre de construction nationale en-treprise par le président Léon M'Ba[14].

Par ailleurs, si les travaux sur l'histoire du Gabon et les sources orales collectées jusqu'à ce jour n'éclairent pas avec exactitude la trajectoire des militaires condamnés au procès de Lambaréné d'août 1964, on sait à travers les archives diplomatiques que Jacques Mombo est réintégré quatre années plus tard dans la haute administration de l'État. À partir de 1968, il embrasse une carrière de diplomate qui le conduit au poste de premier conseiller d'ambassade successivement à Taipeh, Jérusalem, Rome, Bonn et Nouakchott. En 1976, il est nommé ambassadeur extraordinaire et plénipotentiaire de la République gabonaise près la République togolaise. Il occupe cette fonction jusqu'en 1980.

La circulation des officiers supérieurs entre la sphère politique et l'institution gendarmique est un autre élément d'observation de la gestion complexe des élites militaires gabonaises.

2. 2. La promotion des militaires aux fonctions politiques

---

13. CADN, 362PO/1/69 : Comptes rendus de Gaston Le Paudert consul-adjoint de Port-Gentil sur le procès de Lambaréné du 26 août au 10 septembre 1964.
14. CADN, 362PO/1/69 : Synthèse n° 45/66, 1966.

L'épreuve du coup d'État de 1964 plonge le président M'Ba dans une anxiété qu'il a du mal à surmonter jusqu'à sa vacance du pouvoir en 1967 (P. Péan, 1983, p. 51). Plus que la période antérieure, une crise de confiance s'installe au cours des trois années post-putsch envers les forces de défense et de sécurité qu'il délaisse au profit des assistants-militaires et barbouzes français affectés au Gabon pour sa protection et celle de son régime. Dans la crainte d'un autre éventuel complot, il prend une série de mesures visant à annihiler les capacités des forces locales, à réduire leurs velléités et contrôler en permanence les éléments suspects. (J-F. Owaye, 1977, p. 244) ; S-N. Mvou Kounta, 2019, p. 300). Lorsque son successeur Albert-Bernard Bongo accède au pouvoir, il adopte une stratégie ambiguë oscillant entre la diminution des capacités de nuisance des militaires et leur intégration à la vie politique. Dès le mois d'octobre 1968, il décide de réorganiser les forces armées. Le but principal de cette réforme serait de redynamiser l'Armée de terre. Or, en sollicitant l'accroissement des effectifs stationnés à l'intérieur du pays, il recommande une baisse des moyens de service à Libreville et la création d'un détachement de commando «politiquement et ethniquement sûr» comme l'écrit l'ambassadeur Maurice Delauney. (S-N. Mvou Kounta, 2019, p. 352.) Dans le même ordre d'idées, Jean-François Owaye explique :

> En 1968, il demanda au commandement de la gendarmerie de chercher une solution efficiente pouvant permettre la réduction des effectifs stationnés à la capitale du pays, et de décharger de leur responsabilité certains officiers. La subtilité du Président Bongo apparaît en ceci qu'il voulait (en créant le P.D.G et en impliquant les militaires dans la gestion du pays) parvenir à une armée «âme damnée» du pouvoir sans en faire un ennemi irréductible. (J-F. Owaye, 1997, p. 244).

Les dernières lignes de cette citation montrent à juste titre que contrairement à Léon M'Ba, sa stratégie ne tarde pas à évoluer. Celle-ci consiste à coopter avec prudence les élites militaires. En justifiant que cette initiative s'inscrit dans la politique du parti démocratique gabonais (PDG) présenté comme une panacée contre les conflits politiques et ethniques, le chef de l'État ne se limite donc pas aux seuls civils. Il associe, nonobstant leur principe de neutralité, les forces militaires à la vie politique.

En dépit de l'évolution des enjeux politiques entre 1968 et 1980, le président Bongo justifie encore officiellement cette association des militaires à la vie politique dans son discours au congrès du PDG, les 2 et 3 mars 1983 :

> En effet, notre parti étant un parti de masse, il n'est donc pas question que les forces de sécurité soient tenues à l'écart de tout ce que nous faisons… En effet, qu'est-ce que la politique ? Les militaires écoutent la radio comme les non-militaires ; les militaires lisent les journaux comme les non-militaires ; il est donc tout à fait normal qu'ils participent à la vie politique. Ceci pour vous prouver que si les oiseaux de mauvais augure, les martins-pêcheurs en eaux troubles venaient à semer le désordre, il suffira au chef de l'État, secrétaire général du parti de lever le petit doit et les forces de sécurité séviront contre ceux qui auront troublé la paix et la justice au Gabon. (A. Mba Obame, 1984, p. 345).

Deux principales idées sont mises en relief dans cette assertion : la légitimation de l'action politique de l'armée et son instrumentalisation par le pouvoir à sa guise. Selon Jean-François Owaye :

> Institutionnellement, l'armée ne militait pas, ne participait pas aux activités du parti (les militaires ne sont pas éligibles à des fonctions publiques). Concrètement, elle entretenait des relations avec le P.D.G., participait à la vie de ce parti par les cotisations de ses membres ; plusieurs officiers entrent dans l'équipe dirigeante à chaque remaniement ministériel depuis celui du 9 février 1969 ; d'autres exercent dans l'administration centrale et territoriale (comme gouverneurs, préfets), dans les municipalités (à l'époque où les maires étaient nommés par le pouvoir) ; d'autres encore sont présents dans les corps constitués tels que la Cour suprême et les ordres nationaux. Cette implication de l'armée dans la gestion du pays appelle à une constatation : le pouvoir redoutait invraisemblablement l'émergence d'une sorte de « pouvoir militaire ». (J-F. Owaye, 1997, p. 245).

On l'aura compris, la présence des militaires au sein du gouvernement est amorcée depuis 1969 en dépit du faible pourcentage. Chez les cadres de la Gendarmerie nationale gabonaise qui nous intéressent, le parcours de Raphaël Mamiaka et, plus tard, celui de Georges N'koma semblent attester cette lecture de la promotion des élites miliaires.

Dans sa carrière d'officier de gendarmerie, Raphaël Mamiaka exerce les fonctions de commandant des compagnies du Woleu-Ntem et de la Ngounié, commandant de la Légion de gendarmerie Nord-Est et commandant de la section autonome de Moanda (A. N'zong et al, 1986, p.203) Capitaine le 1er août 1968, il est nommé secrétaire d'État à l'Intérieur, chargé du service pénitentiaire lors du remaniement ministériel du 24 février 1969. Cette promotion politique est consolidée par sa nomination au poste de secrétaire d'État à la présidence de la République, chargé de l'Intérieur le 3 décembre 1969. Le 7 décembre de la même année, il devient ministre de l'Intérieur. Le 7 mars 1973, celui qui est commandant de gendarmerie depuis le 1er mai 1970, est promu ministre du Travail et de la Prévoyance sociale. Le 3 octobre de la même année, il devient ministre de la Santé publique et de la Population (L.- B. Mapangou, 1986, p. 34).

Avant son départ du gouvernement en 1981, Raphaël Mamiaka saisit l'occasion pour décrocher des sièges dans les conseils d'administration des entreprises privées. (A. Mba Obame, 1984, p.346.) Une chose surprenante, c'est son avancement en grade militaire jusqu'à l'échelon de général pendant qu'il est officiellement détaché au gouvernement. Doit-on comprendre que la responsabilité politique ne l'empêche pas d'exercer son métier militaire ? En quittant la classe dirigeante de l'État, cet officier général réintègre l'institution gendarmique. En 1990, il est promu commandant en chef de la Gendarmerie nationale gabonaise. Le mémorial, de cette force publique, justifie sa nomination en ces termes :

> L'environnement social particulièrement troublé qui prévalait dans le pays entre 1990 et 1994 a amené le Président Bongo à confier le commandement de la Gendarmerie nationale au général d'Armée Mamiaka. La tâche était d'autant plus difficile qu'il fallait faire face à une situation plutôt complexe. (A. N'zong et *al.*, 1986, p. 201).

Avec un parcours militaire exceptionnel, Georges N'koma semble avoir saisi son destin depuis l'écartement de Jacques Mombo et Daniel M'bene au lendemain du putsch de 1964. Lorsqu'en 1965, il rentre au Gabon après le stage d'officier à Melun, il prend le commandement Est de la gendarmerie à Moanda. Promu en l'espace de quelques années capitaine le 1er décembre 1966, chef d'escadron le 1er août 1968 et lieutenant-colonel le 1er mars 1969, il est nommé la même année Commandant supérieur de la Gendarmerie nationale gabonaise.

Promu colonel le 1er juin 1970, Georges N'koma est appelé par le président de la République à d'autres fonctions en 1979. Il quitte le commandement avec le grade de général des corps d'Armée. D'abord président du conseil d'administration de l'OPRAG (Office des Ports et Rades du Gabon), il couronne sa responsabilité politique par sa nomination, en mars 1983, au poste de ministre de la Justice, garde des Sceaux (A. N'zong et al, 1986, p. 84).

Conclusion

L'étude de la formation et la gestion des élites militaires au Gabon met en lumière les conditions complexes de la transmission des institutions militaires françaises en Afrique, l'administration du legs par les États africains postcoloniaux et la place donnée aux nouvelles armées. Si la carence des cadres militaires observée dans les années 1950 conduit à l'exécution de la politique d'africanisation, c'est surtout à partir de 1960 que les militaires de la Gendarmerie nationale gabonaise sont formés dans les grandes écoles militaires françaises. Ils reçoivent aussi bien une formation générale qu'une instruction militaire et une instruction technique.

Bien que les diplômes militaires confèrent à leurs détenteurs le statut d'élite et une notoriété dans l'État naissant, leurs carrières se diversifient au gré des enjeux politico-militaires et géopolitiques du Gabon postcolonial. Vraisemblablement frustrés par les conditions de leur emploi dans les forces armées, l'organisation de ses institutions et la gouvernance de l'État, certains d'entre-deux s'immiscent dans le champ politique par le putsch militaire de 1964. Si les carrières de Daniel

M'bene et Jacques Mombo dans les forces armées gabonaises prennent fin à la suite de cet événement, le premier condamné à une peine lourde ne semble pas avoir eu le temps de se réinsérer dans l'appareil étatique. Le second qui est presque acquitté au procès des putschistes, probablement grâce à l'influence d'un homme d'État gabonais et celle des services spéciaux français, est réemployé par le pouvoir politique, notamment dans les missions diplomatiques gabonaises.

Si d'autres cadres militaires comme Raphaël Mamiaka et Georges N'koma participent à la construction de l'État par leur action dans la force publique, leurs carrières ne se limitent pas dans la Gendarmerie nationale. Le recrutement politique des militaires engagé par le président Bongo conduit très tôt Raphaël Mamiaka dans la classe dirigeante de l'État. Mais sa fonction politique ne le détache pas de l'institution gendarmique qu'il commande, à la fin de ses fonctions ministérielles, probablement pour les mêmes raisons politiques. Georges N'koma est aussi appelé dans la sphère politique après les dix années passées à la tête de la Gendarmerie nationale gabonaise.

Si les tensions entre le pouvoir civil et l'armée, puis l'emploi des militaires aux fonctions politiques ne sont pas des faits méconnus en Afrique et ailleurs, qu'en est-il de leur impact sur le développement des forces armées (dont fait partie la Gendarmerie nationale), la construction démocratique de l'État et le lien armée-nation au Gabon?

Sources et bibliographie

Archives

Centre des Archives diplomatiques de Nantes (CADN)
362PO/1/69 : Comptes rendus de Gaston Le Paudert consul-adjoint de Port-Gentil sur le procès de Lambaréné du 26 août au 10 septembre 1964
362PO/1/69 : Décret portant de remises gracieuses de peine, 1966
362PO/1/69 : Synthèse n° 45/66, 1966
362PO/1/69 : lettre n° 000053, 1982

Service historique de la Défense (SHD)
2007 ZM1/4472 : Dossier individuel d'Ayenoue Denis.
2007 ZM 1/4579 : Dossier individuel Daniel M'bene.
2007 ZM 1/4617 : Dossier individuel de Georges N'Koma

Sources imprimées

Accord d'assistance militaire technique entre la République française et la République gabonaise, 17 août 1960
Décret n° 238/PM du 15 décembre 1960 sur l'organisation et l'administration de la Gendarmerie nationale

Bibliographie

BENCHENANE Mustapha, 1983, *Les armées africaines*, Paris, Publisud.
ECHENBERG Myron, 2009, *Les Tirailleurs sénégalais en Afrique occidentale française (1857-1960)*, Pais, Karthala et Crepos.
EVRARD Camille, 2016, « La gendarmerie dans l'État colonial tardif en Mauritanie (1944-1961) », *in* HOUTE Arnaud-Dominique et LUC Jean-Noël (dir.), *Les gendarmeries dans le monde de la Révolution française à nos jours*, Paris, PUPS, p. 315-330.
FONTRIER Marc, 2005, « Des armées africaines : comment et pour quoi faire ? », *Outre-Terre*, n° 11, p. 347-374.
GOERG Odile et *al* (dir.), 2013, *Les indépendances en Afrique. L'événement et ses mémoires 1957/1960-2010*, Rennes, PUR.
LEFERME-FALGUIERES Frédérique et VAN RENTERGHEM Vanessa, 2001, « Le concept d'élite : approches historiographiques et méthodologiques », *Hypothèses*, n° 1, p.55-67.
MAPANGOU Louis-Barthélémy (dir.), 1986, Mémorial du Gabon. Tome 2 : l'âge de raison, 1965-1969, Genève, SIED.
MAPANGOU Louis-Barthélémy (dir.), 1986, *Mémorial du Gabon. Le faste de la rigueur 1975-1979*, Genève, SIED.
MBA MISSANG Frederick, 2015, *Professionnalisation de l'armée au Gabon*, thèse de science politique, Bordeaux, Université de Bordeaux.
MBA MISSANG Frederick, 2016, *L'Héritage militaire de Léon Mba et le Putsch de 1964 au Gabon*, Paris, Edilivre.

MBA OBAME André, 1984, *Société politique au Gabon : contribution à l'étude de la nature patrimoniale du système politique gabonais,* thèse de science politique, Paris, Université Paris I.

MVOU KOUNTA Sidina Noël, 2019, *L'édification d'une gendarmerie nationale au Gabon,* 1945-1969, thèse d'histoire contemporaine, Bordeaux, Université Bordeaux Montaigne.

NDOMBET Wilson-André, 2009, *La transmission de l'État colonial au Gabon (1946-1966). Institutions, élites et crises,* Paris, Karthala.

N'SOLE BITEGHE Moïse, 1990, Échec aux militaires au Gabon en 1964, Paris, Chaka.

N'ZONG André et *al* (dir.), 1986, *Mémorial de la Gendarmerie nationale gabonaise,* Paris, Berger-Levrault.

OWAYE Jean-François, 1997, *Système de défense et de sécurité du Gabon de 1960 à nos jours,* thèse d'histoire militaire, Montpellier, Université Paul Valéry.

PÉAN Pierre, 1983, *Affaires africaines,* Paris, Fayard.

La Ligue ivoirienne des Droits de l'Homme et l'évolution de l'État de droit en Côte d'Ivoire (1987-2012)

Dr Nahoua Karim SILUE,
Enseignant-Chercheur,
Département d'Histoire,
Université Alassane Ouattara, Bouaké, Côte d'Ivoire.
email : nahoua26@yahoo.fr

Résumé

Créée le 21 mars 1987 dans un contexte politique hostile à son avènement, la Ligue ivoirienne des Droits de l'Homme (LIDHO) avait pour objectif principal d'œuvrer en faveur d'un État de droit en Côte d'Ivoire. Son engagement se résumait essentiellement par l'exécution de plusieurs actions sur le terrain dans le but de garantir et promouvoir les droits civils, politiques et socio-économiques des citoyens. À son apogée, les actions de la Ligue ont permis à la Côte d'Ivoire de connaître une évolution de l'État de droit, d'où la mise en place définitive d'une Commission Nationale des Droits de l'Homme le 13 décembre 2012, mais aussi, et surtout l'adhésion du pays au Conseil des Droits de l'Homme des Nations unies.

Mots clés : État de droit, démocratie, Ligue, Côte d'Ivoire, Homme, Ivoirien, politique.

Abstract

Created on 21 March 1987 in a political context hostile to its advent, LIDHO's main objective was to work for the rule of law in Ivory Coast. Its commitment was essentially achieved through the implementation of several actions on the ground to guarantee and promote the civil, political and socio-economic rights of citizens. At its peak, the actions of the League have allowed Ivory Coast to experience the evolution of the rule of law, hence the establishment of a final National Commission on Human Rights on December 13th 2012, but also and especially the country's accession to the United Nations Human Rights Council.

Keywords: State of Law, Democracy, League, Côte d'Ivoire, Human, Ivorian, Politics.

Introduction

Selon l'article premier de la déclaration universelle des Droits de l'Homme du 10 décembre 1948, «les êtres vivants naissent égaux et libres en droits et en dignité». Plusieurs institutions et associations à travers le monde s'activent donc constamment pour la défense des droits humains. Ces institutions, parmi lesquelles les Organisations Non Gouvernementales (ONG), s'efforcent de bâtir un monde meilleur en poussant les gouvernements à s'acquitter des responsabilités qui leur incombent en ce qui concerne la liberté et le bien-être de leurs citoyens. Les droits civils, politiques, sociaux et économiques sont préoccupants aux ONG de défense et de promotion des Droits de l'Homme.

Cependant, vers la fin des années 1980, en Afrique en général et en Côte d'Ivoire en particulier, des voix s'élèvent contre les violations des Droits de l'Homme[1]. Dès lors, de nombreuses organisations internationales et nationales de défenses des Droits de l'Homme vont apparaître afin de permettre aux individus de bénéficier de la plénitude de leurs droits. Parmi ces organisations, figure la Ligue Ivoirienne des Droits de l'Homme (LIDHO)[2] créée le 21 mars 1987 à un moment où la Côte d'Ivoire vivait près de 30 ans, sous un régime de parti unique et donc de pensée unique. Jusqu'en novembre 1987, la liberté d'expression, d'opinion et de manifestation était considérée comme un "luxe démocratique" réservé aux pays occidentaux. En effet, le régime à parti unique avait proscrit les partis politiques et prohibé la liberté d'expression[3]. Malgré son

---

1. Il s'agit notamment des droits constitutionnels et politiques, mais aussi des droits universels.

2. La LIDHO, en effet, est la première organisation de défense, de protection et de promotion des droits de l'Homme en Côte d'Ivoire. Contrairement à de nombreuses organisations de la société civile, elle n'est ni le fruit d'une quelconque machination politique, ni le fait d'individus en mal de publicité ni encore à la recherche de quelque profit personnel.

3. En 1987, le président Félix Houphouët Boigny rappelle : «Le parti unique est une nécessité du moment. Tout le monde doit servir ce parti unique; l'exécutif, le législatif, le judiciaire, les autorités administratives, le privé, les travailleurs, les ouvriers et paysans, la jeunesse et pourquoi pas la presse (…). Le directeur général de notre journal Fraternité Matin est membre du bureau politique» tiré de Abidjan/ Dakar, NEA, 1975, p. 174-176.

existence, une organisation syndicale comme l'Union Générale des Travailleurs de Côte d'Ivoire (UGTCI) suivait la ligne édictée par le parti unique ; c'était donc un syndicalisme de participation et non de lutte. Au niveau de la liberté de la presse, le pays ne comptait que quatre journaux officiels dont *Fraternité Matin*, *Fraternité Hebdo*, *Ivoire Dimanche* et *Ivoire Soir*, qui étaient tous au service du gouvernement. Pire encore, le 9 novembre 1987 le journal *Jeune Afrique* est interdit d'activité en Côte d'Ivoire.

Ces différents constats démontrent combien de fois l'État de droit était un leurre en Côte d'Ivoire. En effet, l'État de droit renvoie à la bonne gouvernance. C'est la traduction juridique de la démocratie. Or, la démocratie, comme partout ailleurs, a pour finalité la construction de l'État de Droit[4]. Ces deux notions, bien que distinctes, sont en réalité imbriquées l'une dans l'autre à tel point qu'il est impossible d'évoquer l'une sans parler de l'autre.

Selon G. Conac (1993, p. 485),

> L'État de droit et la démocratie correspondent à des notions différentes, dans la pratique comme dans la théorie, elles sont complémentaires. La démocratie, c'est la transposition politique de l'État de droit, et l'État de droit, la traduction juridique de la démocratie (…). Démocratie et État de droit sont comme deux aimants s'orientant vers le même pôle.

Dès lors, la question fondamentale qui se dégage dans cette étude est de savoir :

Comment la LIDHO a-t-elle contribué à l'évolution de l'État de droit en Côte d'Ivoire de 1987 à 2012 ?

S'exprimant à l'occasion d'une interview qu'il a accordée à Label France, une chaîne privée française, lors de la célébration du cinquantième anniversaire de la Déclaration Universelle des Droits de l'Homme en 1998, Robert Badinter[5] affirma que « la marche de l'humanité vers les Droits de l'Homme ne

---

4. Nous définissons l'État de Droit comme la soumission de l'État (ses actions) au Droit, dans le respect des libertés publiques.

5. Robert Badinter est avocat, universitaire, ancien président du Conseil Constitutionnel, ancien Ministre de la Justice en France. Il a aboli la peine de mort en 1981.

sera jamais achevée» (R. Badinter cité par H. Bah, 2008, p. 4). C'est pourquoi notre borne supérieure est 2012 qui consacre, à la suite d'un processus entamé depuis 2004, la création selon les principes de Paris[6], de la Commission Nationale des Droits de l'Homme de Côte d'Ivoire (CNDHCI)[7], mais surtout l'adhésion de la Côte d'Ivoire au Conseil des Droits de l'Homme des Nations unies. L'objectif de cet article est de mettre en relief les actions de la LIDHO qui concourent avec la quête continue de la Côte d'Ivoire vers un État de droit. Pour y parvenir, une documentation d'expertise a été mobilisée ; en occurrence des rapports d'activités de la LIDHO, des sources écrites et imprimées et un ensemble d'ouvrages abordant la question des Droits de l'Homme et l'État de droit en Côte d'Ivoire. À cela s'ajoute un certain nombre d'entretiens oraux réalisés avec d'ex- responsables de la LIDHO.

Cette démarche méthodologique nous permet de montrer d'abord, le contexte de création de la LIDHO et sa lutte pour une reconnaissance légale, ensuite, de mettre en exergue les actions de la LIDHO pour la promotion des droits civils et politiques en Côte d'Ivoire, et enfin de présenter la LIDHO à sa maturité comme une ONG à intérêt national au service de l'État de droit.

1. Du contexte de création à la reconnaissance légale de la LIDHO

Le contexte sociopolitique des années 1980, marqué par une forte prégnance du parti unique traduisait déjà les difficultés de mise en place d'un État de droit en Côte d'Ivoire. Les violations constantes des droits civils et politiques des citoyens, ainsi que l'impossibilité pour une organisation indépendante des pouvoirs publics d'exercer librement ses activités ont longtemps constitué un handicap à l'avancement démocratique. C'est dans cette situation sociopolitique

---

6. Les Principes de Paris sont les normes internationales qui établissent les conditions minimales auxquelles une institution nationale de Droit de l'Homme doit satisfaire pour être considérée comme crédible par les institutions homologues et dans le système des Nations Unies. Ils sont adoptés en 1991 à Paris.

7. Cf. loi n° 2012-1132 du 13 décembre 2012 portant création, attributions, organisations et fonctionnement de la Commission Nationale des Droits de l'Homme de Côte d'Ivoire (CNDHCI).

délétère que naît et évolue la LIDHO. Nous présentons successivement dans cette première partie l'état des Droits de l'Homme en Côte d'Ivoire et l'avènement de la LIDHO en 1987, l'adversité de l'ONG avec les autorités politiques jusqu'à sa reconnaissance légale en 1990, enfin le fonctionnement et la politique générale de la LIDHO pour l'instauration d'un État de droit en Côte d'Ivoire.

1. 1. L'état des Droits de l'Homme en Côte d'Ivoire et l'avènement de la LIDHO

Vers la fin des années 1980, le régime de parti unique exercé par le PDCI RDA, est à bout de souffle. Le pays perd son dynamisme économique à cause de la baisse du coût des produits d'exportations et des politiques d'ajustements structurelles imposées par les institutions de Brettons Wood. Incapable alors de faire face à ses dettes extérieures dès 1987, la Côte d'Ivoire annonce aux bailleurs de fonds, la suspension unilatérale de ses remboursements.

Dès lors, la faillite de l'économie suscite plusieurs violations des Droits de l'Homme, notamment le licenciement abusif et illégal des travailleurs. En effet, Le droit de travail se trouve constamment hypothéqué par les plans d'ajustements structurels imposés par les bailleurs de fonds tels que la Banque mondiale et le FMI. Ces mesures ont eu pour corollaires la récession économique et les licenciements massifs. La pauvreté gangrène la population, on assiste à des retraites anticipées et à des suppressions d'emplois pour répondre aux exigences des plans d'ajustements structurels, l'autoritarisme des institutions étatiques, la compression des bourses, le paiement émietté des arriérés de salaires des travailleurs du public et du privé et surtout le non-accès aux médias d'État. Cette précarité va conduire une frange de la population dans les rues pour protester contre les abus dont ils sont victimes.

Ainsi, les syndicats des fonctionnaires, des élèves et étudiants, des personnes non corporatives se sont mobilisés afin de dénoncer à travers des grèves, marches et sit-in, la gestion exercée depuis l'indépendance par le parti unique. Ce type de revendications, jusque-là interdites, seront mal appréciées par les pouvoirs publics. Ceux qui engageaient des marches pour dénoncer les pratiques de cette gouvernance étaient jetés sommairement en prison. Toutes ces violations ont été, en grande partie, favorisées par la confusion et la substitution du parti unique à l'État. En effet, depuis lors, il n'existait pas de mécanisme spécifique aux Droits de l'Homme et le recours au droit commun restait encore très inefficace. Le contrôle juridictionnel qui est la garantie la plus efficace était très insuffisant. La saisine de la Cour suprême n'était encore réservée qu'à deux procureurs ; celui du Président de la République et celui du Président de l'Assemblée Nationale (loi n° 61-201 du 02 juin 1961). Les individus victimes des violations de leurs droits en étaient ainsi exclus.

Face donc, à des poursuites arbitraires, des séquestrations, des emprisonnements illégaux, les tortures à travers tout le pays, ou encore à des violations massives des droits des populations, les Ivoiriens ont commencé à lever leur voix et ont exigé un plus grand respect de leurs droits. C'est dans ce cadre qu'un groupe d'intellectuels dont les professeurs René Degni-Segui[8], Martin Bléou[9], et Francis Wodié se sont retrouvés pour créer le 21 mars 1987, la LIDHO, avec pour objectif de réclamer l'instauration d'un État de droit en Côte d'Ivoire. Cette association se positionne comme un bouclier aux violations des droits humains. Cependant, dès sa naissance, la LIDHO rencontre évidemment des difficultés liées à l'adversité que l'opposent les autorités politiques ivoiriennes.

1. 2. De l'adversité avec les autorités politiques à la reconnaissance légale

Divers obstacles se sont présentés à la LIDHO dès les premières heures de sa création. Les pouvoirs publics étaient réfractaires au libre exercice d'une organisation de Droits de l'Homme. Certains pensaient que c'était un parti politique déguisé, et d'autres par contre manquaient de culture démocratique.

---

8. Premier président de la LIDHO (1987-1998), professeur titulaire du droit public.
9. Président de la LIDHO 1998-2004.

En effet, les pouvoirs publics ont substitué au régime de la déclaration initiale prévue par la loi du 21 septembre 1960 relative aux associations, un régime d'autorisation préalable. Cette circonstance imposait aux membres de la LIDHO d'attendre l'agrément ou la reconnaissance du Ministère de l'Intérieur pour acquérir la capacité juridique avant de commencer à mener toutes activités. De bonne foi, les responsables de la Ligue ont entrepris des démarches dans le but d'obtenir cette autorisation préalable, mais rien n'y fit dans la mesure où les autorités politiques la bloquaient volontairement. Selon René Degni-Segui,

> Certes, nous aurions pu nous satisfaire des termes clairs et non équivoques de la loi précitée de 1960 et nous passer de l'exigence de l'autorisation prescrite par une circulaire ministérielle, non publiée de surcroît […] (LIDHO, 1990, p. 30).

En effet, l'article 2 de la loi ivoirienne de 1960 stipule que les associations des personnes se forment librement sans autorisation préalable. C'est sur cette base juridique que la Ligue fut créée. Cependant, si la LIDHO s'inscrit dans une telle démarche, poursuit M. Degni-Segui, c'est simplement pour éviter les différentes épreuves de force de la part des pouvoirs publics. Il pense que «le défaut même de reconnaissance provoquait sans cesse la désertion dans nos rangs» (LIDHO, 1990, p. 30). En fait, les personnes qui voulaient intégrer cette nouvelle organisation hésitaient, voire résistaient à l'adhésion de peur d'être emprisonnées ou révoqués de leurs fonctions[10].

À l'objection de l'illégalité et de l'inopposabilité de l'autorisation préalable, le ministre de l'Information d'alors, Laurent Dona Fologo répliquait que les initiateurs de la Ligue sont des «gens un peu agités» (LIDHO, 1990, p. 30). Ce constat et l'analyse faite par le ministre sont, en fait, contraires à ceux des leaders de la LIDHO, qui pensent que cette association nouvelle est un contre-pouvoir qui tempère le

---

10. Quelques mois seulement après sa naissance, la ligue était amputée de l'un des membres de son bureau. Il s'agit de M. Pascal KOKORA, trésorier, révoqué de ses fonctions d'enseignants par décret présidentiel, au mépris des franchises universitaires et de la procédure disciplinaires.

pouvoir, le modère et l'empêche de demeurer oppressif et répressif. Le ministre continue en ces termes

> Je m'interroge que dans un pays où il n'y a que des Droits de l'Homme où il n'y a que la paix, où il n'y a que le respect de la paix et de l'être humain qu'on fasse un problème en mettant en place une association des Droits de l'Homme (LIDHO, 1990, p. 31).

La Ligue s'étonne de cette assertion quand elle sait que le gouvernement ivoirien favorise la création de ligues ou d'associations pour la paix dans le pays.

Le contexte, très délétère qui prévalait, empêchait les responsables de cette nouvelle organisation d'accéder aux lieux de rassemblement, de réunions et d'organisations de leurs activités. Les pouvoirs publics menaçaient de toutes leurs forces les responsables et les interdisaient d'avoir accès à des lieux publics pour leurs différentes rencontres. Or, la plupart des responsables de la Ligue à cette époque étaient universitaires, mais ne pouvaient bénéficier de locaux universitaires pour mener leurs activités, sous peine de sanction.

C'est ainsi que certains responsables de l'Église catholique, ayant constaté le bien-fondé de cette organisation, vont contribuer d'une manière exceptionnelle à sa dynamisation. Le cardinal Bernard Yago, va donner sa caution et son parrainage à la nouvelle association de défense des Droits de l'Homme. Il va prêter ses locaux aux leaders de la nouvelle association afin de favoriser son implantation et son essor en Côte d'Ivoire. C'est dans cette perspective qu'une des premières sections de la Ligue va connaître son ouverture au grand séminaire d'Anyama en 1988. Dès lors, la Ligue va commencer à y donner des formations aux séminaristes sur les Droits de l'Homme. Selon André Kamate[11], la Ligue a été «couvée»[12] par l'Église catholique. Cependant, c'est le contexte international favorable qui a véritablement mis fin au martyr et au calvaire des hommes de la LIDHO. Il s'agit essentiellement du discours de François

---

11. Président de la LIDHO (2009-2011).
12. Expression utilisée par André Kamate lors d'un entretien le 25 octobre 2017 à Abidjan.

Mitterrand lors du sommet France-Afrique, tenu à la Baule du 19 au 21 juin 1990.

Ce discours légitime les combats déjà entamés par certains défenseurs des Droits de l'Homme qui jusque-là opéraient dans la clandestinité. Le président Mitterrand s'est prononcé en ces termes :

> On sait que la France aide de préférence quiconque comprend que la démocratie et le développement sont des termes indispensables» et ajoute que «sa tâche est d'accompagner par l'aide et le dialogue, les progrès de la démocratie (Le Monde, 1993, p. 5).

Le discours de la Baule apparaît comme une rupture puisqu'il contribue et accompagne le processus de démocratisation du continent. Il va permettre ainsi aux acteurs de défense des Droits de l'Homme de gagner désormais du terrain en Afrique, d'où leur émergence dans le nouvel ordre démocratique.

1. 3. Fonctionnement et politique générale de la LIDHO

La LIDHO est une organisation de la société civile, une ONG autonome de défense des droits humains. Pour mieux apprécier son apport à l'État de droit en Côte d'Ivoire, il faut comprendre son fonctionnement et sa politique générale.

La Ligue ivoirienne des Droits de l'Homme comprend deux catégories d'organes. Les organes centraux et les organes locaux. Les organes centraux se composent d'un Congrès, d'un Bureau exécutif national (BEN), d'un Conseil d'administration, et d'un Commissariat aux comptes.

La section est la structure de base de la LIDHO. Chaque section est composée d'une assemblée locale et d'un bureau. Ce dernier comprend quatre membres à savoir, un président, un secrétaire général, un trésorier général et un secrétaire à l'information. La section peut être constituée dans toute localité du territoire national. Elle doit se conformer aux décisions du BEN. Cependant, la section jouit d'une autonomie d'analyse.

Ainsi, jusqu'en juin 2012, la LIDHO dénombre 61 sections, dont neuf à Abidjan. Ce nombre important démontre le dynamisme de l'ONG et son importance en Côte d'Ivoire.

Carte 1. Sections de la LIDHO en Côte d'Ivoire

À l'instar de toute association non gouvernementale, la LIDHO s'est dotée de buts et de principes spécifiques qui guident son action. La Ligue se charge d'assurer la promotion et la protection des droits déjà connus et se propose également de faire reconnaître de nouveaux droits et en assurer la protection et la promotion. Afin de parvenir aux buts prémentionnés, la Ligue entend mener des activités telles que l'application effective de la législation en vigueur sous réserve des respects stricts des droits de la personne, la légale application des lois, la lutte contre toute forme de discrimination, la lutte contre la corruption, le népotisme et le trafic d'influence. En dehors de ces derniers, il y a aussi et surtout la lutte contre tout abus, elle prétend défendre les Droits de l'Homme partout où ils sont violés. L'objectif général étant de travailler à l'avènement d'un État de droit en Côte d'Ivoire. En somme, nous retenons que la LIDHO est née dans un contexte de violation des Droits de l'Homme en Côte d'Ivoire. En tant qu'association de défense des droits humains, elle a pour ambition de défendre, de protéger et de faire reconnaître les droits civils et politiques en Côte d'Ivoire.

2. La LIDHO et les revendications des droits civils et politiques en Côte d'Ivoire

De sa naissance jusqu'en 1990, la LIDHO dut mener un combat, celui de sa reconnaissance légale. Le 30 avril 1990, la Côte d'Ivoire reconnaît le multipartisme qui consacre «l'ouverture démocratique". Or, l'importance et la structure du parti unique réduisaient toujours les libertés individuelles et collectives. Dès lors, la LIDHO va inscrire ses premiers pas dans la lutte pour l'égalité des droits civils et politiques[13] pour tous les citoyens. Elle s'est opposée à l'État à travers des manifestations de masse, des dénonciations, qui ont souvent conduit à des arrestations de ses membres. Finalement, elle est admise par les gouvernants grâce à son rôle d'éducation et de promotion des droits civils et politiques.

2. 1. La remise en cause de la structure monopartite de l'État

Le premier combat politique de la LIDHO pour l'État de droit en Côte d'Ivoire est la dénonciation de la structure monopartite du PDCI RDA, avec sa pensée unique. Le système de parti unique ivoirien, à l'instar de ceux de l'Afrique avant le multipartisme, concentrait l'essentiel des pouvoirs entre les mains d'un groupe restreint et limitait les droits et libertés des citoyens. Comme il transparaît dans le schéma (fig. 1), les différents pouvoirs sont pratiquement détenus par une seule personne, le président de la République, depuis l'indépendance en 1960.

---

13. Cela résultait des recommandations du premier congrès ordinaire de la LIDHO tenu les 06 et 07 juillet 1990.

Les pouvoirs publics se servaient de cette structure pour enfreindre les libertés et les droits des personnes.

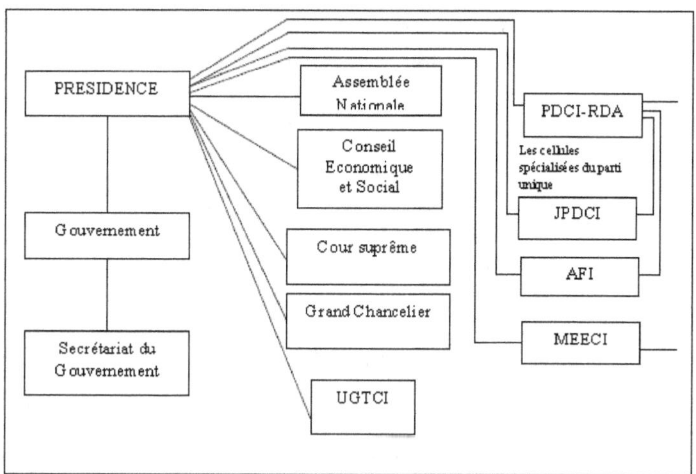

Fig. 1. Structure du système monopartite ivoirien

En effet, le chef de l'État, en tant que président de la République et chef suprême, détenait le pouvoir législatif, judiciaire ainsi que le pouvoir exécutif. Il était donc important que les partis politiques [14]nouvellement crées soient associés à la vie de l'État. C'est ainsi que les responsables de ces nouveaux partis politiques et ceux de la LIDHO vont descendre dans les rues pour faire entendre leur voix. Ils réclamèrent la tenue de conférences nationales, à l'instar de certains pays africains, et surtout d'élections générales afin de mettre fin au règne du parti unique.

Même si la conférence nationale n'a pu se tenir, pour la première fois, des élections générales et multipartites ont été organisées en 1990. Les élections législatives ont conduit à la recomposition de l'hémicycle ivoirien, avec l'entrée des députés des partis d'opposition. Ensuite apparaît le combat de l'égalité de droits entre les partis politiques. En effet, malgré la reconnaissance légale des partis d'opposition, les médias d'État étaient toujours inaccessibles à l'opposition ; ses activités

---

14. FPI, PIT, USD etc.

ne bénéficiaient pas de couverture médiatique. La Ligue est intervenue à ce niveau et s'est rangée du côté de ces formations politiques pour réclamer un véritable espace de liberté et d'expression démocratique. Au terme de cette lutte, la structure du parti unique est modifiée et plusieurs institutions firent leurs apparitions (fig. 2).

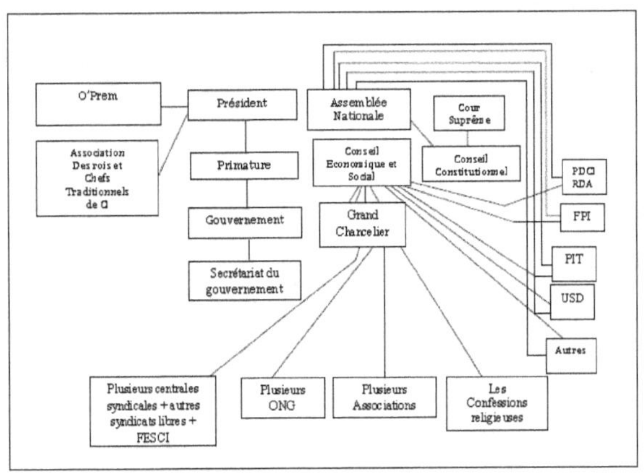

Fig. 2. La structure du pluralisme politique ivoirien

Contrairement au fonctionnement du parti unique, ici, tous les pouvoirs ne sont plus aux mains d'un seul individu. En fait, dans ce nouveau système, il s'est opéré la séparation des pouvoirs. Les diverses institutions étatiques telles que l'Assemblée Nationale, le Conseil Économique et Social, le Conseil Constitutionnel ne sont plus officiellement contrôlés par le président de la République. Dans tout ce système politique, interviennent un grand nombre de formations politiques et d'organisations de la société civile.

2. 2. Les actions d'éducation des populations et des pouvoirs publics à la culture des droits humains

L'éducation du droit selon, R. Degni Segui et L. Jugmann (1994, p. 13) vise à rendre la personne humaine pleinement épanouie, disponible de ce fait pour contribuer au progrès de la collectivité à tous les plans : spirituel, moral, social, culturel et économique dans le respect scrupuleux des droits et liberté de ses semblables.

Or, plusieurs obstacles rendent difficile ce travail d'éducation. Le plus important est lié à l'analphabétisme des populations. C'est justement dans cette optique que les responsables de la LIDHO, à partir des différentes sections, vont promouvoir la culture et l'enseignement du droit.

Déjà entre 1992 et 1997, la LIDHO a procédé à la confection de plusieurs types d'opuscules intitulés *« Je connais mes droits »*. En fait, ce sont de petits documents, des livrets qui abordent et traitent les questions des Droits de l'Homme ; les mesures et les comportements à adopter dans une véritable démocratie. En plus des documents, face à une population illettrée, la Ligue a produit des supports audiovisuels qui abordent les programmes d'éducation de droit dans certaines langues locales ivoiriennes : baoulé, bété, malinké, etc. Ainsi, les thèmes tels que *« la liberté physique »*, *« mes droits face à la police »*, *« la liberté de manifester »*, *« la liberté d'opinion »*, *« la liberté religieuse »* sans oublier *« le rôle du citoyen dans un État de droit »* et *« les comportements dans une* République démocratique *»* étaient contenus dans ces programmes d'éducation.

Au-delà de ces programmes consacrés aux populations, la Ligue a par ailleurs éclairé l'opinion publique à travers des sensibilisations de masse abordant des thèmes tels que l'ordre public et le respect des Droits de l'Homme dans les milieux scolaires et universitaires. C'est pourquoi la direction de la LIDHO a jugé bon d'implanter une section à l'Université de Cocody, suite aux évènements du 18 février 1992[15]. Aussi, la LIDHO va proposer que l'enseignement du droit soit inscrit dans les programmes de formation des écoles de police, de gendarmerie, des forces armées et de l'École Nationale d'Administration (ENA) à l'endroit des administrateurs, des douaniers et des magistrats sur

---

15. Le 18 février 1992, plusieurs responsables de l'opposition sont arrêtés et emprisonnés suite à une marche de protestation contre une descente punitive de l'armée à la cité universitaire de Yopougon le 17 mai 1991 ; descente non sanctionnée par les autorités.

l'éthique républicaine. À cet effet, en janvier 1994, elle organise son premier séminaire de formation destiné aux magistrats, aux avocats et aux forces de l'ordre. L'objectif de l'ONG était d'amener ces corps, qui incarnent des pouvoirs essentiels dans un État de droit, aux devoirs de respect des Droits de l'Homme dans l'exercice de leurs fonctions. Les 23 et 24 octobre 1998 à Yamoussoukro, la Ligue, en collaboration avec la Fondation Friedrich Noumann[16] organise un autre séminaire de formation sur " la démocratie parlementaire". Ce thème évocateur a retenu l'attention particulière de la représentante de la Fondation lorsqu'elle avoue :

> nous devons aux députés, les représentants du peuple, les décideurs du cadre juridique d'un pays, de leur fournir toute notre assistance pour leur permettre de bien remplir leur fonction clé dans un État de droit (LIDHO, 1998, p. 2).

Au terme de cette formation, le président de la LIDHO, Martin Bléou a invité les parlementaires, non seulement à plus de responsabilités, mais aussi et surtout à accorder une place prépondérante aux analyses et propositions des ONG de défense et de promotion des Droits de l'Homme. Toutes ses actions ont amené l'État à considérer désormais la LIDHO comme un partenaire au service de l'État de droit. Dès lors elle devient une ONG à intérêt national.

3. La LIDHO : une ONG à intérêt national

De 2000 à 2010, la LIDHO, en plus des droits civils et politiques, va orienter et amplifier ses actions vers les droits économiques, sociaux et culturels qualifiés de droits de deuxième génération. La Ligue apparaît comme une actrice privilégiée face aux problèmes sociaux et environnementaux à travers ses médiations, ses assistances, ses dénonciations, ses consultations et ses initiatives. Les actions de

---

16. La Fondation porte le nom du Pasteur, écrivain et politicien Friedrich Noumann, qui s'était engagé pour le libéralisme en Allemagne surtout avant la Première Guerre mondiale. Friedrich était fondateur d'une école pour la formation civique avec le but d'apprendre aux sujets de l'Empire de Guillaume II les libertés et devoirs des citoyens. Un adepte de Friedrich était Théodore Heuss, qui fut le premier président de la République d'Allemagne après la Seconde Guerre mondiale.

la LIDHO ont pris une proportion importante grâce aux actions conjuguées avec des ONG d'intérêt commun avec lesquelles elle met en place des plateformes et des structures de protection des Droits de l'Homme. Ainsi, depuis 2002, la Ligue est devenue l'actrice incontournable de la société civile.

3. 1. Le recours à la LIDHO sur des sujets d'intérêt national

À son apogée, dans les années 2000, la LIDHO se positionne comme un frein aux dérives des pouvoirs publics d'une part, et d'autre part, en tant qu'une ONG au service des citoyens sur des questions d'intérêt national.

Ainsi, la LIDHO a pu obtenir la modification et même la reformation de certains actes juridiques et décisions des gouvernants, jugés contraires à la loi. Parmi ces actes, on peut citer l'annulation de la décision du chef de l'État le 10 janvier 2000 enjoignant la dissolution du Conseil Supérieur Islamique. Il en est de même de la décision imposant aux responsables politiques une autorisation préalable du ministre de l'Intérieur, pour toute sortie du pays.

Intervenant dans divers secteurs pour la défense des Droits de l'Homme, la LIDHO bénéficie avec la constitution d'août 2000 du droit, devant le juge constitutionnel, d'attraire les lois attentatoires aux libertés avant leur promulgation. La Ligue a donc pu obtenir la suppression de la caution d'éligibilité du Président et du Vice-président de l'Assemblée Nationale, jugée illégale.

En outre, la Ligue peut demander ou révoquer, si elle le veut, la reprise d'une enquête pour défendre les droits des personnes victimes de violation de leur droit, les droits des personnes vulnérables. Ce fut le cas de l'enquête du charnier de Yopougon du 26 octobre 2000[17]. La procédure ouverte n'ayant pas abouti à des condamnations, l'ONG a adressé une requête au président de la République pour la réouverture de ce dossier pour que les responsabilités des uns et des autres soient

---

17. Le 26 octobre 2000, un charnier de 57 corps est découvert dans la forêt du Banco à Yopougon, au lendemain des élections générales de 2000.

enfin établies. La LIDHO a par ailleurs insisté pour que ladite enquête soit étendue à tous les morts des évènements d'octobre 2000.

De cette manière, la Ligue apparaît comme un ''gendarme'' veillant et contrôlant les actions des pouvoirs publics. C'est pourquoi ces derniers la sollicitent souvent sur des sujets d'intérêt national. Elle se positionne alors comme un partenaire de l'État.

Ainsi, est-elle intervenue au niveau de la rédaction de la Constitution de 2000 et a participé au forum de réconciliation nationale de 2001. Concernant ce forum, la LIDHO exigea que «toutes les composantes du corps social soient représentées au forum» (Fondation Friedrich Ebert et LIDHO, 2003, p. 8). En effet, selon l'ONG, pour atteindre ses fins, le forum devait être inclusif, c'est-à-dire, représenté par tous les groupements tels les partis politiques, les ONG, les syndicats, les confessions religieuses, les associations diverses, les personnalités, les institutions centrales et locales. Aussi, le nombre de participants devait-il obéir au principe d'égalité et d'équité qui répondent le mieux aux principes de justice. Cependant, avec la crise politico-militaire déclenchée dans la nuit du 18 au 19 septembre 2002, la LIDHO va changer de paradigme en adoptant de nouvelles stratégies.

3. 2. Les nouvelles stratégies de la LIDHO depuis 2002

Au départ, la Ligue ivoirienne des Droits de l'Homme menait seule l'action de défense des droits humains sur le terrain. Depuis la crise de 2002, en raison du climat sociopolitique pernicieux, elle va s'associer à d'autres organisations de la société civile pour être plus efficace. Grâce à elle, de nombreuses plateformes et structures[18] sont nées. Sans toutefois les citer intégralement, nous allons évoquer celles dont les actions ont été déterminantes sur le terrain.

À l'initiative de la LIDHO, quatre autres ONG de défense des Droits de l'Homme dont le Mouvement Ivoirien des Droits Humains (MIDH), l'Action pour la Protection des Droits de l'Homme (APDH), l'Organisation Nationale pour l'Enfance, la Femme et la Famille

---

18. RAIDHO, COSOPCI, CSCI, CSCP, OLPED, SCIE, CIVITAS, FOSCAO, RIOF, CI-PI, CIRES, CMEL.

(ONEFF) et l'Organisation des Femmes Actives de Côte d'Ivoire (OFACI) se sont rassemblées dès le déclenchement de la guerre en 2002, pour créer le Rassemblement des Acteurs Ivoiriens des Droits de l'Homme (RAIDHO) en vue de parler d'une seule et unique voix. L'objectif de cette structure était de faire des critiques afin d'appeler tous les belligérants de la crise politico-militaire à respecter la dignité et les droits humains (N. N'Doumi, 2014). Pour se faire, le RAIDHO a publié plusieurs rapports sur les violations des droits humains en Côte d'Ivoire de 2002 à 2011. À côté de la RAIDHO, il y a la Convention de la Société Civile Ivoirienne (CSCI), une plateforme encore plus large. En effet, la LIDHO est aussi à l'origine de la création de la CSCI, le 22 octobre 2005. C'est la plus grande plateforme de la société civile en Côte d'Ivoire. Elle regroupe en son sein des structures issues des confessions religieuses, des organisations professionnelles, les syndicats et les ONG de défense des Droits de l'Homme. Depuis sa création, la LIDHO assure sa coordination et elle a mené de nombreuses actions tout au long de la période trouble qu'a connue la Côte d'Ivoire. Parmi les actions, l'on peut mentionner entre autres l'adoption d'une charte de la société civile ivoirienne à l'issue des états généraux tenus du 12 au 15 février 2008 et la médiation dans des conflits sociaux. À cet effet, elle a mené des activités de médiation dans les grèves respectivement observées par le Mouvement des Instituteurs pour la Défense de leurs Droits (MIDD), la Coordination Nationale des Enseignants-chercheurs et Chercheurs (CNEC) et le Syndicat National des Cadres Supérieurs de la Santé de Côte d'Ivoire (SYNACASS-CI).

En plus, elle a participé à la rédaction du document intitulé «*Stratégie de réduction de la pauvreté* », à l'observation électorale à long terme, à la participation à plusieurs séminaires et missions en Côte d'Ivoire et enfin à l'adoption du contrat social pour la renaissance de la Côte d'Ivoire à l'international.

Enfin, après la crise postélectorale de 2011, la LIDHO a participé à travers la CSCI et la Coalition de la Société civile pour la Paix et le développement en Côte d'Ivoire (COSOPCI) aux travaux de la commission vérité, dialogue et réconciliation. La LIDHO a aussi développé ses actions sur le leadership féminin et sur la gestion des conflits. C'est pourquoi sa Commission *«Femme et Enfant»* travaille en coopération avec le Réseau Ivoirien des Organisations Féminines (RIOF). Dans le cadre de la CSCI, elle a établi des relations privilégiées de collaboration avec la Coalition des Femmes Leaders de Côte d'Ivoire (CFLCI) et l'Association des Femmes Juristes de Côte d'Ivoire (AFJCI).

3. 3. L'extension des actions de la LIDHO aux droits socio-économiques

Du 17 au 20 octobre 2007, la LIDHO a célébré son 20ᵉ anniversaire avec pour thème *«Quels Droits pour les Pauvres en Côte d'Ivoire?»*. Ainsi, après 20 ans de priorité accordée aux droits civils et politiques, la LIDHO veut à partir de cet anniversaire, diversifier ses actions et donc intervenir dans les domaines sociaux, économiques et culturels qui sont les droits de second ordre. Dès lors, la LIDHO va mener la réflexion sur la problématique des liens entre la pauvreté et les Droits de l'Homme, conduisant ainsi à de nombreuses actions.

Le 30 mai 2007, une campagne pour le refus de la misère fut lancée dans la commune d'Attécoubé par la LIDHO. De même le 10 octobre 2008 a eu lieu la célébration de la journée mondiale du refus de la misère. Cette journée qui a été célébrée au Centre Mathieu Ray de Koumassi, a vu la participation du corps diplomatique, les représentants des institutions nationales et internationales, les représentants des ONG, et bien attendu les militants et les membres fondateurs de la LIDHO. Cette célébration a été l'occasion pour la LIDHO de rappeler des pistes à exploiter, mais surtout de réaffirmer que la misère n'est pas une fatalité.

Par ailleurs, la Ligue a conduit de nombreuses enquêtes dont certaines ont abouti à des prises en charge juridiques. L'on citera par exemple, les enquêtes relatives aux évènements de la nuit du 19 septembre 2002, à la suite de la tentative du coup d'État manqué qui a entraîné la partition du pays en deux zones (loyaliste et rebelle), les évènements du 4 novembre 2004 suite à "l'opération dignité" qui a été réprimée par la force française Licorne. Il y a également les faits liés au déversement des déchets toxiques à Abidjan en 2006 et ceux sur les conditions de vie des femmes balayeuses mendiantes d'Abidjan. À travers ces actions, la Ligue a éclairé l'opinion nationale et internationale sur la réalité des faits et a appelé au respect des Droits de l'Homme. Ces cas de violations des droits humains ont conduit à une prise en charge juridique de la LIDHO. Ainsi, dans son objectif de contribuer à la construction d'un État de droit, la LIDHO intervint dans les droits socio-économiques à travers ses actions de lutte contre la pauvreté et l'inégalité sociale, mais aussi par des enquêtes et assistance juridique au profit des indigents.

Toutes ces actions de la LIDHO ont sans doute influencé et permis à l'État de perpétuer son engagement et sa quête de construction d'un État de droit à travers la mise en place définitive le 13 décembre 2012 de la Commission Nationale des Droits de l'Homme de Côte d'Ivoire (CNDHCI), mais aussi par l'adhésion de la Côte d'Ivoire au Conseil des Droits de l'Homme des Nations unies.

Conclusion

En définitive, il convient de noter que l'État de droit est une construction permanente. Il va de pair avec la démocratie. Il n'y a pas d'État de droit sans démocratie, et il n'y a pas non plus de démocratie sans État de droit. Pour l'évolution démocratique d'un pays, ces deux notions sont indissociables avec le respect des Droits de l'Homme. Les droits proclamés théoriquement par la constitution ivoirienne le 03 novembre 1960, ainsi que les nombreux instruments nationaux et internationaux de défense des Droits de l'Homme ratifiés par l'État de Côte d'Ivoire, ont fait l'objet d'une application sélective par les pouvoirs publics qui se sont succédé depuis l'indépendance.

La création de la LIDHO en 1987 répondait donc au besoin de faire respecter les Droits de l'Homme dans un contexte où les autorités politiques l'assimilèrent à un parti politique de l'opposition. Cependant, grâce à ses nombreuses actions sur le terrain et à l'évolution du contexte international marqué par la conférence de Baule en 1990, la Ligue réussit à s'imposer et à se rendre incontournable dans le processus de construction d'un État de droit en Côte d'Ivoire. En effet, les premiers combats de la LIDHO furent de réclamer un État de droit, un État qui prône l'égalité de tous devant la loi, un État de liberté et d'égalité de chance à tous ses citoyens.

Au prix de mille et un sacrifices, la LIDHO parvient à opérer un changement dans les mentalités, mais surtout dans le champ politique ivoirien. L'ampleur des actions de la LIDHO s'est traduite par sa participation et son contrôle citoyen, mais aussi à travers la diversification de ses interventions. La participation et le contrôle citoyen se situent à travers son attention aux questions d'intérêt national et ses initiatives constantes d'apporter une protection juridique aux populations. La Ligue s'est toujours constituée comme un frein aux dérives institutionnelles. Toutes ses actions qui concourent à donner une autre approche aux populations et aux pouvoirs politiques sur la nécessité de garantir des droits civils et socio-économiques aux citoyens ont sans doute permis à la Côte d'Ivoire de gagner des marches sur l'échelle interminable qui mène à l'État de droit.

Sources et bibliographie

Sources orales

Identité de l'informateur	Qualité de l'informateur	Date et lieu de l'entretien	Thèmes abordés
BAMBA Brahima	Ex Vice-président de la LIDHO de Bouaké	10 mars 2016 et 14 mai 2016 à Bouaké	Rôle de la LIDHO à Bouaké
DENI SEGUI René	1er président de la LIDHO, 1987-1998	20 avril 2016, Abidjan, Cocody	Naissance et évolution de la LIDHO
KAMATE André	Président de la LIDHO, 2009-2011	25 octobre 2017, Abidjan, Cocody	Évolution de la LIDHO
KOUASSI Kouakou Jacques	Ex S.G de la section LIDHO-Cocody	30 octobre 2017, Abidjan, Cocody	LIDHO et Société civile
KOUASSI Kouman	Président de la LIDHO section-Bouaké	15 novembre 2016 17 août 2017, Bouaké	Rôle de la LIDHO avant, pendant et après la guerre de 2002 à Bouaké
LEGRE HOKOU Philippe	Président de la LIDHO, 2011-2013	24 avril 2016, Abidjan, Cocody	Actions de la LIDHO
MARA Marc Olivier	Ex-membre de la FESCI, coordonnateur de l'ONG MEESAD	22 février 2016 Abidjan-Treichville	Rapports entre étudiants et pouvoirs publics

Sources imprimées

DEGNI-SEGUI (R.) et JUNGMANN (L.), 1994, *La situation des droits de l'homme en Afrique de l'Ouest*, fondation Hanns Seidel, Abidjan, 18, 19 février 1994, 113 p.

CSCI, 2003, *contribution de la société civile à la résolution de la crise ivoirienne*, Abidjan, 12 janvier 2003, 11 p.

Fondation Friedrich EBERT et LIDHO, 2003, *Séminaire national, forum pour la réconciliation national : approche méthodologique,* Abidjan, 22-23 septembre 2003, 31 p.

LIDHO, 1990, *Une Ligue ivoirienne des Droits de l'Homme pour quoi faire ?, premier congrès ordinaire*, Abidjan, 6 et 7 juillet 1990, 64 p.

LIDHO, 1998, *séminaire sur la démocratie parlementaire*, Yamoussoukro, 23-24 octobre 1998

LIDHO, 2000, *XXe anniversaire : quels droits pour les pauvres en Côte d'Ivoire ?*, Abidjan, 1998 à 2000, 24 p.

LIDHO-Bouaké, 2007, *Rapport d'activités*, Bouaké, 10 septembre 2007, 14 p.

Loi n° 2012-1132 du 13 décembre 2012 portant création, attributions, organisations et fonctionnement de la Commission Nationale des Droits de l'Homme de Côte d'Ivoire (CNDHCI).

Loi n° 61-201 du 02 juin 1961 déterminant la composition, l'organisation, les attributions et le fonctionnement de la Cour suprême.

Bibliographie

CONAC (G.), 1993, « État de droit et démocratie » *in L'Afrique en transition vers le pluralisme politique*, Paris, Economica, p. 483-508

DJEREKE (J.C.), 1998, « Les évêques et les évènements politiques en Côte d'Ivoire (1960 - 1989), in *Vie chrétienne* n° 426, janvier 1998, p. 63-74

Le Monde, n° 14941, du 03 février 1993, p. 5.

SYLLA (K), 2003 « La société civile dans les démocraties naissantes en Afrique de l'Ouest : "Enfants gâtés" ou alternative à l'État et au marché pour le financement du développement? Cas des ONG en Côte d'Ivoire », in *Codesria,* West africa, région Cotonou, Bénin, 6-7 septembre 2003.

BAH (H.), 2008, *La problé*matique de l'universalité des Droits de l'H*omme chez Henri BERGSON*, thèse de doctorat d'État en Philosophie, Université de Bouaké.

MELEDJE (D. F.), 1987, *La contribution des organisations non gouvernementales et la sauvegarde des Droits de l'Homme*, thèse de doctorat en Droit, Université d'Amiens.

YAPI (A. T.), 2004, *Expression démocratique et développement national : la dynamique du pluralisme politique en Côte d'Ivoire*, Thèse de doctorat de sociologie, Université de Bouaké.

AGUIE BOA (L.) Épouse KOFFI, 2005, *Le système ivoirien de protection de Droits de l'Homme*, Mémoire DESS en Droit, Université Abidjan-Cocody, 2005.

N'DOUMI (N.) 2014, *La protection juridique des civils dans le conflit armé ivoirien de 2002 à 2011*, Université Alassane Ouattara, Mémoire de DEA en Droit public.

Le COSIM : une institution musulmane en Côte d'Ivoire (1988-2019)

Dr Drissa KONE,
Maître-Assistant,
Département d'Histoire,
Université Félix Houphouët-Boigny/Abidjan, Côte d'Ivoire.
E-mail : idrissbaraka@gmail.com

Résumé

À la fin des années 1980, la communauté musulmane en Côte d'Ivoire est en pleine restructuration. Parmi les nombreuses associations présentes dans l'espace public, deux d'entre elles se distinguent par les multiples actions qu'elles posent en direction de l'islam, mais aussi en faveur des intérêts des musulmans. Ce sont : le Conseil Supérieur des Imams (COSIM) et le Conseil National Islamique (CNI). Avec des attributions différentes et précises, les deux structures vont finir pourtant par entrer en collision notamment sur la question du leadership. Cette quête de légitimité se nourrit également de mutations politiques qui s'opèrent dans le pays et dont les effets se ressentent même dans la sphère religieuse. Même si la confrontation ne fut jamais directe, le COSIM finit par s'imposer et se présenter comme le principal interlocuteur de la communauté musulmane nationale. L'objet de l'article est de comprendre alors comment s'est déroulé ce processus de positionnement du COSIM dans un environnement politique et religieux délétère. La réponse à une telle problématique exige que l'on convoquât une méthodologie, historique ici, en faisant appel aussi bien aux sources orales qu'aux ouvrages et articles scientifiques produits sur la thématique en général.

Mots clés : CNI, COSIM, Côte d'Ivoire, Leadership, État.

Abstract

At the end of the 1980s, the Muslim community in Côte d'Ivoire was in the midst of restructuring. Among the many associations present in the public space, two of them stand out for the multiple actions they take in the direction of Islam but also in favor of the interests of Muslims. They are : the Superior Council of Imams (COSIM) and the National Islamic Council (CNI). With different and precise attributions, the two structures will nevertheless end up colliding especially on the question of leadership. This quest for legitimacy is also fueled by political changes taking place in the country, the effects of which are even felt in the religious sphere. Even if the confrontation was never direct, COSIM ended up imposing itself and presenting itself as the main interlocutor of the national Muslim community. The object of the article is then to understand how this process of positioning COSIM unfolded in a deleterious political and religious environment. The answer to such a problem requires that we invoke a methodology, historic here, using both oral sources and scientific works and articles produced on the theme in general.

Key words: CNI, COSIM, Côte d'Ivoire, Leadership, State.

Introduction

Au tournant des années 1980, la nouvelle intelligentsia musulmane en Côte d'Ivoire est composée aussi bien des diplômés arabophones des universités arabo-islamiques que des élites francophones et des anciens clercs maraboutiques. Passée la période des tensions idéologiques[1], les musulmans, dans leur ensemble, au-delà de leurs divergences, aspirent à l'union. Cette unité se matérialise par la création en 1988 du Conseil Supérieur des Imams (COSIM)[2] pour apaiser certes les différends idéologiques, mais encore pour parler d'une seule et même voix. En résorbant leurs divisions, ces guides religieux pouvaient affirmer, avec crédibilité, la volonté unitaire de l'islam et des musulmans dans le pays. Compte tenu de la fonction spirituelle et morale qui avait été assignée au COSIM, ce dernier octroya donc sa bénédiction aux jeunes pour la création dès 1993 d'un Conseil National Islamique (CNI) afin de régler les affaires temporelles.

Mais avec le temps, les intérêts et/ou les stratégies des uns ne furent plus ceux des autres, du moins dans la gestion communautaire. Cet épisode, loin d'être considéré comme un épiphénomène, va mettre face à face ces deux structures, par leaders interposés, pour le contrôle du leadership musulman. Dans cette compétition, le COSIM finit par supplanter le CNI, par réaffirmer son autorité et par élargir son champ d'action.

Dès lors, une question nous interpelle à savoir : comment le COSIM est-il devenu le principal interlocuteur de la communauté musulmane quand on sait qu'il fut bouleversé du dedans et du dehors par toutes sortes de mutations ?

L'intérêt de l'article est ~~donc~~ certain dans la mesure où il met en avant les stratégies de positionnement d'une structure islamique dans une atmosphère de mutations sociales et politiques. Aussi permet-il de faire l'archéologie de l'épineux problème de leadership qui traverse la

---

1. Au milieu des années 40, un conflit idéologique oppose de jeunes wahhabites de retour des universités arabo-islamiques et les marabouts, proches du rite malékite.

2. Le 12 novembre 1991 est la date d'enregistrement du COSIM auprès des services du Ministère de l'Intérieur. Toutefois, l'association a commencé à fonctionner sous l'appellation Conseil des Imams à partir de 1988.

plupart des sociétés musulmanes africaines à travers le cas du COSIM, dans le contexte ivoirien.

C'est pour toutes ces raisons que la démarche méthodologique convoquée fut celle de la collecte et de la confrontation des sources d'archives de cette association, des sources orales, mais aussi des ouvrages et articles scientifiques, sans omettre l'observation directe.

Le plan s'articule autour de trois axes : d'abord, la création du COSIM et les objectifs assignés, ensuite, la nomination de Boikary Fofana et la remise en cause des attributions du Conseil National Islamique (CNI) ; enfin, la revanche du COSIM ou le quadrillage du territoire national.

1. La création du COSIM et les objectifs assignés

1.1. La création du COSIM : d'une affaire banale de lune à la naissance du COSIM

Jusqu'en 1979, c'est le Conseil Supérieur Islamique (CSI) qui était le seul organe de coordination des activités de toutes les associations islamiques dont l'objectif était de défendre leurs intérêts en Côte d'Ivoire et à l'étranger. Mais les accointances supposées ou réelles du CSI avec le pouvoir politique firent de cette association, une structure amorphe sans impact sur la communauté musulmane du pays (L. Fofana, 2007, p. 93). En 1990, son premier responsable, Diaby Moustapha dit Koweït ne fit jamais l'unanimité au sein de la communauté (P. Tayoro, 1994, p. 3) : il n'était pas imam et personne n'avait jamais vu ses diplômes coraniques. Ses relations avec le régime d'Houphouët-Boigny — il était membre du bureau du Parti Démocratique de Côte d'Ivoire (PDCI-RDA) — lui avaient permis d'usurper le poste à Gaoussou Diabaté (M. Kouma, 2000, p. 81). Toutes choses qui accentuèrent la division au sein des communautés parce que le groupe des néo-réformistes y vit la main obscure du pouvoir politique dans sa volonté de contrôler les musulmans.

Les diverses communautés musulmanes, dispersées au gré de l'implantation des mosquées, ressentaient donc un vide en l'absence d'une véritable structure fédérative capable d'être un bon porte-parole de la communauté et de régler surtout le problème des débuts et des fins du mois de Ramadan[3]. Cette situation avait trouvé une ébauche de solution avec notamment le calendrier islamique mis sur pied par Alpha Cissé, alors enseignant-chercheur à l'université d'Abidjan. Très engagé pour la cause de l'islam, il élabora avec la collaboration de l'Institut de Géographie Tropicale (IGT) dont il était membre, un calendrier musulman à partir de l'observation des cycles du croissant lunaire. Cela permettait d'anticiper et de fixer le début du mois du ramadan et sa fin.

Mais après la mort d'Alpha Cissé en 1984, la majorité des musulmans arrêta de s'inspirer de ce calendrier en raison certainement de l'absence d'une structure et/ou d'un leader charismatique dont les recommandations pouvaient faire l'unanimité[4]. Conséquence, les fêtes islamiques, surtout celles qui consacraient la fin du ramadan, se déroulaient dans un cafouillage total : des musulmans fêtaient parfois quand d'autres au même moment continuaient d'achever la dernière décade du ramadan. Pire parfois, souligne Tidiani Ba, un membre fondateur du COSIM,

> … c'était un fonctionnaire de l'État qui sans consulter les organisations musulmanes annonçait la vue du croissant lunaire. Donc la fin du jeûne musulman. Cela créait parfois des situations désagréables quand on ne voyait pas la lune. Notre indignation n'était pas toujours prise en compte. C'est pour sortir de cette situation que nous avons créé le Conseil Supérieur des Imams COSIM[5].

Ce témoignage montre clairement que les musulmans trouvaient inconcevable que les membres du gouvernement puissent s'ingérer et décider des activités de la communauté musulmane au détriment des guides religieux. Face à cette situation qui devenait exaspérante, certaines voix au sein de la communauté suggérèrent ainsi de s'aligner

---

3. Neuvième mois lunaire du calendrier hégirien pendant lequel les musulmans s'abstiennent de manger du matin au coucher du soleil. Ce mois varie entre 29 ou 30 jours. Pour débuter le jeûne de ce mois et pour le boucler, les musulmans observent l'apparition de la lune, comme prescrit par les Écritures saintes.

4. Alpha Cissé n'était pas non plus imam. Son influence était réellement limitée.

5. El hadj Tidiani Ba, entretien réalisé en février 1999 par Michel Kouakou Komenan, cité par Muriel Gomez (2005, p. 589).

sur les décisions de l'Arabie Saoudite d'autant plus qu'il est considéré comme le berceau des lieux saints islamiques. Cette proposition fut rejetée, semble-t-il, à cause de la distance — réelle et importante — qui sépare la Côte d'Ivoire de l'Arabie Saoudite. D'autres ont évoqué la référence aux pays limitrophes comme le Mali, la Guinée et le Burkina Faso. Ce choix pouvait se comprendre également, car la Côte d'Ivoire en comptait de nombreux ressortissants, bien insérés dans l'économie et dans les communautés musulmanes. En réalité, tout se passait comme si l'islam en Côte d'Ivoire ou du moins ses différents responsables n'avaient pas encore de légitimité du fait que leur pays ne comptait pas parmi les États musulmans. Tout se passait comme si les musulmans en Côte d'Ivoire devraient avant toute initiative, avoir le quitus des pays limitrophes ou de l'Arabie Saoudite. Et comme il fallait s'y attendre, cette seconde option fut choisie, mais montra très tôt ses limites. En 1987, une annonce de l'apparition de la lune parut à tort dans les médias. Ce qui provoqua un désordre au sein de la communauté et conduisit derechef les fidèles à fêter de manière éparse ; les musulmans ressortissants des pays limitrophes se focalisèrent sur les dates retenues par leurs pays d'origine et les musulmans ivoiriens étaient comme pris au piège, faute d'une bonne organisation.

Pour sortir de toutes ces incohérences en 1988, le groupe néo-réformiste[6], de concert avec des élites maraboutiques, émit l'idée d'un forum d'imams pour parler certes d'une seule voix, mais aussi pour régler tous les problèmes liés au dogme ; la détermination du début et de la fin du ramadan en faisait partie. Sous l'égide d'Aboubacar ou Boikary Fofana, une rencontre eut lieu à son domicile à Adjamé, puis à Treichville. L'élite maraboutique y participa — comme le Cheikh Affou Sanogo et Konaté Anzoumana, respectivement imams de la mosquée centrale d'Adjamé et de Treichville — à cause du bien-fondé d'un tel cadre de concertation. Ce conseil des imams en juillet 1988 jeta les bases du Conseil Supérieur des Imams (COSIM), regroupant côte à

---

6. Au tournant des années 70, ce groupe se distingua des réformistes wahhabites, par leur discours conciliant et leur ouverture dans l'interprétation des textes coraniques. Faute de dénomination consensuelle, la littérature scientifique se contenta de l'appellation «néo-réformiste».

côte les imams de toutes obédiences idéologiques. En 1990, l'incident de la détermination de la fin du ramadan réapparu malheureusement (L. Sidibé, 1990, p. 12). Trois ans plus tard, le 12 novembre 1991, il fut agréé par les autorités ivoiriennes.

Au total, la naissance du COSIM résulta d'une simple affaire de lune. Ce prétexte servit de paravent à la mise en place d'une association formelle composée d'imams issus des milieux maraboutiques, mais aussi ceux de tendance wahhabite et néo-réformiste.

1.2. Les objectifs assignés au COSIM et la quête de légitimité

Afin de rendre cette structure formelle, des statuts et un règlement intérieur furent rédigés. Ceux-ci présentent les objectifs majeurs du COSIM au nombre desquels figurent entre autres l'amélioration des conditions de vie et de travail des imams, la supervision et la construction des mosquées, l'harmonisation des heures de prières, de dates de début et de fin de Ramadan, et des fêtes religieuses, etc. (Archives du COSIM – Statuts et règlement intérieur). Le COSIM se présente donc comme une structure «*non tribaliste, non raciste. Il ne se réclame d'aucune école juridique ou de secte de l'islam*»[7]. Les fondateurs s'étaient efforcés de discréditer d'avance les considérations sur la région d'origine, le groupe ethnique comme critère de sélection des imams ; chose qui était monnaie courante dans les années 1960 et 1970.

La plupart des membres du bureau étaient tous des imams. Ils se caractérisaient aussi par leur diversité idéologique. Le but de cette initiative n'était donc pas d'exclure les anciens, mais de les associer au projet de diffusion de l'islam et de renforcement de la cohésion au sein de la communauté[8]. Le premier président du COSIM fut ainsi Mattié Diakité de la mosquée «Dioula» de Treichville. Né à Odienné

---

7. Archives du COSIM, les statuts du COSIM (1996).

8. Le ralliement avec l'élite traditionnelle est une stratégie initiée par les arabophones pour joindre à leur aventure l'ensemble des musulmans de la Côte d'Ivoire. Elle visait à rétablir les liens avec les grandes familles maraboutiques dont sont issus de nombreux arabophones. Au-delà de ce fait, les néo-réformistes légitimaient leur autorité par cette alliance et laissaient poindre leur rôle de premier plan au sein de la communauté.

en 1898, il fut instruit directement par son père, maître coranique. Sa nomination en 1966 à la tête de la mosquée Dioula fut l'aboutissement d'une grave crise a relent nationaliste qui opposait, d'un côté, les burkinabés, fidèles de ladite mosquée, aux odiennékas, populations du Nord ivoirien, d'un autre côté. Finalement, les odiennékas l'emportèrent et hissèrent Mattié Diakité à la direction des offices (R. Delval, 1980, p. 38). Le bureau comptait une dizaine de membres parmi lesquels on peut citer entre autres Adama Koné (imam wahhabite), chargé de la promotion de l'unité et de la fraternité ; l'imam Aboubacar Samassi, chargé de la *da'wa* et de la recherche ; l'imam Boikary ou Aboubacar Fofana, porte-parole et chargé de l'éducation, de la formation et de la communication ; l'imam Koné Drissa ou Idriss dit Koudouss, en charge de l'encadrement des organisations islamiques, des affaires générales, du hadj et des relations extérieures.

Aussi, dans l'entendement de ses promoteurs, le COSIM devrait être la cellule spirituelle de la communauté, chargée de régler tout ce qui touchait au dogme. On n'hésita donc pas à en confier la direction aux élites maraboutiques, en vertu de leur âge avancé et de leur charisme. Ce choix a eu comme inconvénient de ne pas avoir des présidents maîtrisant le français[9] — parce que langue officielle du pays — et les règles de gestion moderne qu'imposait le management d'une association ; qualités indispensables pour diffuser le savoir islamique, mais aussi pour représenter la communauté dans ses rapports avec le pouvoir politique[10].

Toutes ces raisons — ajouter à cela la « mainmise » de l'État sur le CSI — poussèrent les élites néo-réformistes à créer le Conseil National

---

9. La compréhension du français avait pris une importance capitale dans le contexte ivoirien parce que les élites francophones musulmanes, issues des associations scolaires et universitaires comme l'Association des Élèves et Étudiants Musulmans de Côte d'Ivoire (AEEMCI), avaient joué une part active dans la construction de l'intelligentsia musulmane. Du coup, l'utilisation de la langue française était et est toujours récurrente dans les prêches, les sermons et autres conférences.

10. Par exemple, durant de nombreuses années, lors de la traditionnelle présentation des vœux au Chef de l'État, c'est le Nonce apostolique qui parlait au nom de toutes les religions ; les musulmans ne pouvaient d'ailleurs pas s'en plaindre parce que leurs responsables maîtrisaient peu ou pas du tout le français. Cette situation va changer sous le régime politique de Laurent Gbagbo dans les années 2000.

Islamique (CNI) en janvier 1993 (I. Ouattara, 1993, p. 4). Ce nouveau pôle servirait en effet de branche administrative de la communauté afin de gérer les affaires temporelles et de discuter les moyens de leur application. Le CNI regroupait les cadres musulmans, bien insérés dans l'économie moderne et donc aptes à se présenter comme des interlocuteurs privilégiés auprès de l'État. C'est sur cette base que sont conduites, au début des années 90, toutes les doléances[11] et tous les projets de la communauté musulmane, dont le maître d'œuvre restait le CNI. Le COSIM était donc une association religieuse dominée par les imams alors que le CNI était une association confessionnelle confiée à des laïcs en charge des affaires extraspirituelles et courantes de la communauté (M. Miran, 2006, p. 410) ; le président du CNI était toutefois un imam.

En définitive, on retiendra que les objectifs du COSIM avaient pour finalité la diffusion et le développement de l'islam en Côte d'Ivoire. Au départ recroquevillé sur Abidjan, c'est véritablement la naissance du CNI qui va donner plus de visibilité au COSIM dans la mesure où la communication de la première — du fait de la présence des élites francophones — sera effective sur toute l'étendue du territoire national.

2. La nomination de Boikary Fofana et la remise en cause des attributions du CNI

2.1. La nomination de Boikary Fofana à la présidence du COSIM

Eu égard à son engagement politique et à son rapprochement supposé ou réel avec l'opposant Alassane Dramane Ouattara, Boikary

---

11. Parmi les doléances soumises à l'État à la création du CNI, figuraient entre autres la construction d'une mosquée dans la commune du Plateau, l'obtention d'une fréquence radio, la prise en main pour l'organisation du pèlerinage, etc. (Voir archives du CNI).

ou Aboubacar Fofana est contraint à l'exil à partir de 2002[12]. Loin de son pays, il garde pourtant de très bons contacts avec des leaders musulmans locaux qui n'apprécient guère les relations entre le président du CNI, l'imam Koné Drissa dit Koudouss, avec le régime de Laurent Gbagbo. En effet, la jeunesse musulmane, du fait de son appartenance religieuse et/ou régionale avec Alassane Dramane Ouattara, est taxée à tort ou à raison, sympathisante de cet opposant politique (F. Akindès, 2004, p. 37).

Dès lors, tous les nordistes et/ou tous les musulmans se sont sentis frustrés par cet amalgame et se rangèrent pour la plupart d'entre eux du côté des opprimés[13]. Du coup, tous ceux parmi les musulmans qui n'affichaient pas une certaine hostilité à Laurent Gbagbo, considéré comme le responsable de tous leurs malheurs, étaient immédiatement livrés à la vindicte populaire. Le président du CNI n'échappa donc pas à cette réalité. Des informations circulent en cette période de crise au sein des mosquées ou des «grins»[14] sur son incapacité à gérer les affaires de la communauté et surtout sur ses «manœuvres» tendant à sacrifier la communauté sur l'autel de ses intérêts personnels. Idriss Koudouss avait pourtant déclaré en 2001 que «Le régime Gbagbo s'est installé dans le sang des martyrs» (Y. Konaté, 2002, p. 267). D'autres rumeurs encore sont allées jusqu'à lui établir une parenté avec le président de

---

12. Boikary Fofana était déjà porte-parole du COSIM et imam de la grande mosquée d'Aghien (Cocody II Plateaux). Il était connu pour ses critiques virulentes envers les régimes politiques (d'Houphouët-Boigny jusqu'à Laurent Gbagbo). Parti aux États-Unis pour des séminaires, ses proches lui avaient déconseillé de rentrer au pays après les travaux.

13. La Côte d'Ivoire était confrontée depuis le 19 septembre 2002 à une crise militaro-civile. Des putschistes se constituèrent en une rébellion armée occupant une grande partie de la région septentrionale du pays. Le régime de Laurent Gbagbo avait réussi à repousser l'attaque hors d'Abidjan. Il s'en est suivit un catalogage d'amalgame entre rebelles et ressortissants nordistes et/ou musulmans, et partisans d'Alassane Dramane Ouattara. La suite fut la «chasse» à certains musulmans jugés récalcitrants. Déjà en 1994, la promotion du concept d'ivoirité sous le régime d'Henri Konan Bédié, avait prêté le flanc à une stigmatisation de la communauté musulmane : il fallait faire la distinction entre les nordistes ressortissants de la Côte d'Ivoire et ceux des pays voisins.

14. Espaces où des jeunes se retrouvent pour partager du thé et discuter surtout de l'actualité du pays. Ces espaces étaient connus pour être fréquentés la plupart du temps par des jeunes musulmans et/ou nordistes.

la République Laurent Gbagbo, à cause de son surnom «Koudouss»; titre qu'il avait pourtant acquis après son pèlerinage à Jérusalem[15].

Au fil du temps, les exactions contre les guides et les fidèles musulmans aidant (M. Miran, 2017, p. 249), le président du CNI finit par perdre de sa notoriété. En janvier 2003, on assiste à l'assassinat de Mohamed Lamine Sangaré, imam adjoint d'une mosquée à Abobo et de Mahmoud Samassi, imam de la grande mosquée de la cité Ciad Primo à la Riviera M'Pouto. Le 8 janvier 2003, le COSIM et le CNI organisèrent une marche commune pour accompagner le corps de ce dernier au cimetière de Williamsville pour protester contre les violences antimusulmanes. Idriss Koudouss, pour la première fois, prit position en affirmant : «… la mort violente de l'imam Mahmoud Samassi montre à quel point les guides religieux musulmans sont dans l'œil du cyclone. Trop, c'est trop !» (M. Miran, 2015, p. 102)16.

Certes, Koudouss profita du vide créé par le départ de Boikary Fofana pour monopoliser le devant de la scène islamique, mais il profitait surtout des attributions qui avaient été octroyées au CNI par la communauté; lesquelles attributions, faut-il le rappeler, plaçaient le CNI à la tête des affaires temporelles de la communauté[17]. Pendant ce temps, depuis son exil forcé aux États-Unis, Boikary Fofana ne voit pas d'un mauvais œil «la révolution dioula» qui se prépare et dont il se présente logiquement comme le «rédempteur» de la communauté

---

15. Le président de la République qui s'appelle également Koudou est issu du groupe ethnique Bété, dans le centre ouest du pays. Il accède à la magistrature suprême en l'an 2000 au terme d'une élection dont les résultats sont contestés de part et d'autre. Un soulèvement populaire contraint le départ des militaires au pouvoir depuis 1999 et installe Laurent Gbagbo. De son côté, une partie de l'opposition écartée des échéances électorales pour dossiers insatisfaisants, appelle à la reprise des élections. Elle est tout de suite mâtée par les nouveaux dirigeants. En septembre 2002, une rébellion éclate au grand dam du régime socialiste.

16. À Abidjan, Man, San Pedro, Gagnoa, Divo, des mosquées ont été perquisitionnées sans succès au motif qu'elles cacheraient des armes. Des imams et des responsables religieux furent gardés à vue. Le CNI alla jusqu'à déserter le Forum des confessions religieuses (instance d'échanges inter-religieux fondée en 1995 dans le pays) pour un temps en signe de protestation contre la présence de Harrissou Fofana de l'Association Al Coran, qui prétendait être le porte-parole de l'islam en Côte d'Ivoire.

17. Entretien avec Al imam Méité, Abidjan, 15 décembre 2019.

musulmane. D'ailleurs, c'est dans cette retraite de l'exil qu'il apprit, le 26 avril 2006, sa nomination en tant Cheikh Al Aïma (guide de la communauté). Ainsi, en octobre 2006, il met fin à son exil et rentre en Côte d'Ivoire. Drapé d'un boubou blanc et coiffé d'une chéchia rouge, il est accueilli en grande pompe à sa descente d'avion par ses proches puis escorté sous protection militaire jusqu'à sa mosquée par une haie de fidèles en liesse (M. Miran et M. Touré, 2012, p. 316). Des sources bien introduites et qui ont voulu garder l'anonymat ont évoqué la médiation du président du CNI auprès du Chef de l'État qui aurait facilité ce retour. Cette version n'est pourtant pas partagée par ceux qu'ils convenaient d'appeler maintenant « le camp de Boikary Fofana ». Dans tous les cas, Boikary Fofana rentre en Côte d'Ivoire en octobre 2006 et est accueilli par une grande partie de structures de jeunesse musulmane qui digèrent toujours mal le positionnement ou mieux le silence d'Idriss Koudouss face à toutes les souffrances que vivent leurs coreligionnaires. Dès lors, se pose de façon naturelle la question du leadership musulman : qui doit désormais parler au nom de tous les musulmans ?

2.1. La remise en cause des attributions du CNI ou la question du leadership musulman

Un an après son arrivée, Boikary Fofana prend les rênes du COSIM[18]. Près de 300 imams venus de toute la Côte d'Ivoire, 28 imams venus de l'étranger et le Premier ministre Guillaume Soro, représentant le nouveau gouvernement d'unité nationale, assistèrent en avril 2007 à son intronisation officielle (M. Miran et M. Touré, 2012, p. 317). Dès lors, toute une série de mesures est prise délibérément pour réaffirmer l'hégémonie du COSIM sur les questions spirituelles, mais choses nouvelles, sur la gestion des affaires communautaires ; prérogatives qui avaient été depuis toujours sous le mandat du CNI. Il s'agit entre autres de la révision des statuts et règlement intérieur du COSIM qui

---

18. Il devient la quatrième personnalité religieuse à occuper ce poste après les imams Mattié Diakité (1988-1996), Affou Sanogo (1996-2000) et Anzoumana Konaté (2000-2006). Entretien avec Issouf Ouattara, Abidjan, 12 janvier 2020.

renforcent l'autorité du COSIM, de l'organisation du pèlerinage, de la nomination de Boikary Fofana au titre honorifique de «Cheikh Al Aïma» qui signifie en français «guide de la communauté». Ce nom n'était en rien fortuit dans la mesure où il opérait délibérément une recomposition de la hiérarchie musulmane et/ou du nouvel ordre islamique national. Désormais, le COSIM se présentait comme l'organe suprême par excellence de l'ensemble de la communauté, chargé aussi bien des questions spirituelles que temporelles. Le titre de «*Cheikh Al Aïma*» donnait dorénavant quitus au COSIM d'agir et de parler au nom de tous les musulmans.

De plus, l'argument qui avait prévalu jadis selon lequel le président du COSIM n'avait aucune connaissance du management devint du coup caduc : Boikary Fofana était cadre de banque et il s'exprimait bien en français. Partant de là, il pouvait assurer en toute quiétude, par rapport à ses prédécesseurs, la gestion de toutes les affaires de la communauté. Ce qui accentua tout naturellement le courroux du CNI et de son leader qui venaient d'être dépossédés d'un maillon essentiel de leur commandement ; la lutte pour le positionnement était pour ainsi dire ouverte dans un environnement où tous les «coups» étaient permis.

La crise entre les deux structures s'amplifia progressivement avec la bénédiction des dissensions politiques : Boikary Fofana pouvait compter sur une jeunesse musulmane et/ou nordiste, proche d'Alassane Dramane Ouattara et dont le vœu majeur était la chute du régime socialiste de Laurent Gbagbo. De son côté, Idriss Koudouss avait le soutien de certains cadres musulmans, mais encore de certains guides religieux. Il ne tarda pas à passer à l'offensive en se faisant nommer «*Cheikh ul-Islam*» (titre qui fait référence au commandement suprême). En avril 2009, contre toute attente, sous la houlette du président de la République, Laurent Gbagbo, une cérémonie de réconciliation se déroule entre Idriss Koudouss et Boikary Fofana, bien qu'elle fut diversement appréciée dans les milieux musulmans[19]. En 2010, il autorisa l'organisation d'une cérémonie musulmane de la nuit de destin «*Méga Qadr*» au palais de la culture de Treichville. Par ces différentes actions, le régime Gbagbo montrait aux yeux de ses détracteurs qu'il n'était pas contre les musulmans encore moins contre les nordistes. Cela y allait de sa crédibilité et de sa légitimité au sein de cette communauté religieuse ; surtout que les élections présidentielles approchaient à grands pas.

En somme, de cette confrontation, du COSIM et du CNI par structures ou par partisans interposés, les activités des uns étaient immédiatement boycottées par les autres et vice-versa[20] ; la communauté musulmane était divisée entre partisans de Koudouss et partisans de Boikary. Cette situation de méfiance se maintint d'ailleurs jusqu'à la tenue des élections présidentielles de 2010. Désormais, contre leur volonté, les leaders musulmans étaient pris au piège des manœuvres politiques ; leur sort étant plus que jamais lié aux résultats des échéances électorales dans le pays. Tout se passait comme si les responsables musulmans avaient outrepassé leur mandat au profit des ambitions des hommes politiques.

---

19. Certains y virent une récupération politique quand d'autres louèrent le bon sens du président de la République. Quoi qu'il en soit, le président de la République posa des actions remarquables au sein de la communauté musulmane. En 2007, il apporta toute l'aide étatique nécessaire pour convoyer les candidats au hadj qui n'avaient pas pu se rendre — pour des problèmes administratifs et logistiques — au hadj de l'année précédente. Pour remercier le Chef de l'État, le COSIM avait organisé une cérémonie officielle à la mosquée de la Riviera Golf en présence du président et de nombreux pèlerins. En 2008, et pour la première fois, le président Gbagbo accorda à un guide musulman de prononcer les vœux de la communauté musulmane pendant la traditionnelle cérémonie de présentation de vœux de Nouvel An au Chef de l'État (de 1960 à 2007, c'étaient les catholiques qui prononçaient ces vœux au nom de toutes les communautés religieuses du pays).

20. Par exemple, le seul journal de la communauté «Islam Info» qui est un produit du CNI fut interdit de vente dans certaines mosquées. Ses journalistes furent parfois refoulés dans des cérémonies qui impliquaient le COSIM. De son côté, les dirigeants du journal assuraient de faire le travail de la communauté et ne pas entretenir les sentiments de suspicion entre les deux leaders ; attitude qui aurait accentué en plus la division pendant que la communauté avait besoin de rester soudée et solidaire.

3. La « revanche » du COSIM ou le quadrillage total du territoire

3.1. L'installation d'Alassane Dramane Ouattara et la montée en puissance du COSIM ?

Lors de l'élection présidentielle de 2010, Alassane Dramane Ouattara est déclaré vainqueur par la Commission Electorale Indépendante (CEI) et par le représentant des Nations Unies. Le lendemain, le Conseil Constitutionnel donne un autre verdict en déclarant vainqueur le président sortant, Laurent Gbagbo. Cet imbroglio plonge le pays dans une nouvelle crise post-électorale avec son corollaire de violations de droits humains et de morts[21], malgré le déferlement d'un important ballet diplomatique sur les rives de la lagune Ebrié. En février 2011, Idriss Koudouss célébra le Mahoulid (commémoration de l'anniversaire de la naissance du Prophète Muhammad), en présence du directeur de campagne de Laurent Gbagbo, Issa Malick Coulibaly. Les propos tenus lors de son intervention finirent par donner vie à tous les préjugés qui foisonnaient sur lui au sein de la communauté. Il souligna en substance : « Moi, je n'ai pas fui pour aller dans un hôtel. Je n'ai pas abandonné ma communauté et mes fidèles »[22]. Cette parade faisait, semble-t-il, référence à l'opposant Alassane Dramane Ouattara qui avait dû se réfugier à l'hôtel du Golf à la Riviera avec de nombreux partisans.

Pourtant, en mai 2011, Alassane Dramane Ouattara est finalement investit président de la République. Conformément à son engagement lors la campagne électorale, le nouveau président institua la Commission Dialogue, Vérité et Réconciliation (CDVR) par l'ordonnance n° 2011-85 du 13 mai 2011. Charles Konan Banny, ancien gouverneur de la Banque Centrale des États de l'Afrique de l'Ouest (BCEAO) et Premier

---

21. Des imams furent tués une fois de plus et des mosquées furent attaquées afin, semble-t-il, de donner une connotation religieuse à la crise. Mais l'intervention du COSIM fut capitale pour interdire à la jeunesse musulmane de s'en prendre à leur tour aux édifices chrétiens.

22. *L'intelligent d'Abidjan,* 17 février 2011.

ministre de la Côte d'Ivoire de décembre 2005 à avril 2007, est nommé président[23]. Il est assisté dans sa tâche par deux vice-présidents : Monseigneur Siméon Djoro Ahouana (guide catholique) et Boikary Fofana (guide de la communauté musulmane).

Cette nomination de Boikary Fofana fut diversement appréciée dans les milieux musulmans : certains soulignèrent qu'avec sa position de guide de la communauté, il ne devrait pas accepter ce poste qui, à tout le moins, avait une connotation politique. D'autres, par contre, ont accordé leur crédit à cette nomination. Pour eux, qui mieux que le guide de la communauté musulmane pouvait aborder les souffrances de ses coreligionnaires et définir, dans le cadre de la commission, des éventuelles réparations ? Dans tous les cas, la nomination de Boikary Fofana intervenait certes dans le cadre d'une structure laïque, mais elle octroyait et réconfortait surtout officiellement l'homme dans son statut de guide de l'ensemble de la communauté musulmane du pays. Son engagement avéré ou non à soutenir «la révolution dioula» avait certainement milité en sa faveur au détriment d'Idriss Koudouss ; son candidat supposé n'avait-il pas perdu les élections présidentielles ? Idriss Koudouss fut donc combattu pour son refus de l'alternance à la tête du CNI et sa gestion approximative des ressources de l'association (M. Konaté, 2015, p. 149).

Dès lors, à travers la personnalité de Boikary Fofana, c'est le COSIM qui revenait en force dans l'espace public pour damer le pion au CNI. Dorénavant, toutes les activités de la communauté devront avoir la caution du COSIM. Mieux, le COSIM s'implique davantage dans les affaires de la communauté et prend position s'il le faut dans l'actualité socio-politique du pays. D'où, il assure une sorte de quadrillage de tout le territoire national.

3.2. Le quadrillage du territoire national

---

23. Sur les activités de la CDVR, voir le Rapport final d'octobre 2016 qui présente le bilan de la structure de 2011 à 2014. Cf. http://www.pncs.ci/images_activite/fichier_00946.pdf.

Ce quadrillage s'exprime par les actions du COSIM au niveau religieux, social et politique. Sur le plan religieux, le COSIM dote, déjà en 2009, la communauté musulmane d'un Institut International de l'Imamat (3I) chargé de former les imams. Cet institut est situé à la Riviera Bonoumin et forme aux filières d'imamat et d'aumônerie musulmane, de charia et de droit, de communication et de prédication. La direction générale est assurée par Docteur Konaté Arna, par ailleurs chercheur à l'Institut d'Histoire d'Art et d'Archéologie Africains (IHAAA). Cet institut est au fond un démembrement de l'Université Musulmane Africaine (UMA)[24] qui elle-même accueille aujourd'hui des bacheliers de l'État, sans considération religieuse. Elle est présidée par un Chercheur, le Professeur Sékou Bamba. Si la création des 3 I remonte en 2009, c'est véritablement en mai 2014, lors d'une cérémonie officielle qu'est présentée la première promotion des étudiants[25].

Le COSIM organisa également de nombreuses activités de formation pour les imams et les prêcheurs sur les Nouvelles Technologies de l'Information et de la Communication (NTIC), comme celle de décembre 2012. Au terme des travaux, les participants devaient être en mesure de faire des recherches sur le web pour améliorer leurs connaissances de l'islam et savoir mettre en ligne leurs sermons (F. Madore, 2016, p. 157).

Au niveau socio-politique, le COSIM s'invite dans l'actualité du pays en interpellant la classe politique sur la nécessité de maintenir un climat de paix[26]. Il ne tarde pas à condamner la recrudescence de la violence entre allogènes et autochtones à Béoumi (60 km à l'ouest de Bouaké) en mai 2019. Il n'hésite pas à exhorter les enseignants grévistes à reprendre le chemin de l'école et à poursuivre les négociations avec le gouvernement. Mais la prise de position la plus spectaculaire reste certainement l'interpellation du COSIM à la classe politique

---

24. L'UMA est créée par l'arrêté n° 0327/MERS/DESRS/DESPRI/S-DAH/CF du 25 mai 2007 du Ministère de l'Enseignement supérieur.

25. Entretien avec Dr Arna Konaté, 27 janvier 2020 à Abidjan.

26. Après les attentats terroristes du 13 mars 2016 à Grand-Bassam, le COSIM est monté au créneau pour dénoncer cette barbarie qui n'a aucun fondement religieux. Il a invité les uns et les autres à ne pas entretenir l'amalgame entre islam et terrorisme, car ce sont deux entités diamétralement opposées.

sur l'enrichissement illicite, lors de la célébration de la nuit de destin le 21 juin 2017. En présence du Chef de l'État et des membres du gouvernement, le conférencier, Ousmane Diakité, imam de la mosquée de Bonoumin (Riviera) et aussi Secrétaire Exécutif du COSIM, a montré les caractéristiques de l'enrichissement illicite notamment l'attribution des marchés qui ne se fait pas selon les normes. Et de poursuivre que : «l'argent acquis illicitement n'est pas pérenne». Il a invité les hommes politiques à ne «pas utiliser leur position sociale pour influer sur l'attribution de marchés publics» (E. Gomon, 2017, p.5). Car, «Même si vous construisez des mosquées et que vous faites partir des gens à La Mecque

avec cet argent, il ne sera jamais propre devant Dieu»[27]. Au lendemain de son intervention, la population ivoirienne dans son ensemble, se trouva réconfortée[28]. En décembre 2017, lors d'une insurrection de jeunes soldats à Bouaké (dans le centre du pays) réclamant des arriérés de primes, l'État sollicite l'aide des imams pour tenter d'apaiser les cœurs et renvoyer le calme. Toutes ces prises de position et ces condamnations donnèrent plus de visibilité au COSIM sur le plan national et international[29].

Conclusion

Au terme de notre analyse, nous sommes parvenu à montrer les péripéties qu'a traversées le COSIM qui ont fini par faire de lui, le principal interlocuteur de la communauté musulmane du pays. La lutte à distance menée par personne ou par structures interposées entre le COSIM et le CNI a consacré pour l'heure l'échec du second. Cette ascendance et/ou cette légitimité acquise par le COSIM ne sauraient toutefois se défaire de l'histoire politique de la Côte d'Ivoire et balayer

---

27. Cf. http://www.afrikipresse.fr/societe/un-imam-ivoirien-denonce-on-venere-des-milliardaires-qui-n-ont-jamais-travaille.

28. Entretien collectif avec Aboubacar Keïta, Franck Kouamé et Adama Traoré, Abidjan, 1er décembre 2019.

29. En mai 2018, le COSIM par la voix du Cheikh Al Aïma, procède au lancement d'une quête de grande envergure à hauteur de 1000 francs CFA par personne, en vue de la mise en place d'une télévision musulmane. Cette opération eut pour slogan : «Pour la télévision Al Bayane, je m'engage».

du revers de la main tout ce qu'a fait le CNI depuis les années 1990. Ce dernier a joué un rôle capital au sein de la communauté en tant qu'organe centralisateur du pouvoir islamique et en tant que représentant politique des musulmans de Côte d'Ivoire (M.N. Leblanc, 2005, p. 139).

Mais aujourd'hui, dans le nouvel ordre religieux musulman, le COSIM semble être le porte-étendard et il entend le rester pour bien longtemps[30]. La preuve en est qu'en décembre 2019, le COSIM procède à une modification de sa dénomination : il devient désormais Conseil Supérieur des Imams, des Mosquées et des Affaires Islamiques en Côte d'Ivoire, sans toutefois changer de sigle. Ce changement vient une seconde fois conforter sa position d'instance supérieure de la communauté musulmane du pays. Si les mutations politiques influent sur la gouvernance des associations islamiques — comme nous l'avons vu avec la montée en grâce du COSIM —, la question qui se pose alors est de savoir : jusqu'à quand le COSIM maintiendra-t-il cette hégémonie au sein de la communauté musulmane ? Mieux, le CNI peut-il rebondir ?

Sources et Bibliographie

Sources orales

Ordre	Nom et prénoms de l'informateur	Statut ou fonction	Âge	Date et lieu de l'entretien
01	Keïta Aboubacar	opérateur économique	66	1ᵉʳ décembre 2019 à Abidjan
02	Konaté Arna	directeur de l'Institut International de l'Imamat		26 janvier 2020 à Abidjan
03	Kouamé Franck	consultant free-lance	52	1er décembre 2019 à Abidjan
04	Méité Al Imam	consultant à Islam Info		15 décembre 2019 à Abidjan
05	Ouattara Issouf	secrétaire permanent du COSIM		12 janvier 2020 à Abidjan
06	Traoré Adama	cadre musulman	43	1er décembre 2019 à Abidjan

---

30. Depuis sa création, les problèmes liés à l'apparition de la lune sont de plus en plus résolus. Tous les musulmans se soumettent aux recommandations du COSIM (en présence des imams wahhabites du Conseil Supérieur des Imams Sunnites CODIS) pour les fêtes religieuses.

Sources d'archives privées

– Statuts et règlement intérieur du COSIM (1996)
– Statuts et règlement intérieur du COSIM (2007)
– Statuts et règlement intérieur du CNI (1996)

Bibliographie

AKINDES Francis, (2004), *Les Racines de la crise militaro-politique en Côte d'Ivoire*, Dakar, CODESRIA.

DELVAL Raymond, 1980, *Les musulmans d'Abidjan*, Abidjan, CHEAM.

FOFANA Lemassou, 2007, *Côte d'Ivoire : Islam et Sociétés : Contribution des musulmans à l'édification de la nation ivoirienne (XIe-XXe siècles)*, Abidjan, CERAP.

GOMON Edmond, 2017, «Nuit du destin : l'imam Ousmane Diakité interpelle les autorités ivoiriennes sur l'enrichissement illicite», *Notre Voie*, p.5.

KONATE Moussa, 2015, «La problématique des associations islamiques en Côte d'Ivoire (1954-2013)», *Revue du CAMES-Sciences Humaines*, n° 4, p. 146-158.

KONATE Yacouba, 2002, «Le destin d'Alassane Dramane Ouattara», in LE PAPE Marc et VIDAL Claudine (dir.), *Côte d'Ivoire. L'année terrible 1999-2000*, Paris, Karthala, p. 253-309.

KOUMA Mahamadou, 2000, *Le mufti El Hadj Ahmed Tidiani* Bâ : l'Homme et l'Érudit, Abidjan, CEDA.

LEBLANC Marie Nathalie, 2005, «Hadj et changements identitaires : les jeunes musulmans d'Abidjan et de Bouaké, en Côte d'Ivoire, dans les années 1990», in GOMEZ-PEREZ Muriel (dir.), *L'islam politique au sud du Sahara : identités, discours et enjeux*, Paris, Karthala, p. 131-157.

MADORE Frédéric, 2016, «L'islam ivoirien et burkinabé à l'ère du numérique 2.0», *Journal des anthropologues*, n° 146-147, p. 151-178.

MIRAN Marie, 2006, *Islam, histoire et modernité en Côte d'Ivoire*, Paris, Karthala, 546 p.

MIRAN Marie et TOURE Moussa, 2012, «Islam, autorité religieuse et sphère publique en Côte d'Ivoire. La figure emblématique du Cheikh Aboubacar Fofana», in GOERG Odile et PONDOPOULO Anna (dir.), *Islam, sociétés en Afrique subsaharienne à l'épreuve de l'histoire : un parcours en compagnie de Jean Louis Triaud,* Paris, Karthala, p. 315-336.

MIRAN Marie, 2015, *Guerres mystiques en Côte d'Ivoire. Religion, patriotisme, violence (2002-2013),* Paris, Karthala.

MIRAN Marie, 2017, «Société musulmane et régime Ouattara en Côte d'Ivoire. Des affinités électives en demi-teinte», *Afrique contemporaine,* n° 263-264, p. 249-254.

OUATTARA Issouf, 1993, «Le Conseil National Islamique (CNI) : fédération du consensus?», *Alif,* n° 4, p. 4

SIDIBE Ladji, 1990, «Ramadan 90 : la fête surprend les fidèles», *Fraternité Matin,* 27 avril, p. 12

TAYORO Paul, 1994, «Campagne à Bouaké : Diaby Moustapha Koweït prêche dans le désert», *La Voie,* n° 737, p. 3

Le vote nul dans les élections présidentielles en côte d'ivoire : causes et stratégies de lutte (2000-2010)

Dr Katiénéffooua Adama OUATTARA,
Enseignant-chercheur,
Université Félix Houphouët-Boigny Abidjan - Cocody,
Côte d'Ivoire.
E-mail: katienefr@yahoo.fr

Résumé

Le bulletin nul est un phénomène ancien dans l'histoire électorale de la Côte d'Ivoire. Ce phénomène a connu une ampleur avec le retour au multipartisme en 1990. Ainsi, pour l'élection présidentielle du 22 octobre 2000, l'on a enregistré un nombre très élevé de bulletins nuls contrairement aux élections présidentielles antérieures. Par contre, le 31 octobre 2010, après huit ans de crise militaropolitique, de nombreux Ivoiriens participent à l'élection présidentielle la plus ouverte de l'histoire électorale de la Côte d'Ivoire. Cette élection a vu une plus grande mobilisation des partis politiques à la formation et à la sensibilisation de leurs électeurs au vote, ce qui a engendré la baisse remarquable des bulletins nuls. Ainsi, l'étude s'interroge sur les facteurs explicatifs et les stratégies de lutte contre les bulletins nuls en Côte d'Ivoire entre 2000 et 2010.

Mots clés : Bulletins nuls-élections présidentielles - partis politiques-formation des électeurs.

Abstract

The invalid ballot is an ancient phenomenon in the electoral history of Côte d'Ivoire. This phenomenon became more widespread with the return to multiparty politics in 1990. Thus, for the presidential election of October 22, 2000, there was a very high number of spoiled ballots, unlike the previous presidential elections. But, on October 31, 2010, after eight years of military-political crisis, many Ivorians participated in the most open presidential election in the electoral history of Côte d'Ivoire. This election saw a greater mobilization of political parties to train and educate their voters to vote, which led to the remarkable drop in spoiled ballots. Thus, the study questions the explanatory factors and the strategies for combating spoiled ballots in Côte d'Ivoire between 2000 and 2010.

Keywords: Spoiled ballots-presidential elections-political parties-voter education.

Introduction

Après une gestion monolithique du pouvoir, les États africains en général et la Côte d'Ivoire en particulier, ont autorisé le multipartisme à la suite de pressions tant internes qu'externes. (K. Bamba, 2005, p. 7). Le retour au multipartisme en Côte d'Ivoire en 1990 a été accompagné par l'organisation d'élections présidentielles pluralistes et ouvertes. Ces élections au cours desquelles plusieurs candidats sont appelés à se présenter ont révélé un nombre remarquable de bulletins nuls entre 2000 et 2010.

La question fondamentale que l'on se pose est de savoir quels sont les facteurs explicatifs et les stratégies de lutte contre les bulletins nuls en Côte d'Ivoire entre 2000 et 2010.

Notre étude part de 2000 à 2010. Cette période a été marquée par un nombre très élevé de bulletins nuls. En effet, le 22 octobre 2000, la Côte d'Ivoire organise sa troisième élection présidentielle pluraliste. Pour cette élection, l'article 37 du code électoral précise que le vote aura lieu au moyen de bulletin unique de vote fourni par la Commission en charge des élections[1]. Cette élection au cours de laquelle le bulletin unique de vote a été utilisé pour la première fois, l'on a enregistré une augmentation fulgurante du nombre de bulletins nuls. L'année 2010 quant à elle, correspond à l'organisation des premières élections les plus libres et ouvertes avec un chiffre record de quatorze candidatures. On estime à 80 % le taux de participation sur les deux tours de ces élections, l'un des chiffres les plus élevés au monde (K. Adou, 2011, p. 3). Cette élection compétitive et ouverte a mobilisé les partis politiques et la structure en charge de l'organisation des élections[2] à travers la formation et la sensibilisation des électeurs au vote pour aboutir à un faible taux de bulletins nuls.

---

1. Article 37 de la Loi n° 2000-514 du 1er août 2000 portant code électoral, *Journal Officiel de la République de Côte d'Ivoire*, 42ème année, N° 30, 3 août 2000, p. 541.

2. Il s'agit de la Commission Électorale Indépendante (CEI). Instituée par la Constitution du 1er Août 2000 en son article 32 alinéa 4, la Commission Électorale Indépendante a été créée par la loi n°2001-634 du 9 octobre 2001, *Journal Officiel de la République de Côte d'Ivoire*, 43éme année, N° 41 du 11 octobre 2001.

Des hypothèses de recherche nous amènent à penser que la maladresse, l'analphabétisme et la complexité du bulletin de vote ont fortement contribué à l'apparition des bulletins nuls aboutissant parfois à des taux de bulletins nuls alarmants allant jusqu'à l'atténuation des critères de nullité du bulletin de vote (CEI, 2016, p. 16). Ainsi, cette étude ambitionne de mieux faire comprendre les raisons profondes à l'origine de la génération massive des bulletins nuls entre 2000 et 2010 sans pour autant omettre les stratégies mises en œuvre pour les combattre. Pour mener à bien notre étude, nous avons eu recours à deux catégories de document notamment la documentation écrite et la documentation orale. Pour ce qui est de la documentation écrite, nous avons consulté les ouvrages généraux tels que ceux de Jacob Assougba, *Le guide électoral*, du Ministère de l'Intérieur, *Guide du président de bureau de vote pour les élections générales de 1995*, et Ghislaine Boquet, *Guide des élections*.

En effet, dans leurs ouvrages respectifs, Jacob Assougba (2007, p. 64) et le Ministère de l'Intérieur (1995, p. 22) abordent les différentes catégories de bulletins nuls selon les textes établis, et Ghislaine Boquet (2004, p. 327) s'intéresse à la définition générale du bulletin nul tout en instant sur les différents types de bulletins nuls. Cependant, des limites ont été enregistrées dans ces différents ouvrages, surtout au niveau de la catégorisation claire des différents types de bulletins nuls pour faciliter une identification formelle du bulletin incriminé. À ces ouvrages généraux, viennent s'ajouter les articles. À ce titre, nous pouvons citer les articles de Cheick Ely Cissé, *« Bulletins nuls : les candidats vont perdre gros ! »*, Armand Depeyla, *« Voici comment voter »*, et Adélaïde Zulfikarapasic, *« Le vote blanc : abstention civique ou expression politique ? »*. En fait, les auteurs Cheick Ely Cissé (2010, p. 2) et Armand Depeyla (2010, p. 3) présentent respectivement les causes des bulletins nuls qui peuvent faire perdre un candidat et les stratégies de lutte mises en œuvre pour combattre les bulletins nuls. Toutefois, dans ces différents articles, des insuffisances ont été notées concernant les causes des bulletins nuls et les stratégies pour leur réduction significative. Quant à Adélaïde Zulfikarapasic (2001, p. 247-268), il analyse les facteurs politiques, idéologiques et sociologiques à l'origine du vote blanc. Son étude révèle que l'abstention au vote, les votes blancs et nuls sont des comportements qui reflètent une attitude protestataire de la part des votants. Au-delà de ces ouvrages généraux et articles, des informations orales nous ont été d'une utilité remarquable dans la réalisation de notre travail. À cet effet, nous nous sommes entretenus avec les responsables politiques et institutionnels en charge des élections en Côte d'Ivoire. Ainsi, nous avons pu interroger Monsieur François Roland Adiko[3], Monsieur Monnin Martial Akichy[4] et Monsieur Brahima Doumbia[5]. Ces responsables de différents partis politiques, au cours de nos différents entretiens, ont affirmé que plusieurs causes sont à l'origine des bulletins nuls lors des élections présidentielles. En plus, ils nous ont présenté les différentes stratégies mises en place au niveau de leurs états-majors politiques pour réduire le taux de bulletins nuls. Par ailleurs, Madame Kadja Christelle Dago[6] nous a rapporté les efforts de sensibilisations de la CEI pour former les électeurs au vote.

L'approche méthodologique adoptée est le résultat du croisement des informations contenues dans des ouvrages, articles de revue et des entretiens en relation avec notre sujet. Ces différentes données nous ont permis d'adopter un plan autour de trois axes. Le premier aborde les causes des bulletins nuls en Côte d'Ivoire entre 2000 et 2010, le second présente les différentes catégories de bulletins nuls, et enfin le troisième axe traite des stratégies mises en œuvre pour lutter contre les bulletins nuls.

---

3. Entretien avec Monsieur François Roland Adiko, Secrétaire exécutif chargé des élections au Parti Démocratique de Côte d'Ivoire (PDCI), à la Mutuelle générale des fonctionnaires et agents de l'État de Côte d'Ivoire (MUGEF-CI), dans son bureau n° 718 à Abidjan-plateau, le 5 août 2015 de 8 h 6 min à 8 h 55 min.

4. Entretien avec Monsieur Monnin Martial Akichy, Secrétaire national chargé des élections du Parti Ivoirien des Travailleurs (PIT), au quartier général du parti à Adjamé 80 logements à Abidjan en face du siège du journal gouvernemental Fraternité matin, le 6 juin 2018 de 12 h 18 min à 12 h 50 min.

5. Entretien avec Monsieur Brahima Doumbia, Secrétaire adjoint par intérim chargé des élections au Rassemblement des Républicains (RDR), à son bureau au siège du RDR à Cocody-rue Lepic, Abidjan, le 3 août 2015 de 15 h à 15 h 55 min, en présence d'Idriss Touré, membre du secrétariat aux élections au RDR.

6. Entretien avec Madame Kadja Aya Christelle Dago, Chargée d'Études à la Commission Électorale Indépendante, dans son bureau au siège de la CEI, à Angré-Cocody, Abidjan, le 21 juillet 2015 de 8 h 20 min à 9 h 5 min.

1. Les facteurs explicatifs des bulletins nuls dans les élections présidentielles en Côte d'Ivoire entre 2000 et 2010

La nullité du vote dans les élections présidentielles en Côte d'Ivoire entre 2000 et 2010 repose sur trois causes fondamentales : l'usage du bulletin unique de vote, l'illettrisme et la maladresse des électeurs.

1.1. L'usage du bulletin unique de vote

Le 22 octobre 2000, la Côte d'Ivoire organise sa troisième élection présidentielle pluraliste. Contrairement aux scrutins présidentiels du 28 octobre 1990 et 22 octobre 1995 où les bulletins multiples de vote ont été utilisés, pour l'élection présidentielle du 22 octobre 2000, l'article 37 du code électoral précise que le vote aura lieu au moyen d'un bulletin unique de vote fourni par la Commission en charge des élections[7]. Certes, ce document présente à bien d'égard des avantages puisque contribuant à l'allègement des travaux et à la réduction des coûts de financement des élections, mais, il comporte aussi des inconvénients (C. E. Cissé, 2010, p. 2).
En effet, bien qu'il soit présenté comme une procédure de simplification du vote, le bulletin unique de vote peut bien au contraire constituer une source de complication pour l'électeur. Ce nouvel outil impose au votant d'être capable d'identifier son candidat parmi plusieurs puis de cocher ou d'apposer son empreinte digitale dans la case réservée au vote. (C.E. Cissé, 2010, p. 2). Ainsi, les chiffres des bulletins nuls lors des présidentielles de 2000 et 2010 dans lesquelles le bulletin unique de vote était en vigueur sont révélateurs. En 2000, sur un total de 2 049 018 votants, on enregistre 1 795 006 bulletins validés soit 87,60 % des suffrages exprimés et 254 012 bulletins non valides soit 12,40 % des votants[8]. C'est pourquoi selon François Roland Adiko «le passage des bulletins multiples de vote au bulletin unique de vote est l'une des

---

7. L'article 37 de la loi n° 2000-514 du 1er août 2000 portant code électoral, *Journal Officiel de la République de Côte d'Ivoire*, 42éme année, N° 30, 3 août 2000, p. 541.
8. Commission Nationale Électorale (CNE), 2001, *Rapport général d'activités, 9 août 2000-28 juin, transparence et régularité*, Abidjan, CNE, p. 67.

causes principales du nombre élevé des bulletins nuls en 2000»[9]. C'est aussi l'avis de Kadja Aya Christelle Dago qui déclara,

> certains facteurs étayent bien, le nombre déplorable de bulletins nuls. C'est la première fois que les Ivoiriens votent avec le bulletin unique de vote. On peut considérer qu'ils ne sont pas encore habitués à un tel mécanisme[10].

En revanche, en 2010, sur les 5 725 720 Ivoiriens qui se sont inscrits pour participer à l'élection du 31 octobre 2010, seuls 4 837 579 électeurs se sont rendus effectivement aux urnes pour choisir le futur président (P. Soro, 2010, p. 2) ; soit un taux de participation de 84,49 %, l'un des taux les plus élevés au monde. (K. Adou, 2011, p. 3). L'élément fondamental qui a attiré notre attention à l'issue de ce premier tour comparativement à l'élection de 2000, c'est le nombre réduit de bulletins nuls. Sur les 4 837 579 de votants, on enregistre 221 655 suffrages nuls, soit 4,58 %. (P. Soro, 2010, p. 2). On constate une baisse remarquable du taux de bulletins nuls, qui passe de 12,40 % en 2000 à 4,58 % en 2010.

	Élection présidentielle du 22 octobre 2000		Élection présidentielle du 31 octobre 2010	
	Nombre	Taux (en %)	Nombre	Taux (en %)
Inscrits	5.475.143		5.725.720	
Votants	2.049.018	37,42	4.837.579	84,49
Suffrages exprimés	1.795.005	87,60	4.615.924	95,42
Bulletins nuls	254 013	12,40	221 655	4,58

(Source : *Fraternité Matin*, n° 13798, jeudi 4 novembre 2010, p. 2 et l'Arrêté N° E 0002-2000 de la Cour Suprême de Côte d'Ivoire)

Tabl. 1. Données des scrutins présidentiels en Côte d'Ivoire (2000-2010)

---

9. Entretien avec Monsieur François Roland Adiko, Secrétaire exécutif chargé des élections au Parti Démocratique de Côte d'Ivoire (PDCI), à la Mutuelle générale des fonctionnaires et agents de l'État de Côte d'Ivoire (MUGEF-CI), dans son bureau n° 718 à Abidjan-plateau, le 5 août 2015 de 8 h 6 min à 8 h 55 min.

10. Entretien avec Madame Kadja Aya Christelle Dago, Chargée d'Études à la Commission Électorale Indépendante, dans son bureau au siège de la CEI, à Angré-Cocody, Abidjan, le 21 juillet 2015 de 8 h 20 min à 9 h 5 min.

Le passage des bulletins multiples au bulletin unique de vote a été l'une des causes principales de la nullité du vote dans les élections présidentielles en Côte d'Ivoire entre 2000 et 2010. Cependant, d'autres facteurs non négligeables liés à la personnalité de l'électeur ont aussi contribué à la génération massive de ces bulletins nuls, notamment l'illettrisme et la maladresse des électeurs.

1.2. L'illettrisme et la maladresse des électeurs

Le niveau d'instruction, notamment l'analphabétisme, est l'un des facteurs décisifs pour expliquer les votes nuls lors des élections présidentielles en Côte d'Ivoire entre 2000 et 2010. Ainsi,

> l'alphabétisation ouvre la porte à l'exercice des droits. Les personnes illettrées ou qui savent très peu lire et écrire ne peuvent même pas exercer en toute liberté leur droit de vote : incapables de prendre connaissance des programmes des candidats et des partis, elles ne sont pas en mesure de poser des choix éclairés (C. Dias et D. Gillies, 1996, p. 18).

En effet, les statistiques de l'Unicef (Fonds des Nations-Unies pour l'Enfance) sont éloquentes et estiment le taux d'analphabétisme à 51 % en Côte d'Ivoire en 2008. (C.E. Cissé, 2010, p. 2). Dans ce contexte, certains électeurs illettrés et âgés (en milieu rural et urbain) ont du mal à reconnaître leur «choix» parmi une multitude de candidats portés sur le même bulletin de vote. L'autre inconvénient, c'est que, contrairement au bulletin par candidat, le bulletin unique de vote entraîne une prolongation du temps de vote pour identifier son candidat, ensuite pour apposer son choix (la croix) dans la cage de ce dernier. (C.E. Cissé, 2010, p. 2). Ce qui implique une grande diligence de la part du votant. Malheureusement, avec le stress et la précipitation, de nombreux dégâts sont commis sur les bulletins de vote. Pourtant, l'un des rôles des scrutateurs est de gérer le stress et de guider des personnes âgées et illettrées. Ce rôle de guide peut parfois influencer le choix de l'électeur, ce qui entacherait la valeur du secret de vote. En outre, ce n'est pas seulement les analphabètes qui ont des problèmes, «il faut aussi reconnaître que des "intellectuels" nous surprennent. Au lieu de choisir leur candidat à travers la croix, certains préfèrent signer le bulletin. Ce qui entraîne la nullité du vote»[11], précise notre interlocuteur qui ajoute «qu'il faudra accroître les campagnes de sensibilisation».

Par ailleurs, l'utilisation de l'encre indélébile a été sans contexte l'une des raisons fondamentales du taux élevé des bulletins nuls lors des élections présidentielles de 2000 et 2010. Il s'agit pour le votant de tremper l'index gauche dans l'encre indélébile et l'apposer dans la case réservée au candidat de son choix et où figure sa photo, son emblème ou le logo. Mais, l'inconvénient du vote à l'encre indélébile réside dans le fait qu'en pliant le bulletin unique de vote avant de l'introduire dans l'urne, l'encre non asséchée se retrouve le plus souvent à déborder malencontreusement sur les cases de plusieurs candidats. (A. Depeyla, 2010, p. 3). Dès lors, plusieurs choix apparaissent sur le bulletin annulant ainsi un vote dûment effectué.

Les causes à l'origine de la génération massive des votes nuls sont l'utilisation d'un nouvel outil de vote, c'est-à-dire le bulletin unique de vote, l'illettrisme et la maladresse des électeurs. À ceux-ci, s'ajoute aussi la sensibilisation insuffisante des électeurs, qui a également joué un rôle majeur dans l'augmentation du nombre de bulletins nuls. Une fois les causes des bulletins nuls étalées, invitation nous est faite de présenter les catégories des bulletins nuls entre 2000 et 2010.

2. Les différentes catégories de bulletins nuls dans les élections présidentielles en Côte d'Ivoire entre 2000 et 2010

Unités d'expression et de mesure de l'acte électoral de nos jours, les bulletins de vote sont dits nuls lorsque, «ceux-ci ne sont pas conformes à ce qui est prescrit par les textes» (Ministère de l'Intérieur, 1995, p. 22). En d'autres termes, «ce sont les bulletins blancs, annotés et déchirés, qui ne peuvent être pris en compte dans les opérations de décompte final, mais qui font partie des suffrages dits nuls» (G. Boquet, 2004, p. 327). Pour les élections présidentielles de 2000 et 2010, utilisant

---

11. Entretien avec Monsieur Édouard Djoussou, Directeur des Études et de l'Éducation Civique, à son bureau au siège technique de la Commission Électorale Indépendante (CEI) à Angré-Cocody, Abidjan, le 07 février 2018, de 9 h 35 min à 10 h 5 min.

le bulletin unique de vote, l'on a vu apparaître deux catégories de bulletins nuls, à savoir les bulletins blancs et les bulletins annotés ou maculés.

2.1. Les bulletins blancs

Le vote blanc appartient à la catégorie des suffrages dits "non exprimés", tout comme le vote nul. Il se définit comme, «un acte par lequel l'électeur manifeste, lors d'une consultation électorale, son incapacité ou son refus d'exercer un choix parmi une offre politique donnée» (A. Zulfikarapasic, 2001, p. 247). En d'autres termes, «les bulletins blancs sont ceux sur lesquels les électeurs n'ont pas exprimé leurs suffrages» (J. Assougba, 2007, p. 64). Ce type de vote n'est pas comptabilisé lors du dépouillement pour le compte d'un candidat.

En effet, le vote blanc qui consiste pour l'électeur à déposer dans l'urne une enveloppe vide, ou un bulletin dépourvu de toute intention de vote, «tend à être plus important dans les démocraties de vote obligatoire, particulièrement quand les sanctions prévues pour les abstentionnistes sont effectives» (G. Pion, 2010, p. 3). Cependant, en Côte d'Ivoire, où les électeurs n'ont aucune obligation de se rendre au bureau de vote, selon Monsieur Monnin Martial Akichy,

> La plupart des électeurs se déplacent dans l'intention d'exprimer leur vote plutôt que d'aller sanctionner une classe politique. Le vote blanc est généralement attribué aux "intellectuels" qui ne trouvent pas le candidat qui leur convient à une élection donnée et qui sont parfois déçus par l'offre politique[12].

Ainsi, les bulletins vierges, de tout signe et de toute annotation, sont des votes intentionnels, délibérés et ne représentent qu'une très faible proportion des bulletins annulés. La majeure partie d'entre eux est constituée de bulletins annotés et maculés.

2.2. Les bulletins annotés et maculés

12. Entretien avec Monsieur Monnin Martial Akichy, Secrétaire national chargé des élections au Parti Ivoirien des Travailleurs (PIT), au quartier général du parti à Adjamé 80 logements à Abidjan en face du siège du journal gouvernemental Fraternité matin, le 6 juin 2018 de 12 h 18 min à 12 h 50 min (Police non conforme).

Les bulletins annotés sont ceux sur lesquels le votant exprime son sentiment de protestation, de mécontentement, de colère, voire de passion. L'illustration la plus fréquente de ces comportements est fournie d'une part par les bulletins dont le nom du candidat a été découpé, soit barré, et d'autre part des personnes ayant annoté sur les bulletins des mots, des phrases, injonctions n'ayant pas de lien avec l'élection. (Y. Deloye et O. Ihl, 1991, p. 164-165). C'est ce que Monsieur Brahima Doumbia[13] appelle "excès de zèle". Les facteurs à l'origine de ce comportement électoral sont de deux ordres. Il y a d'abord le mécontentement et la protestation qui apparaissent comme les raisons principales pour l'électeur d'émettre un vote annulé. Ceci, pour témoigner son refus manifeste de prendre position. Ensuite vient l'attitude passionnelle de l'électeur. Alors que, dans le premier élément de facteur, l'électeur se refuse pour diverses raisons à opter en faveur de l'un ou de l'autre des candidats, il considère cette fois, nécessaire d'accompagner son choix d'une justification ou d'une argumentation. Un tel usage du bulletin de vote peut traduire l'insuffisance de maîtrise du geste électoral, et par conséquent, l'annulation du vote dûment exprimé.

Aussi, lors des décomptes des bulletins de vote, nous retrouvons de nombreux bulletins maculés, c'est-à-dire des taches d'encre indélébile sur les bulletins de vote, bulletins raturés, bulletins remplis avec un stylo inapproprié, ne permettant pas de savoir avec précision l'intention de vote réalisé, ou bien des croix réalisées au stylo à cheval entre les cases de deux candidats successifs (A. Depeyla, 2010, p. 3). Dès lors, plusieurs choix apparaissent sur le bulletin annulant ainsi un vote dûment effectué. Selon Monsieur Brahima Doumbia, « ce type de vote est souvent effectué par des personnes analphabètes ou illettrées, alors que les bulletins de vote signés sont souvent l'œuvre de personnes

---

13. Entretien avec Monsieur Brahima Doumbia, Secrétaire adjoint par intérim chargé des élections au RDR, à son bureau au siège du RDR à la rue Lepic de Cocody à Abidjan, le 3 août 2015, de 15 h à 15 h 55 min en présence d'Idriss Touré, membre du secrétariat aux élections au RDR.

intellectuelles »[14]. Ces intellectuels qui signent sur les bulletins de vote, ignorent ou méconnaissent sans doute les techniques de vote.

En somme, sont considérés comme bulletins nuls et ne devant donc pas être retenus comme suffrages exprimés dans les élections présidentielles en Côte d'Ivoire,

> les bulletins blancs, c'est-à-dire ceux sur lesquels les électeurs n'ont pas exprimé leurs suffrages ; les bulletins sur lesquels le votant se fait connaître ; les bulletins trouvés sans enveloppe ou dans les enveloppes non réglementaires ; des bulletins ou enveloppes portant des mentions injurieuses pour les candidats ou des tiers ; les bulletins sur lesquels le nom d'un ou plusieurs candidats a été ajouté ; les bulletins sur lesquels plusieurs candidats ou listes de candidats ont été choisis (J. Assougba, 2007, p. 64).

En Côte d'Ivoire, proportionnellement aux suffrages exprimés, le taux de bulletins nuls demeure élevé lors des différentes élections présidentielles. Alors, quelles sont les stratégies mises en place pour lutter contre les bulletins ?

3. Stratégies de lutte contre les bulletins nuls

Pour inciter les électeurs non seulement à s'acquitter de leur devoir civique, mais surtout à voter correctement avec le bulletin unique de vote en usage lors des présidentielles de 2000 et 2010, des campagnes de sensibilisation et d'initiation au vote ont été menées par la structure en charge des élections en Côte d'Ivoire et les partis politiques.

3.1. L'action des partis politiques

Les bulletins nuls réduisent fortement le nombre de voix que devrait avoir un candidat. Savoir voter est donc crucial pour tout électeur et son candidat, car une seule voix peut faire basculer le résultat d'un

---

14. Entretien avec Monsieur Brahima Doumbia, Secrétaire adjoint par intérim chargé des élections au Rassemblement des Républicains (RDR), à son bureau au siège du RDR à la rue Lepic de Cocody à Abidjan, le 3 août 2015, de 15 h à 15 h 55 min en présence d'Idriss Touré, membre du secrétariat aux élections au RDR.

scrutin, au détriment ou en faveur du candidat. (A. Depeyla, 2010, p. 3). C'est pourquoi il est opportun de la part des partis politiques d'initier leurs militants aux techniques du vote. Les élections de 2010, étant inclusives et plus compétitives, ont favorisé une multiplication des séances d'initiation au vote. Tous les partis politiques en présence n'ont ménagé aucun effort pour réduire drastiquement le taux de bulletins nuls.

L'expérience faite par le PDCI dans le village de Kouassikro, dans le département de Daoukro, est pour le moins surprenante. En effet, le vote symbolique organisé auprès d'un échantillon d'électeurs a montré que de nombreuses personnes dans ce département du candidat Henri Konan Bédié ne savent pas voter. 80 % des bulletins ont été déclarés nuls par la commission électorale de cette localité, qui a organisé cette élection test, dans le cadre de la formation des militants de ce parti (A. Depeyla, 2010, p. 3). Ce vote symbolique a donc permis au Parti Démocratique de Côte d'Ivoire (PDCI) de former ses électeurs afin de réduire ou éradiquer le phénomène des bulletins nuls.

Quant aux autres partis politiques tels que le Rassemblement des Républicains (RDR), selon son responsable chargé des élections Monsieur Brahima Doumbia, «La formation des électeurs du RDR s'est faite à travers des spécimens de bulletins de vote et des projections de films»[15]. En effet, l'initiation au vote des militants du RDR s'est faite sur la base des critères de nullité du bulletin de vote. De ce fait, plusieurs spécimens de bulletins nuls de vote ont été présentés aux votants, notamment les bulletins sur lesquels l'électeur a fait porter des signes de reconnaissance tels que sa signature et son nom, les bulletins ayant plusieurs candidats cochés, les bulletins sur lesquels aucun choix n'a été porté, des bulletins comportant des surcharges ou des ratures ou toute autre mention supplémentaire ; considérés comme

---

15. Entretien avec Monsieur Brahima Doumbia, Secrétaire adjoint par intérim chargé des élections au Rassemblement des Républicains (RDR), à son bureau au siège du RDR à la rue Lepic de Cocody à Abidjan, le 3 août 2015, de 15 h à 15 h 55 min en présence d'Idriss Touré, membre du secrétariat aux élections au RDR.

nuls par la Commission Électorale Indépendante (CEI)[16]. Aussi, le vote test a été organisé auprès d'un échantillon d'électeurs potentiels[17] afin de les former au vote pour les échéances électorales du 31 octobre 2010 qui s'annoncent ouvertes, compétitives et décisives[18]. Au-delà, des vidéoprojections ont été faites pour sensibiliser les militants sur les différentes étapes du processus de vote. La sensibilisation et la formation des électeurs constituent donc des mesures très importantes pour réduire véritablement le taux de bulletins nuls.

Dans nos pays où, le nombre de personnes qui ne savent ni lire ni écrire est important, il est essentiel d'expliquer aux populations, dans leurs langues respectives la manière de voter afin de réduire voire mettre fin au phénomène du bulletin nul (P. Toutché, 1996, p. 16-19). C'est pourquoi, la stratégie de lutte contre les bulletins nuls, mise en place par le Front Populaire Ivoirien (FPI), a été selon Monsieur N'cho Gberoukou,

> La mise en contribution des chefs coutumiers pour traduire les consignes de vote dans les dialectes locaux. Ce qui a permis aux populations villageoises d'améliorer la qualité de leur vote contournant ainsi leur handicap d'analphabétisme[19].

En fait, cette opération a consisté à mobiliser les chefs coutumiers pendant les deux semaines de campagnes électorales présidentielles et s'est tenue sur l'ensemble du territoire ivoirien. Les chefs coutumiers ont aussi fait passer des messages d'apaisement et de tolérance électorale.

---

16. Commission Électorale Indépendante, 2016, *Élections en Côte d'Ivoire : code électoral,* Abidjan, CEI, p. 16.

17. Ces électeurs potentiels sont des jeunes qui sont à leur première expérience de vote, appelés aussi nouveaux votants.

18. L'élection présidentielle du 31 octobre 2010 en Côte d'Ivoire est qualifiée d'ouverte, compétitive et décisive, car cette élection a vu pour la première fois, la participation des trois ténors de la vie politique ivoirienne, à savoir Monsieur Laurent Gbagbo du Front Populaire Ivoirien (FPI), Monsieur Henri Konan Bédié du Parti Démocratique de Côte d'Ivoire (PDCI) et Monsieur Alassane Dramane Ouattara du Rassemblement des Républicains (RDR).

19. Entretien avec Monsieur Gberoukou N'cho, Secrétaire général adjoint chargé des élections au Front Populaire Ivoirien (FPI), à la fondation Harris Memel Foté à Cocody deux plateaux Vallon, Abidjan, le 16 août 2018, de 10 h 15 min à 11 h 5 min.

La population accueillait favorablement ces messages de sensibilisation au vote et à la paix.

Au Parti Ivoirien des Travailleurs (PIT), selon les dires de son responsable politique, Monsieur Monnin Martial Akichy,

> en zones urbaines, où l'accès à Internet est plus aisé, la formation au vote des nouveaux majeurs, c'est-à-dire des jeunes qui votent pour la première fois, a été spécifiquement basée sur les réseaux sociaux.[20].

Pour convaincre les jeunes, le PIT a mis en avance les thèmes de changement pour un avenir meilleur, la réduction du taux de chômage et les reformes scolaires pour favoriser la formation et l'éducation des jeunes. Pour effectuer cette formation, le PIT a procédé par des séries de questions-réponses sur les réseaux sociaux tels que Facebook, Tweeter, etc.[21]

Ainsi, en 2010, les électeurs ont été mûrement initiés et sensibilisés au vote à travers des votes symboliques, des projections de films, la mise en contribution des chefferies locales et des messages de sensibilisation sur les réseaux sociaux.

3.2. L'action de la Commission Électorale Indépendante (CEI)

Dans le même élan que les partis politiques, la CEI a pris des mesures pour réduire le taux des bulletins nuls à travers la sensibilisation des électeurs. La CEI a fait une large diffusion de messages sensibilisant au vote à travers les médias. Ensuite, elle a organisé des manifestations publiques au cours desquelles des sketchs décrivant le processus de vote ont été réalisés. Cette sensibilisation s'est principalement focalisée sur les différents signes à apposer aux endroits appropriés sur le bulletin de vote. Ces signes incluant l'empreinte de l'index trempé dans de l'encre indélébile ; ou ceux marqués au stylo comme la croix « X »

---

20. Entretien avec Monsieur Monnin Martial Akichy, Secrétaire national chargé des élections au Parti Ivoirien des Travailleurs (PIT), au quartier général du parti aux 80 logements d'Adjamé à Abidjan en face du siège du journal gouvernemental Fraternité matin, le 6 juin 2018 de 12 h 18 min à 12 h 50 min.

21. http://www.abidjan.net/elections/presidentielle/2010/wodie/programme-de-gouvernement.html (consulté le 4 février 2020).

ou le signe plus « + ». (A. Depeyla, 2010, p. 3). Il a été recommandé d'éviter certaines erreurs pouvant annuler le bulletin de vote. En effet, concernant le pliage du bulletin de vote, les agents de sensibilisation ont recommandé de plier le bulletin à l'envers pour éviter qu'un mauvais pliage n'étale l'encre fraîche sur plusieurs cases du même bulletin de vote. Ce qui entraînerait à coup sûr l'annulation du bulletin de vote, et par conséquent le véritable choix exprimé par l'électeur.

Concernant le vote au stylo, il a été conseillé de bien former les symboles du vote recommandés. Il faut mettre la croix dans la case au bas de la photo de son candidat et d'éviter qu'elle soit à cheval sur des cases consécutives. Il a été également recommandé de ne pas les apposer à d'autres endroits différents de la zone de vote. Dans la mesure où, il a été remarqué que certains électeurs formaient leur croix sur le visage, le logo et même sur l'emblème du parti, entraînant par conséquent une annulation du vote. (A. Depeyla, 2010, p. 3). Des signes autres que ceux recommandés par la CEI ont été formellement interdits. Il faut éviter surtout de signer, d'écrire des expressions injurieuses ou de raturer sur le bulletin de vote.

La vaste campagne de sensibilisation menée par la CEI et les différentes activités massives et répétitives d'initiations au vote menées par les partis en compétition lors des élections de 2010 ont eu raison des bulletins nuls, les ramenant à un taux historiquement bas[22] en dépit de l'usage de bulletin unique de vote.

Conclusion

À l'issue de notre étude, il est essentiel de retenir que les causes à l'origine de la génération massive des votes nuls dans les élections présidentielles multipartites en Côte d'Ivoire entre 2000 et 2010 sont l'utilisation d'un nouvel outil de vote, c'est-à-dire le bulletin unique de vote, l'illettrisme et la maladresse des électeurs. À celles-ci, s'ajoute aussi la sensibilisation insuffisante des électeurs, qui a également joué

---

22. Le taux de bulletins nuls est passé de 12, 40 % en 2000, pour s'effondrer à 4,58 % au premier tour de l'élection présidentielle de 2010 et à 2,11 % au second tour. (Voir tableau n°1, p. 6 et *Géopolitique de la Côte d'Ivoire*, p. 107).

un rôle majeur dans l'augmentation du nombre de bulletins nuls. Par ailleurs, deux catégories de bulletins nuls ont été identifiées lors de ces élections présidentielles, notamment les bulletins blancs et les bulletins nuls. Ainsi, pour inciter les électeurs non seulement à s'acquitter de leur devoir civique, mais surtout à voter correctement avec le bulletin unique de vote en usage pendant ces présidentielles de 2000 et 2010, des campagnes de sensibilisation et d'initiation ont été menées par la structure en charge des élections et les partis politiques, ce qui a eu un impact considérable sur la réduction du taux de bulletins nuls. Mais, la sensibilisation et l'initiation au vote peuvent-elles à elles seules mettre fin au phénomène des bulletins nuls et blancs dans les élections présidentielles ivoiriennes ?

Une réflexion globale et inclusive devrait pouvoir permettre à toutes les parties prenantes de l'organisation de l'élection présidentielle de traiter en amont cette problématique des bulletins nuls qui constitue un véritable frein à l'expression de la volonté du peuple dans le choix de ses dirigeants.

Sources, bibliographie et webographie

Sources écrites

Arrêté N° E 0002-2000 de la Cour Suprême de Côte d'Ivoire.
Article 37 de la Loi n° 2000-514 du 1er août 2000 portant code électoral, *Journal Officiel de la République de Côte d'Ivoire,* 42ème année, N° 30, 3 août 2000, p. 541.
Commission Électorale Indépendante, 2016, *Élections en Côte d'Ivoire : code électoral,* Abidjan, CEI.
Commission Nationale Électorale (CNE), 2001, *Rapport général d'activités, 09 août 2000-28 juin 2001, transparence et régularité,* Abidjan, CNE.
Loi n° 2001-634 du 9 octobre 2001, portant création de la Commission Électorale Indépendante (CEI), *Journal Officiel de la République de Côte d'Ivoire,* 43ème année, N° 41, 11 octobre 2001.

Sources orales

Numéro	Nom et prénoms de l'informateur	Qualité de l'informateur	Date, lieu et durée de l'enquête		
			Date	Lieu	Durée
1	Monsieur Adiko François Roland	Secrétaire exécutif chargé des élections au PDCI	5 août 2015	Plateau, siège de la MUGEF-CI, bureau n° 718	08h 06 à 08h 55 mn
2	Monsieur Akichy Monnin Martial	Secrétaire national chargé des élections au PIT	6 juin 2018	Adjamé, 80 logements, au quartier général du parti	12 h 18 à 12 h 50 min
3	Madame Dago Aya Christelle	Chargée d'Études à la CEI	21 juillet 2015	Cocody, Angré, siège social de la CEI	8 h 20 à 9 h 5 min
4	Monsieur Djoussou Édouard	Directeur des Études et de l'Éducation Civique à la CEI	7 février 2108	Cocody, Angré, siège technique de la CEI	9 h 35 à 10 h 5 min
5	Monsieur Doumbia Brahima	Secrétaire Général Adjoint par intérim chargé des élections au RDR	3 août 2015	Cocody, rue Lepic, siège du RDR	15 h à 15 h 55 min
6	Monsieur N'cho Gberoukou	Secrétaire général adjoint chargé des élections au FPI,	16 août 2018	Cocody, deux plateaux, Vallon, siège du FPI	10 h 15 à 11 h 5 min

Bibliographie

ADOU Kevin, 2011, « Côte d'Ivoire : une alternance dans la douleur », in *Débats-courrier d'Afrique de l'ouest*, n° 84, p. 3-8.

ASSOUGBA Joseph, 2007, *Le guide électoral*, Abidjan, CERAP.

BAMBA Kassimi, 2005, « Élections et paix sociale en Afrique : enjeux, perspectives », *Débats-courrier d'Afrique de l'ouest*, n° 28, p. 7-12.

BARRAT Jacques. dir, 2011, *Géopolitique de la Côte d'Ivoire*, Paris, Éditions SPM.

BOQUET Ghislaine, 2004, *Guide des élections*, Paris, MB Formation.

CISSÉ Cheick Ely, 2010, « Bulletins nuls : les candidats vont perdre gros ! », *Nord-Sud*, n°1640, 4 November, p. 2.

DELOYE Yves et IHL Olivier, 1991, «Des voix pas comme les autres. Votes blancs et votes nuls aux élections législatives de 1881», *Revue française politique*, 41ᵉ année, n° 2, p. 164-165.

DEPEYLA Armand, 2010, «Voici comment voter», *Soir Info*, n° 4820, 24 septembre, p. 03.

PION Geoffrey, 2010, «Le vote blanc et nul en Wallonie : analyse écologique et individuelle», *Belgio*, n° 3, p. 1-25.

DIAS Clarence et GILLIES David, 1996, « Droits de la personne, démocratie et développement », *Afrique démocratie et développement*, n ° 011, p. 18.

SORO Pascal, 2010, « Résultats provisoires de la présidentielle », *Fraternité Matin*, n° 13798, p. 2.

TOUTCHÉ Paulin, 1996, « Élections en Afrique : beaucoup reste à faire », *Agipromo*, n° 91, p. 16-19

ZULFIKARAPASIC Adélaïde, 2001, «Le vote blanc : abstention civique ou expression politique ?», *Revue française de sciences politiques*, 51ᵉ année, n° 1-2, p. 247-268.

Webographie

http://www.abidjan.net/elections/presidentielle/2010/wodie/programme-de-gouvernement.html (consulté le 4 février 2020).

Recommandations aux auteurs

HISTARC n'accepte que des articles inédits et originaux en français ou en anglais. Les articles publiés n'engagent que leurs auteurs.

Le manuscrit est remis à deux rapporteurs au moins, choisis en fonction de leur compétence dans la discipline. Le secrétariat de rédaction communique aux auteurs les observations formulées par le Comité de lecture ainsi qu'une copie du rapport, si cela est nécessaire. Dans le cas où la publication de l'article est acceptée avec révisions, l'auteur dispose alors d'un délai - d'autant plus long que l'article sera parvenu plus tôt au secrétariat de HISTARC -, pour remettre la version définitive de son texte.

Les auteurs sont invités à respecter les délais qui leur seront communiqués alors, sous peine de voir la publication de leurs travaux repoussée au numéro suivant.

Les manuscrits et toutes les correspondances doivent être adressés à :

HISTARC
BP 846
IRSH, Libreville – Gabon
Tél. : 00 241 06 44 35 36
Mail : histarc.irsh@gmail.com

HISTARC ne paraissant qu'une seule fois par année (entre janvier et avril), les articles doivent parvenir au secrétariat d'HISTARC au plus tard le 30 juin de l'année précédente, date de rigueur.
Sauf convention préalable, les textes originaux ne sont pas restitués aux auteurs.

1. Structure de l'article

L'article à envoyer à HISTARC doit obligatoirement contenir :
- **Titre de l'article**
- **Nom(s) et prénom(s) de l'auteur**, sa fonction, son grade, son institution d'attache, ses champs de spécialité/intérêt, ses adresses électronique et postale, son numéro de téléphone.
- **Résumé** en français (180 mots maximum)
- **Mots clés** (7 mots maximum en français) ;
- **Abstract** (résumé en anglais de 180 mots maximum) ;
- **Keywords** (7 mots clés maximum en anglais) ;
- le **texte principal** dont la structure varie en fonction de la nature de l'article :
  • l'article de contribution théorique et fondamentale doit comporter l'**Introduction** (justification du thème, problématique, hypothèses/objectifs scientifiques, approche), le **développement articulé**, la **Conclusion** et la **Bibliographie**.
  • L'article de recherche de terrain doit contenir l'**Introduction**, la **Méthodologie**, les **Résultats** la **Discussion et/ou la Conclusion**, la **Bibliographie**.

2. Longueur de l'article

Quelle que soit la nature de l'article, sa longueur maximale, incluant aussi bien le texte principal que les résumés, les notes et la documentation doit être comprise entre 5000 et 8000 mots.

3. Formats d'enregistrement et d'envoi

Tous les articles doivent nous parvenir en versions numérique et imprimée.

3.1. Texte numérique (Word et PDF)

3.1.1. Types de fichiers

La version numérique de l'article doit être obligatoirement enregistrée sous deux types de fichiers : Word et PDF. Seuls ces fichiers (sauf mention spéciale) devront être envoyés en pièces-jointes par mail à HISTARC.

3.1.2. Traitement de texte

La saisie de l'article doit être effectuée avec traitement de texte Word, obligatoirement en police **Garamond de taille 12**.
La mise en forme (changement de corps, de caractères, normalisation des titres, etc.) est réalisée par l'imprimeur. Les césures manuelles, le soulignement, le retrait d'alinéa ou de tabulation pour les paragraphes sont proscrits. Une ligne sera sautée pour différencier les paragraphes.
Pour la ponctuation, les normes sont les suivantes : un espace après (.) et (,) ; un espace avant et après (;), (:), (?), et (!). Les signes mathématiques (+, -, etc.) sont précédés et suivis d'un espace. L'utilisation des guillemets français (« ») doit être privilégiée. Les guillemets anglais (" ") ne doivent apparaître qu'à l'intérieur de citations déjà entre guillemets.

Les chiffres incorporés dans le texte doivent être écrits en toutes lettres jusqu'au nombre cent. Au-delà, ils le seront sous forme de chiffres arabes (101, 102, 103...)
Les siècles doivent être indiqués en chiffres romains (I, II, III, IV, X, XX).
Les appels de note doivent se situer avant la ponctuation.

3.2. Le texte imprimé

Deux copies imprimées de l'article doivent être envoyées ou déposées à HISTARC.
Le texte ne doit pas porter de corrections manuscrites. Il est imprimé sur papier A4 (21 x 29,7 cm), recto seul et en interligne simple(1), avec une marge de 2,5 cm sur les quatre bords. L'auteur peut faire apparaître directement les enrichissements typographiques ou avoir recours aux codes suivants : 1 trait : italiques 2 traits : capitales (majuscules) 1 trait ondulé : caractères gras. Le texte sera paginé.

4. Pagination

Le document est paginé de la page de titre aux références bibliographiques. Cette pagination sera continue sans bis, ter, etc.

5. Références bibliographiques

S'assurer que toutes les références bibliographiques indiquées dans le texte, et seulement celles-ci s'y trouvent. Elles doivent être présentées selon les normes suivantes :

5.1. Bibliographie

- Pour un ouvrage :
MATOUMBA Martial, 2013, *Paléolithique au Gabon. Les technologies lithiques dans la région de la Nyanga (sud-ouest)*, Paris, L'Harmattan.

- Pour un article de périodique :
NFOULE MBA Fabrice, 2016, « Les déconcentrations administratives ou l'illusion d'une émancipation des colonies françaises d'Afrique (1953-1957) », *Revue Ivoirienne d'Histoire*, n° 28, p. 67-79.

- Pour un article dans un ouvrage :
MEYHONG Stéphane, 2017, « Qu'en est-il de l'électrification de l'Afrique-Occidentale française (AOF) durant les deux plans quadriennaux ? », *in* NFOULE MBA Fabrice (dir.), *L'action publique en Afrique subsaharienne sous le regard des sciences humaines*, Saint-Denis, Connaissances et Savoirs, p. 101-140.

- Pour une thèse :
DOUTSONA Judith, 2011, *Les femmes dans la fonction publique au Gabon; études des trajectoires professionnelles des femmes fonctionnaires*, 1930-1980, thèse d'histoire de l'Afrique, Paris, Université Paris-7 Denis-Didérot.

- Pour un article de colloque :
BAZILE Frédéric, 1989, « L'industrie lithique du site de plein air de Fontgrasse (Vers-Pont-Du-Gard). Sa place au sein du Magdalénien méditerranéen», *Le Magdalénien en Europe. Actes du Colloque La structuration du Magdalénien, Mayence, 1987*, Études et Recherches archéologiques de l'université de Liège, 38, p. 361-377.

- Pour un site Web
http://labarcgabon.com/gabon_paleo.html (consulté le 5 mars 2016).

5.2. Sources

- Pour les sources écrites :
Nom de la structure conservant le document (Centre d'archives), fonds, carton ou dossier, titre du document, année (exemple : GGAEF- 4 (1) D39 : Rapport annuel d'ensemble de la colonie du Gabon, en 1939.

- Pour les sources orales :
Nom(s) et prénom(s) de l'informateur, numéro d'ordre, date et lieu de l'entretien, sa qualité et sa profession, son âge et/ou sa date de naissance.

6. Références et notes

6.1. Appel de référence

Dans le texte, l'appel à la référence bibliographique se fait suivant la méthode du premier élément et de la date, entre parenthèses. En d'autres termes, les références des ouvrages et des articles doivent être placées à l'intérieur du texte en indiquant, entre parenthèses, le nom de l'auteur précédé de l'abréviation de son prénom, l'année et/ou la (les) page(s) consulté(es). Exemple : (L. Manokou, 2012, p. 43-45).
Si plusieurs références existent la même année pour un auteur, faire suivre la date de a, b, etc., tant dans l'appel que dans la bibliographie : (Manokou, 2012 a).
À partir de trois auteurs, faire suivre le premier auteur de et *al.* : (Matoumba et *al.* 2006). Quand il est fait appel à plusieurs références distinctes, on séparera les différentes références par un point-virgule : (Breuil, 1951, 1954; Peyrony, 1949).

6.2. Références aux sources

Les références aux sources (orales ou imprimées) doivent être indiquées en note de bas de page selon une numérotation continue.

6.3. Notes de bas de page

Les explications ou autres développements explicitant le texte doivent être placés en notes de bas de page correspondante (sous la forme : 1, 2, 3, etc.). Ces notes infra-paginales doivent être exceptionnelles et aussi brèves que possible.

6.4. Citations

Le texte peut comporter des citations. Celles-ci doivent être mises en évidence à partir de lignes;

retrait gauche et droite en interligne simple, en italique et entre guillemets.
- Les **citations courtes** (1, 2 ou 3 lignes) doivent être entre guillemets français à l'intérieur des paragraphes en police 12, interligne simple.
- **Les citations longues** (4 lignes et plus) doivent être sans guillemets et hors texte, avec un retrait de 1 cm à gauche et interligne simple.
- **Les Crochets :** Mettre entre crochets [] les lettres ou les mots ajoutés ou changés dans une citation, de même que les points de suspension indiquant la coupure d'un passage [...].

7 - Les documents non textuels

7. 1 - Illustrations

L'ensemble des illustrations, y compris les photographies, doit impérativement accompagner la première expédition de l'article. En plus de chaque original, l'auteur fournira une copie aux dimensions souhaitées pour la publication : pleine page, demi-page, sur une colonne, etc. Au dos seront portés le nom du ou des auteurs, le numéro de la figure, l'indication du haut de l'illustration.
La justification maximale est de 120 mm de largeur sur 200 mm de hauteur pour une illustration pleine page. Les textes portés sur les illustrations seront en Garamond.

7.2 - Dessins originaux

Ils seront soit tracés à l'encre de Chine, soit issus de traitement informatique imprimé dans de bonnes conditions. Dans ce dernier cas, on évitera les trames dessinées. Pour les objets lithiques, les croquis dits « schémas diacritiques » gagneront à être accompagnés des dessins traités en hachures valorisantes qui, eux, montrent la morphologie technique.

7.3 - Documents photographiques

Les documents doivent être parfaitement nets, contrastés et être fournis sous forme de fichier numérique ; enregistrés pour « PC » (Photoshop ©/niveaux de gris 300 ppi ou bitmap 600 ppi/ Tiff/taille de publication dans Illustrator © ou tout autre logiciel de dessin vectoriel/EPS/textes vectorisés).

7.4 - Tableaux

La revue n'assure pas la composition des tableaux. Ils devront être remis sous forme de fichiers Acrobat © PDF (print/niveau de gris/taille de publication/300dpi) ou Illustrator © (EPS/niveau de gris/taille de publication/300dpi), respectant la justification et la mise en pages de la revue. Privilégier les fontes Garamond.

7.5 - Échelles

Aussi souvent que possible, la représentation grandeur nature sera recherchée. Lorsque la réduction s'impose, l'auteur aura soin de prévoir une échelle de réduction constante pour une même catégorie de vestiges. Pour chaque carte ou plan, l'auteur donnera une échelle graphique, ainsi que la direction du Nord. Pour les objets dessinés ou photographiés, une échelle, si possible constante, accompagnera chaque pièce ou ensemble de pièces.

7.6 - Titres des illustrations, photos et tableaux

Toutes les illustrations, toutes les photos et tous les tableaux doivent avoir des titres. Ces titres sont obligatoirement placés en dessous des illustrations, des photos ou des tableaux.

7.7 - Légendes

L'auteur accordera un soin particulier à la qualité des légendes. Les illustrations, les photos, les tableaux et leurs légendes constituent souvent le premier contact du lecteur avec l'article.
Les légendes doivent être placées en dessous des titres.

7.8 - Appels des illustrations, photos et tableaux

Dans le texte, l'auteur doit obligatoirement indiquer l'appel aux illustrations, photos ou tableaux. Cet appel doit être en chiffres arabes : (fig. 1), (tabl. 2), (pl. 3 - fig. 4), etc.